岩手・減災 近年の足跡

これからも生かされていく私たち

齋藤徳美
Tokumi Saito

推薦の言葉

岩手県知事　達増　拓也

斎藤徳美先生の『岩手・減災近年の足跡』が書籍になったことを、大変うれしく思います。岩手県の災害と防災（近年は減災）の歴史として、決定版だと思います。ふるさとの自然に対する畏敬の念を新たにし、困難に備え、立ち向かい、乗り越えてきた先人や先輩に、大いに学ぶことができます。

斎藤徳美先生は、事実関係を正確に述べながら、自身の体験や将来への提言を熱く語ります。読んでいて、興味をそそられ、引き込まれます。危機管理においては、情報の正確さを重視する冷静さと共に、人命を守ることに対する情熱が必要であり、読者には、危機管理に必要な精神のあり方が、自然に身につくことでしょう。

多くの方々に読んでいただきたいと思います。

岩手・減災　近年の足跡　目次

第2部　津波災害

第3部　火山災害

第4部　豪雨災害

カバー装画　さいとうゆきこ

プロローグ　筆者と「減災」との関わり

筆者は、1978年4月に、岩手大学工学部資源開発工学科に助手として赴任した。その際、東北大学工学部でお世話になった故・石井武美先輩に、「地方大学に行くなら地域に役立つ研究をしなさい。岩手では『地熱』と『津波』です。」とのはなむけの言葉をいただいた。繰り返し大津波に襲われ、繰り返して多くの方が犠牲になっている津波災害からどうしたら命を守れるか。沿岸住民の津波への意識・行動調査、過去の浸水域マップの作成など行政とも連携して取り組んできた。

ところで、筆者のそもそもの専門分野「地下計測学」は、電気・磁気・地震波等の物理的手段で、見えない地下の状況を知ろうというものである。資源開発工学科の教育・研究の趣旨からすると、有用な資源の賦存《ふそん》状況を掌握して生産につなげるのが目的である。

当時、岩手県では地熱開発の草分けとなる松川地熱発電所に引き続いて、葛根田地熱地域の開発が盛んであった。筆者の研究室では、地熱貯留槽の探査を目的に、自然電位・地熱微動などの観測を進め、地熱探査の面では一定の貢献をし、石井氏の課題に応えられたのではないかと思う。

一方で、地下の地盤構造は地震時の揺れに大きく影響することから、細かい地域ごとでの地下構造を掌握して地震時の揺れやすさ、揺れにくさを知ることが、地震防災には重要であることが指摘されるようになった。地域の安全を守ることも地方大学の大きな役割であり、社会的要請に応えて、学科も資源開発から建設環境工学科に移行する中で、地下計測の目的も地震防災にシフトすることになった。

　そして、1995年、阪神淡路大震災が発生し、岩手県でも、産・学・官が連携して地域の安全を守る取り組みがスタートすることになった。産・学・官が連携する岩手ネットワークシステム（ＩＮＳ）の研究会の一つに「地盤と防災研究会」を立ち上げるとともに、大学での研究成果を盛岡市との共同研究で「盛岡市域における地盤特性と詳細震度分布」としてまとめた。関係機関に提供し、盛岡市の地域防災計画にも反映されることになった。

　1998年春には、思ってもみなかった岩手山が噴火するかもしれないとの事態に遭遇した。地元の岩手大学には火山の専門家がいない中で、岩手山周辺の地熱構造の解析に関わっていた筆者が、民間人の土井宣夫氏や浜口博之東北大学教授らの支援を受け、ハザードマップの作成や火山防災ガイドラインの作成に取り組み、「岩手方式」と称される火山防災体制の構築に尽力した。

　幸いにして、岩手山は噴火には至らなかったが、岩手県内の活火山である岩手山・秋田駒ケ岳・栗駒山の火山防災の取り組みは継続している。

　岩手山の噴火危機対応、その後の国立大学の法人化の業務で、津波対策は不完全燃焼との思いのまま、2010年6月に岩手大学を定年退職した。「地域防災学」との新たな研究分野での取り組みも、一つの区切りと安堵《あんど》したのもつかの間、2011年3月11日に東日本大震災が発生、岩手県だけでも6千人を越える犠牲者を出した。今までの津波防災への取り組みは一体何であったのかとの忸怩《じくじ》たる思いで、老骨にムチを打ち、岩手県の復興計画の立案や進捗《しんちょく》管理、二度と災禍を繰り返さないための津波対策などに取り組むことになった。

さらに、2016年8月には、台風10号が本県に初上陸。今後も集中豪雨が予測される中で、自治体の対応を支援する「岩手県風水害対策支援チーム」の立ち上げを先導した。

後期高齢にもかかわらず、今も震災復興、地震・津波防災、火山対策、風水害対策、さらには地域創生などさまざまな分野に携わらせていただいていることに感謝しつつ、これまで筆者が関わってきた事例を中心に、岩手での減災への取り組みを紹介する。

地域に役立つ研究を

被災した大槌町役場庁舎前で調査する筆者＝2012年2月

第1部
地震災害

1 本県の地震記録を見る

地球はプレートと呼ばれる複数の岩盤で覆われており、東北日本は北米プレート、西南日本はユーラシアプレートの上にあり、南からはフィリピン海プレートが押し寄せ、東から太平洋プレートが日本列島の下に潜り込んでいる。地球の内部は4千～5千度と高温であり、熱の対流でプレートは移動し、その速さは年間に数センチであるが、地学的なスケールでは何千、何万キロも移動する。潜り込むプレートの周辺では歪《ひずみ》が溜り、プレート内部や境界では岩盤が破壊、断層を生じて地震が発生する。これが海溝型地震である。

一方、日本列島も押され続けているために、内陸の浅部でも断層が生じ地震が発生する。浅部で発生するために、地震規模が小さくても被害が大きい。これらは内陸型地震と呼ばれる。

岩手県付近で発生する地震は、太平洋プレートが潜り込む日本海溝付近での海溝型地震と、内陸浅部での内陸型地震に大別される。

『岩手県災異年表』によると、記録に残る岩手県での最古の被害地震は８６９年7月13日の貞観地震である。「陸奥の国（現在の福島・宮城・岩手・青森県）大いに震ひて城邑《じょうゆう》を破壊し、海嘯哮吼《かいしょうほうこう》して溺死多し」

その後、記録は途絶えるが、江戸時代以降は、「南部藩『雑書』（家老席日記）」に自然災害の記載が残されている。

以下に県内に被害があった主な地震を、災異年表の記載を主に掲げる。Mは、地震の規模を表すマグニチュードである。

◆1611年12月2日　南部津軽で人馬溺死3千人余。（震源三陸沖）

◆1616年12月6日　仙台で大地震、大槌で海嘯

◆1677年4月13日　大槌、宮古等津波（震源三陸沖）

◆1717年5月13日　大地震、家屋破損大（内陸型、震源花巻）

◆1793年2月17日　大槌、釜石等津波（震源三陸沖）

◆1896年6月15日　明治三陸地震津波、県内の津波による死者1万8158人（震源三陸沖）

◆1896年8月31日　陸羽地震、M7・2、岩手で死者4人、家屋倒壊・焼失357棟（内陸型、震源真昼岳付近）

◆1931年11月4日　小国付近で局地的被害、M6・5（内陸型、震源小国村、深さ0～10キロ）

◆1933年3月3日　昭和三陸地震津波、M8・1、県内の津波による死・不明者2671人（震源三陸沖、深さ40キロ）

◆1952年3月4日　十勝沖地震、M8・2、盛岡震度3、津波で船舶被害（震源十勝沖、深さ45キロ）

◆1960年5月24日　チリ地震津波、M9・5、県内の津波による死者・行方不明者62人

◆1968年5月16日　1968年十勝沖地震、県内死者2人。M7・8、盛岡震度5（震源十勝沖、深さ20キロ）

◆1987年1月9日　岩手県北部の地震（通称＝岩手県中部沿岸地震）、M6・6、盛岡震度5（震源岩泉町、深さ72キロ）

◆1994年12月28日　三陸はるか沖地震、M7・6、盛岡震度5（震源三陸沖、深さ0キロ）
◆1998年9月3日　岩手県内陸北部の地震、M6・1、雫石長山震度6弱、（内陸型、震源雫石町、深さ9・6キロ）
◆2003年5月26日　宮城県沖の地震（通称＝三陸南地震）、M7・1、大船渡・江刺など震度6弱（震源気仙沼沖、深さ72キロ）
◆2008年6月14日　岩手・宮城内陸地震、M7・2、奥州市衣川区で震度6強、県内死者2人（内陸型、震源一関市祭時附近、深さ8キロ）
◆2008年7月24日　岩手県沿岸北部の地震M6・8、野田震度6弱（震源岩泉町、深さ108キロ）
◆2011年3月11日　東北地方太平洋沖地震、M9・0、大船渡震度6弱、津波で県内死・行方不明約6千人（震源三陸沖、深さ24キロ）

最大は2008年の6強

『岩手県災異年表』。奈良時代以降の岩手での気象災害をまとめた貴重な冊子は、初版が昭和13年で、その後増補された。写真は盛岡地方気象台と岩手県が編集、日本気象協会盛岡支部が発行した昭和54年の補遺版。以降、改訂されていない。

2 忘れられた「陸羽」大地震

1995年の兵庫県南部地震(阪神淡路大震災)は6343人が犠牲となり、大都市直下での地震の被害の大きさに衝撃を受けたものであった。一方で同地震に近い規模のマグニチュード(M)7・2の直下型地震が、地学的スケールで言うとついい先日の1896年8月31日、岩手・秋田県境の真昼岳の北、深さ4キロで発生したことはあまり知られていない。

この地震の2カ月余前の6月15日には、岩手県だけでも1万8158人の犠牲者を出した明治三陸地震津波が発生し、人々の関心は津波に向いていたせいであろう。

地震が発生したのは午後5時6分ごろとされている。揺れの大きさは、当時の気象庁の区分で「烈震」(現在の震度6相当)であった。

烈震の区域は秋田県側に広く分布し、特に千屋村、畑屋村、六郷町では家屋がほとんど倒壊した。被害は仙北郡の東南部、平鹿郡の中央部、雄勝郡の北部に及び、秋田県での死者は205人、全壊・焼失家屋は5千棟以上と多くに上った。

一方、岩手県側では、西和賀地域を烈震の揺れが襲ったが、県内での死者は4人、全壊家屋は110棟にとどまった。これは、秋田県側に比して西和賀地域の地盤が堅固である故かも知れない。しかし、崖崩れなどは多数発生して、山伏峠や平和街道などは人馬の交通もできなくなったため、西和賀地域は孤立状態になった。

また、道路、農業用水路などの損壊、水田の亀裂や陥没、稲をはじめとした農作物の被害も著しかった。和賀川は山崩れで上流部がせき止められ、いわゆるダム湖が形成され、崩壊による大洪水を心配し、高台に避難する騒動も起きたとされている。近年の山間部の地震で我々が直面する事象は、当時も同様に発生していたのである。

なお、震源から遠い花巻市では44棟が全壊しており、北上川沿いの若い軟弱な地盤が揺れを増幅させた可能性が高いと考えられる。

陸羽地震の8日前の8月23日、秋田測候所で強震（現在の震度4～5）を観測し、秋田県生内村の村長が大地震の前触れではないかと注意を呼び掛けていたが、備えの行動に結びついたかどうかは定かではない。また、地震後、200回にも及ぶ鳴動や振動が続き、駒ケ岳や岩手山が破裂するかもなどのうわさに、住民は恐れおののいたといわれている。

陸羽地震は、東西方向からの圧縮力によって生じた逆断層型の地震で、秋田県側と岩手県側に南西～北東に延びる地表地震断層が出現した。秋田県側の千屋断層は生内町から西南方向に約30キロに及び、東側が最大3・5メートル隆起している。

一方、岩手県側の川舟断層は西側の山地側の地盤が最大2メートル東側の地盤に乗り上げている。北端は沢内村大荒沢から川舟を経て谷ケ沢付近まで約7キロにわたって顕著に表れている。断層の総延長は約15キロとされる。

川舟断層に関しては、1989年に電力中央研究所が、沢内村八ツ又地区でトレンチ調査（溝を掘削して直接断層を調べる）を実施して、今回の地震の前は5650年以前から2万7400年以降の間に少なくとも1回、それ以前に複数回活動したと報告されている。

川舟断層は、岩手県内で唯一地表で観察できる活断層であり、地震防災への意識の啓蒙にも貴重な存在である。県内でも大地震に対する備えの重要性を啓発する貴重な記念物として、断層崖の保存や説明版の設置などを期待したい。なお、断層面のレプリカ（ボードに剥ぎ取った断層面を張り付けたもの）が岩手県立博物館に展示されている。

また、陸羽地震に関しては、沢内村郷土史シリーズ第14集・陸羽大地震百年記念記録集「地底咆哮《ほうこう》から百年〜陸羽大地震と川舟断層の記録」が、1996年8月に沢内村教育委員会から発行されている。地震の被害を伝える沢内村史、岩手日報の前身である「巌手《いわて》公報」の記事、震災予防調査会の調査概報など貴重な記録が収録されている。

沢内に川舟断層出現

旧沢内村で現在も観察される川舟断層の断層崖（1996年、筆者撮影）

3　1968年十勝沖地震「盛岡震度5」

1968年5月16日9時49分に発生した十勝沖地震で、青森県では死者47人を数え、盛岡でも震度5を観測するなど大きな被害を生じた。震源は、北海道襟裳岬の南南東約120キロの十勝沖で、マグニチュード（M）7・9である。深さは、『岩手県災異年表』では20キロ、『新編・日本被害地震総覧』では0キロと異なった値が残されている。同日夜、午後7時39分には、余震とみられるM7・5の地震も発生し被害に追い打ちをかけた。

岩手日報は、「県下一帯に強震」「揺らぐ大地に県民おののく」の見出しで、1923（大正12）年に盛岡地方気象台が開設されて以来初めての強震の恐怖を伝えた。

この当時、地震時の揺れの程度を示す震度階は、0（無感）、1（微震）、2（軽震）、3（弱震）、4（中震）、5（強震）、6（烈震）、7（激震）の8段階に区分されていたものである。

一方、三陸沿岸には宮古湾で高さ4・7メートルを観測される津波が襲来して、漁業施設などに大きな被害を出したが、津波被害については「第2部津波災害」で詳しく触れることにする。

被害が大きかった青森県では、死者47人の他、負傷者は188人を数えた。全壊家屋は646棟、半壊家屋は2885棟に及んだ（『新編・日本被害地震総覧』）。被害が著しい青森県東南部地域は、埋立地や低湿地など軟弱地盤が多く、また、地震発生前3日間で100ミリの降雨があり、地滑り、崖崩れ、盛り土崩壊などが生じやすくなっていたことも被害を大きくした原因といわれている。

また、この地震では耐震性のある鉄筋コンクリート造りに被害が目立ち、八戸市では1割にあたる6棟が一部建て直しや重度の補修を要する被害を受けた。北海道函館市では、函館大の鉄筋コンクリート4階建て新築校舎の1階が圧壊し、報道でも大きく取り上げられたので記憶されている読者もおられよう。建物の構造と地盤との関係が見直されるきっかけにもなった。

岩手県では死者2人、負傷者は4人にとどまったが、学校の校舎や鉄道に多くの被害が出たのが特徴的であった。被害を受けた県内の学校は、小学校25校、中学校6校に及んだ。このうち、二戸郡浄法寺町の浄法寺小（児童430人）では一部校舎（8教室、木造2階建て、延べ860平方メートル）と屋内体育場（330平方メートル）が全壊した。また、同町の川又小の屋内体育場天井が落ち、壁が崩れるなどした。盛岡市仙北小ではガラス100枚が破損、その他の学校でも石垣が崩れるなどした。特に、新築したばかりの同市の大宮中や厨川中では、コンクリート壁にも亀裂が生じた。各校とも授業中で先生が教室にいたり、体育行事のため校庭に生徒がでていたため、人身事故は起きなかったのが幸いであった。

この時期は中学校の修学旅行シーズンで、盛岡市の下橋中、下小路中、城東中、紫波町の紫波第二中、都南村の乙部中、平泉町の平泉中などが北海道旅行の最中であり、安否が心配された。それぞれ札幌―函館間の列車やバスの中で地震に遭遇したが、無事であった。

鉄道の被害も大きかった。青森県では、東北本線剣吉駅構内で貨車10両が脱線、尻内駅構内では気動車3両・貨車5両が脱線した。岩手県内でも滝沢駅―渋民駅間で路盤が陥没、小繋駅―小鳥谷駅間で路盤に亀裂が入り、鳥越付近で築堤のコンクリート壁が崩落、斗米駅―金田一駅間で信号機が壊れ、金田一駅―目時駅間で鉄橋が沈下するなどして、盛岡以北は長期にわたって不通となった。

国道4号線は、岩手県と青森県境から北側で120メートルにわたって路盤が崩落、その他路面にひびが入り、側溝やガードレールが破壊されるなどの大きな被害を被った。

浄法寺では校舎倒壊

倒壊した浄法寺小校舎（岩手日報掲載、1968年5月17日付）

4　内陸深部震源の「県中部沿岸地震」

　1987年1月9日15時14分に、岩泉町付近の深さ72キロで発生した岩手県沿岸北部の地震（岩手県中部沿岸地震）で、盛岡市・大船渡市で震度5、宮古市で震度4を観測した。当時は、盛岡地方気象台、宮古測候所、大船渡測候所でしか震度を観測していなかったので、震央の位置する岩泉町を含めて他の市町村の震度は不明である。震源が深かったため、広い範囲で大きな揺れが感じられた。

　なお、地震を引き起こす破壊が地下で始まった点を震源、その真上の地表の点を震央という。地図の上で×印などで表示されるのは震央である。

　ちなみに、建物の内部に被害が生じる震度5を5弱、5強、建物が破損する震度6を6弱、6強と区分、人が揺れを感じない震度0から、多くの建物が倒壊する震度7までの10段階で揺れの程度を表す気象庁震度階級が、阪神淡路大震災後の1996年10月1日から運用されている。なお、この震度階級は日本の気象庁が定めたもので、世界的に統一されたものではない。

　また、地震の規模を示すのがマグニチュード（M）で、対数で表示されるため、Mが1違うと地震の規模は約30倍、2違うと約1千倍違う。地震の規模が大きくても震源から遠い地点では一般に揺れが小さく、小さな地震でも震源に近いと大きな揺れを生じることに留意する必要がある。

　震度の観測については、従来は体感に基づいて気象庁職員が判断していたため、気象庁の関連施設のある場所以外では不明であった。阪神淡路大震災の際は、関西地方の震度データを集約する神戸海洋気象台が被災。自家発電は備えていたが水道がダウンして稼働できなかったと聞く。以降、周期0・1〜1・0秒の地震波の加速度の大きさに基づいて算出する計測震度計が多数配置され、震度データは気象庁に集約されるようになった。

計測震度計の設置地点は、気象庁が668地点、地方自治体が2915地点と日本の国土に高密度に配置されている。また、防災科学技術研究所は全国に約20キロ間隔で強震観測網（K―net）や高感度地震観測網（Hi―net）を整備している。地震直後、テレビなどでも詳細な震度分布が公表され、局部的な地震被害にも迅速な対応が図られる体制が築かれている。

県中部沿岸地震の話に戻る。県内で震度5を観測したのは、1933年3月3日の昭和三陸地震の際に宮古市、1968年5月16日の十勝沖地震の際に盛岡市で、1978年6月12日宮城県沖地震の際に大船渡市で観測して以降、県内では四度目である。

日本列島の下に潜り込む太平洋プレート内で発生した地震で、震源は72キロと深いため、八戸市や仙台市でも震度4を観測するなど広範囲で大きな揺れを生じたが、M6・6（6・9の速報値から変更）と地震規模が大きかったわりには被害が少なくて済んだとされる。

この地震で、岩手県内では落下物などでは8人が負傷、窓ガラスの破損や商品の落下などの被害があり、道路への落石が3カ所、崖崩れが5カ所、橋梁の被害が1カ所、釜石線上有住駅構内では線路上に落石があり、釜石線が一時不通になった。

陸中海岸国立公園の名勝地である鵜の巣断崖（田野畑村）では、この地震によるとみられる大きな地割れが生じた。地割れは断崖の展望台と呼ばれる海に面した東端の台地部分で、松林の中に約25メートルにわたってひびが入り、２カ所に最大幅２・２メートル、深さ２・75メートルの三角形の陥没もできた。

同じ震度だった１９６８年十勝沖地震の県内死者２人、建物全半壊39棟、津波による浸水家屋２５３戸に比べると軽微で済んだ。その理由は、同じ震度５でも４に近い揺れで、揺れの時間も短く、内陸の地震で津波も発生しなかったことによるものと推測される。また、冬場の地震でありながら、火災の発生がゼロであったことは、耐震装置付きの暖房器具が普及し始めていたことの効果もあったかもしれない。

岩手日報　昭和62年（1987年）1月10日（土曜日）

本県中心に強い地震

盛岡、大船渡で震度5　北海道、関東でもグラリ

M6.9　震源（岩泉）深く大被害免れる

列車ダイヤ混乱　土砂崩れ、停電も　やけどなどで5人負傷

鵜の巣断崖に地割れ

岩手県中部沿岸地震の発生を伝える岩手日報。紙面内の写真は普代村の崖崩れ（1987年1月10日付）

5　県内初の詳細震度調査

地震時の揺れは、一般に震源から遠ざかるに従って減衰するが、地質や地形などの要因によっても異なるため、地震防災対策には区域ごとの揺れやすさ、揺れにくさを掌握することが基本となる。

しかし、前述のように、岩手県内では気象台や測候所のある盛岡市・宮古市・大船渡市以外での震度は不明であった。県内各地に多数の地震計を設置するわけにはいかない。年間研究費が数十万円の地方大学の貧乏研究室では1台の地震計を設置することさえもできないのが現実である。

そこで活用したのが、アンケート方式による詳細震度調査の手法である。当時、北海道大学の教授であった太田裕氏らが開発したもので、住民の方々に揺れの程度などをアンケーに答えていただき、気象庁の震度階に換算するものである。この手法は「太田方式」として学会でも認知され、区域ごとの震度を推定する手法として各地で実施されていた。

アンケートの項目は▽回答者の年齢・性別▽回答者のいた場所▽建物の中か外か▽何階か▽建物の構造▽その場所の地形や地質▽建築年代—など回答者の属性に関すること。および▽揺れを感じたか▽電灯・カレンダーなどの動き▽食器・窓ガラス・戸や障子の動き▽重い家具の動き▽家の被害▽、塀・石垣—などの被害。これらを含め合計35項目である。

揺れの程度の回答事項に所定の条件係数や回答者の属性を考慮し、気象庁の震度階に換算する。

この手法では小数点以下1桁までの震度が算出できる。

1987年1月の岩手県中部沿岸地震では盛岡市で震度5を観測し、筆者が岩手に赴任して以来最大の揺れであった。そこで、岩手県内の詳細震度の調査を行うことにした。

当時、岩手県には62市町村があるが、総面積が約1・5万平方キロメートルと広大で行政区画では精度が不十分なため、中学校の学区単位での調査を実施。盛岡圏（盛岡市・滝沢村・都南村）を除いた140校の在校生3～10人に1枚の割合でアンケート用紙を配布し4312枚の回答を得た。なお盛岡圏では、次章に紹介する、より詳細な震度分布を解析するために、全小中学校を対象に用紙を配布している。

140の中学校の学区単位での平均震度は3・7～4・9の範囲にあり、震源に近い岩泉町、野田村、普代村などで震度4・5以上と揺れが大きい。地震の揺れは、一般に震源からの距離が遠くなると小さくなるものなので、岩手県内での震源距離と震度との関係式を導き、その地点での実震度の差異を求めると、揺れやすさ、揺れにくさの程度を知ることができる。

標準よりも揺れやすい区域は県土を南北に連なって細長く分布している。この区域は北上川およびその支流の流域で第四系河岸平野堆積物という若い地層が分布している。

東側の北上山地は大部分が古生層という古い時代の堆積物やそれを貫く花崗《かこう》岩などの堅固な岩盤が分布し揺れにくい。北上川西側の奥羽山系はやや古い新第三系の緑色凝灰岩や、さらに八幡平・岩手山・栗駒山の火山活動による火山噴出岩などが分布し、北上平野に比しては揺れにくい。

　岩手県では人口密集地の北上低地帯が地震時の揺れが大きく、防災上は留意する必要があることが明示された。

　なお、調査では遠野盆地付近でも揺れが大きかった。その後、１９９４年10月北海道東方沖地震、同年12月三陸はるか沖地震の際にも同様の調査を行っているが、北上川流域で揺れやすい傾向が変わらないのに対し、遠野盆地の揺れは小さい。１９８７年の地震では、震源が深いことや盆地地形が影響したのかもしれないと考えている。

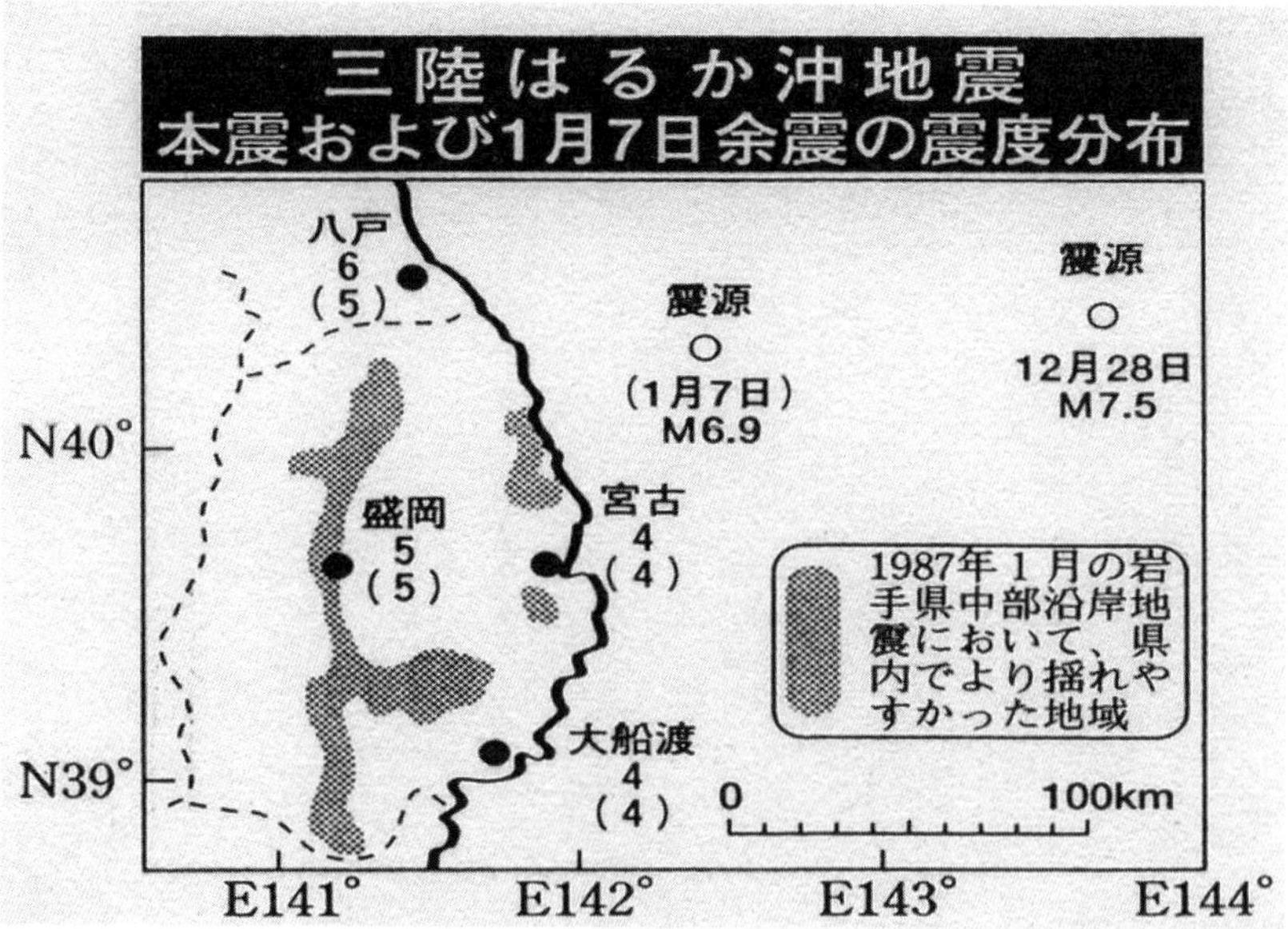

揺れやすいゾーンも

6　盛岡市域で詳細震度分布調査

中学校学区単位での震度調査でも、揺れの程度は地盤状況で異なる傾向が明らかになったが、広い範囲で平均化されるため、狭い区域ごとの特徴は薄れてしまいがちである。

そこで、盛岡市域を対象に２５０メートル四方と狭い区域ごとの震度の違いを検討することにした。１９８７年１月の県中部沿岸地震の際に、盛岡市・滝沢村・都南村のいわゆる盛岡圏では、すべての小中学校77校にアンケート用紙を配布し、４５７１枚の回答を得た。

そして、回答者の住所がどのメッシュに位置するかを住宅地図を基に調べ、メッシュごとの平均震度を算出した。現在では、地番ごとにＧＰＳデータを読み込むとどのメッシュに属するか自動的に検索できる。しかし、ＧＰＳが汎用《はんよう》的でない時代には、住宅地図で回答者の住居を一軒一軒あたって、どのメッシュに属するかを調べ上げなければならない。数千枚のアンケートの35項目の質問項目をデータベース化し、さらに住居の位置を同定する作業には膨大な労力を要した。

解析は岩手大工学部資源開発工学科の卒業研究として地下探査学研究室所属の学生に多大な労を取ってもらった成果である。なお、２５０メートルメッシュと称しているが、緯度・経度を区域割の基準にしているため、正確には東西約２６７メートル・南北約２３０メートルである。

アンケート調査での盛岡圏の平均震度は４・２であるが、メッシュごとの震度は３・２から４・

9と大きく異なっている。震央から50〜60キロメートル離れているにもかかわらず、震央に近い岩泉町での震度4・2〜4・7よりも大きい揺れを示した区域があること、十数キロメートル四方と狭い範囲にもかかわらず、震度に2近い差があることは、局部的な地盤構造が揺れに大きな影響を及ぼしていることを示している。

そこで、盛岡で震度5（気象台発表）を記録した1994年12月28日の三陸はるか沖地震の際には、さらに詳細な震度分布を得る目的で盛岡圏の中学校23校と高等学校8校とに約1・5万枚の調査用紙を配布し1万1277枚の回答を得た。アンケートによる平均震度は4・1であるがメッシュごとの震度は3・1〜5・0と2近い差がみられた。

盛岡駅から東側の旧市街地一帯は3・4〜4・0と平均より小さな値を示す揺れにくい区域が多い。これに対し市域の北西部では4・1〜5・1と揺れが大きく、前九年・青山町・みたけ・厨川・滝沢村滝沢・鵜飼などでは特に揺れが大きい。

これは、北西部には岩手山の崩壊による軟弱な火山砕屑物《さいせつ》が厚く堆積していること、旧市街地から東側では花崗岩《かこう》などの基盤が地表あるいはごく浅部に分布することなど、地盤状況によるものである。盛岡城跡公園には、地表にも花崗岩が露出しているのを見ることができる。南部氏が岩盤の強固なことを知った上で築城したとするとまさに慧眼《けいがん》であるが、真偽は定かではない。盛岡圏は、気象台の発表する震度よりもプラスマイナス1以上も揺れが異なる区域が分布することが大きな特徴である。

幸い、盛岡圏ではこれまで震度6以上の地震に見舞われていないため、北西部でも家屋の倒壊などの被害は発生していないが、これらの区域では特に家具の固定など安全対策を講ずることが望ましい。

また、アンケート調査では２５０メートル四方程度が区域割の限度であるが、沼地など過去の地形や盛り切り地盤などで、隣接する住宅でも揺れが異なる場合もあることに留意する必要がある。

図には１９９４年三陸はるか沖地震の際の揺れが平均より大、平均、平均より小と大別したものを例示している。２００３年三陸南地震時でのさらに詳細な震度分布を岩手大理工学部地下計測学研究室のホームページで公開しているので参照されたい。

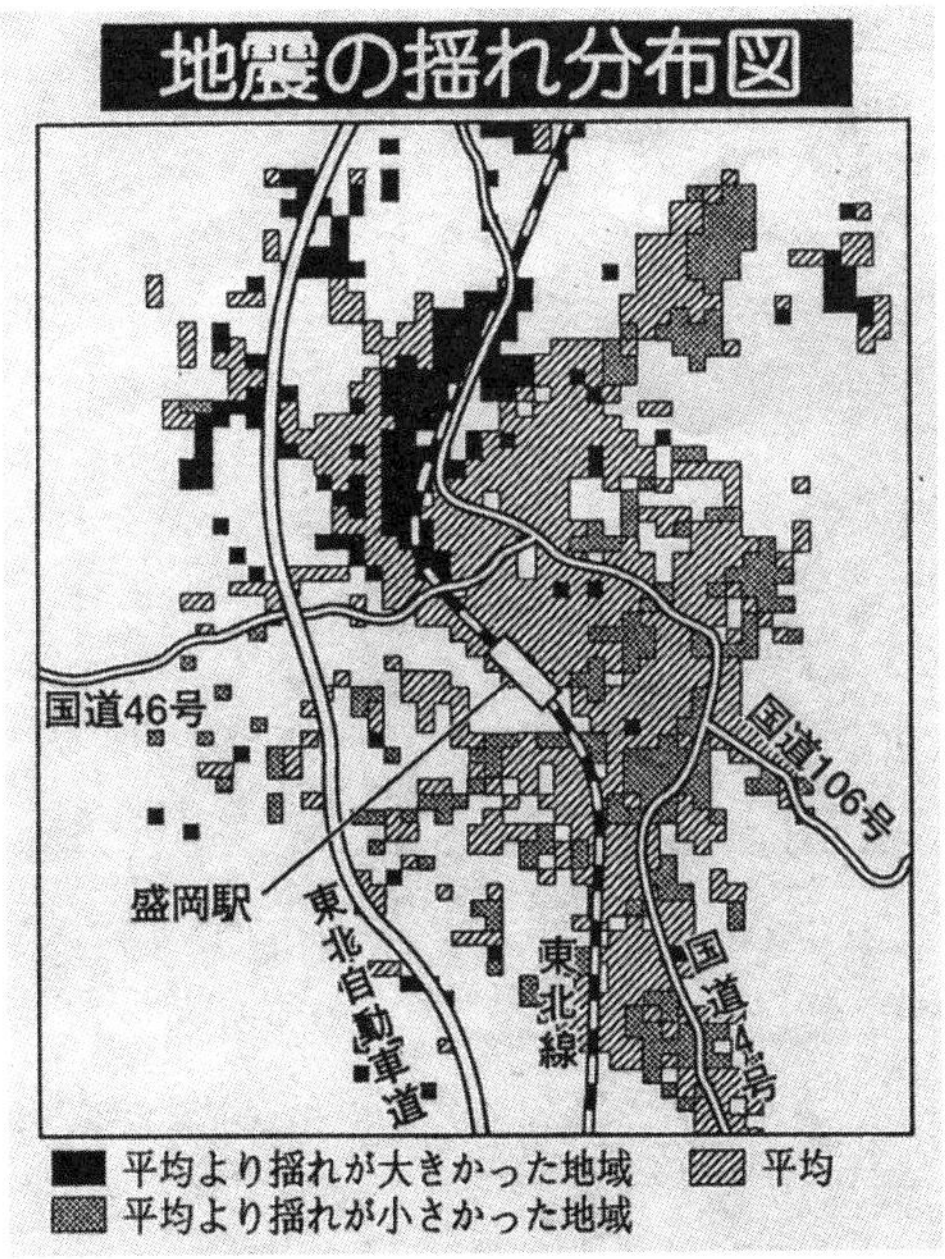

揺れの差、区域で顕著

7 阪神・淡路大震災の衝撃と教訓

1995年1月17日午前5時46分に発生した兵庫県南部地震は大都市直下を震源とする大地震で、戦後最多となる6434人(関連死を含む)の死者を出す阪神・淡路大震災を引き起こした。

全壊家屋約10万5千棟、全焼約7千棟、死者のうち約3500人は木造家屋が倒壊して家具の下敷になった圧迫死とみられている。

震源は六甲・淡路断層帯の一部である野島断層で震源の深さは16キロ、マグニチュードは7・3とされている。気象庁の震度階に7(激震)が導入されて初めて、神戸市、芦屋市、西宮市、宝塚市、北淡町、一宮町、津名町に適用された。

地震発生直後の速報では、震度5＝京都、震度4＝大阪などとされた。当時、震度は機械計測で、専用回線で気象庁に送られるシステムであったが、神戸海洋気象台からの回線にトラブルが発生したため震度6が伝わらなかった。また震度7は、倒壊家屋の割合が3割を超えることが基準であったため、震度7の区域が判定されたのは地震発生半月後であった。

迅速な救援のため被害の著しい地域を早急に掌握することの重要性が指摘され、以降、全国に4千点を超える地震計や計測震度計を配置することとなった。

1978年宮城県地震の被害を踏まえて1981年に改正された「建築基準法」に従って建築された建築物の被害は少なかったが、以前に建築された銀行、病院、百貨店など倒壊したビルも少なくなく、中間階がつぶれた建物も目立った。鉄筋コンクリート造り構造物の倒壊は衝撃的でもあった。

被害の大きかった住宅の建築基準法は、その後何度か改正し耐震化が図られている。

米国などでみられた高速道路の倒壊などは日本ではありえないとの「安全神話」が信じられていたが、阪神高速道路3号神戸線が倒壊した。

また、山陽新幹線は多くの高架橋が落橋した。時速200キロ以上の高速での脱線転覆は飛行機事故と同様といわれる。数分おきに千人以上の乗客を乗せた列車が行き来する6時の始発以降に地震が発生したら、犠牲者は激増したに違いない。

以降、地震の発生を検知して列車を緊急停止させる「ユレダス」の改良も図られている。高架橋の橋脚の耐震化も進められ、以降の地震では高速道路や新幹線の倒壊は発生していない。

地震発生直後に100件近い火災が発生した。神戸の上空からのテレビ映像で、何十本も立ち上る黒煙に、1923年の関東大震災を思い起こし、ぞっとした。建物の倒壊による犠牲者も少なくはなかったが、東京では暴れまくった火災旋風などで9万人以上が焼死したとされる。

通常、神戸のまちには背後の六甲山地から「六甲おろし」と称される強風が吹き下ろす。建物の倒壊で火災現場に近づけず、断水で水が出ない中で、何百メートルも離れた川や運河などからホースをつないでの消火には限度がある。

幸いにして、当日は無風に近かった故に火災は鎮火した。焼死者は558人(各市の集計)であった。地震の発生が午前5時46分と早朝であったことと併わせて、犠牲は低くにとどまったと言えるかも知れない。

なお、復旧通電時に、被災した電気器具などからの発生が多数あり、避難時の電源遮断などの必要性も指摘される契機となった。

発災後からテレビ、ラジオはほぼすべてのチャンネルが全日にわたって報道し、我々は初めてリアルタイムで被害の実態を自宅でも目の当たりにすることになった。地震災害への認識を新たにする大きなきっかけになった災害でもある。

岩手日報　平成7年（1995年）1月19日（木曜日）

被害拡大　死者2594人

兵庫県南部地震

難航する捜索活動

生き埋め800カ所

茶の間で被災「目撃」

地震被害を伝える岩手日報（1995年1月19日付）
写真は倒壊した阪神高速道路上のトラックの撤去作業をする大型クレーン。

8 「地盤と防災研究会」発足

1995年の阪神淡路大震災の生々しい被害の映像は、建物の倒壊など大きな地震被害の記憶のない岩手県にも大きな衝撃を与えた。地元報道機関は「阪神大震災～岩手の備えは」「東北の地震防災」「県内も防災対策見直しを」など特集番組や記事で取り上げて警鐘を鳴らした。関係者の関心も高く、区域別の震度調査などを行ってきた筆者にも講演の依頼が多くあった。「阪神淡路大震災の教訓」「岩手県における地震災害の可能性と防災対策」といったテーマで、盛岡地区広域消防組合消防本部、全国消防長会東北支部、県議会防災対策特別委員会など行政関係機関での提言の機会もあった。

研究者として提言することの意義は大きいとしても、安全確保のための実務的な取り組みの必要性も痛感した。そこで、岩手で産学官連携に先駆的に取り組んできた任意的集まりである岩手ネットワークシステム（ＩＮＳ）の研究会として「地盤と防災研究会」を立ち上げることにした。

ＩＮＳは、1987年ごろから、岩手大学工学部の若手教員が中心になり、県職員や地元企業の社員らと酒を酌み交わしながら交流を図ってきた集まりで、1992年に正式に発足した。当初は地場産業の活性化などが話題の中心であったが、現在は会員千人を超え、人文系や社会科学系なども含めて広範囲な研究会50近くが独自に活動している。全国の産学官連携のモデルとされ、2003年には第2回産学官連携推進会議で経済産業大臣賞を受賞している。ちなみに達増拓也知事も会費を支払っている個人会員の一人である。岩渕明前岩手大学学長がＩＮＳの会長で、発足当時は運営委員長を務め、小川智現学長は事務局を担当していた。

筆者は10年ほど運営委員長として人つながりの拡大に努めてきた。その活動の中で、地域振興は岩手にとって重要であるとしても、まずは地域の安全をどう守るかはより根源的課題と考えたものである。

地震による被害を軽減するためには、構造物の基盤となる地盤状況を把握し必要な改良を行い、耐震を重視した構造設計を行い、適切な材料をもって施工する。一般の家屋は50年たてば建て替わるからして、今から地震に強い家屋を建築すれば、50年後には強固な防災都市を構築できる。そのために、土木・建築行政に関わる岩手県や盛岡市などの行政職員、地盤調査や施工に関わる地質・建設・コンサルタント・ハウスメーカーなど多岐にわたる企業関係者に参加を呼び掛けた。

筆者は地震防災でマスコミには時々顔を出してはいたが、当時は教授に昇進して間もない若輩である。参加者の呼びかけには、岩手大学工学部卒の重鎮である松田二郎元岩手県土木部副部長の強い後押しがあった。おかげで地元の地質コンサルタントやゼネコンの盛岡支店のほとんどが参加し、１９９５年９月30日の「地盤と防災研究会」第１回研究会には約１４０人の参加を得た。

会長には筆者が就任、副会長に松田氏、幹事には遠野市長の本田敏秋県消防防災課長や盛岡市副消防防災監などが名を連ねていた。個人の会費はなし、賛同する企業の賛助金で会は運営されたが、会計や事務は盛岡工業専門学校採鉱科昭和22年卒の大先輩小櫻忠夫氏がボランティアで労を取ってくださった。

「岩手の街は安全か？　災害に強い都市を目指して」をスローガンに、研究会は年2回、幹事会は数回開催された。建築物を含めた災害に強い街づくりに関する講演や情報交換を主とするが、活断層トレンチの現地調査など実務的な意見交換の場も多く企画された。また、企業の現場対応について研究者が助言したり、企業の有する現場情報を研究者の解析に活用させるなど、顔の見える付き合いのもとに、相互に連携しての取り組みも頻繁に行われた。

研究会は、2011年に筆者が岩手大を定年退職後は、山本英和准教授を会長にこれまで43回開催され、活動を継続している。

産学官の連携生きる

掘削して採取した試料（ボーリングコア）について意見交換する研究会会員

9　盛岡市と岩手大が「危険度」を共同研究

阪神淡路大震災を教訓に、全国の自治体では地域防災計画の見直しが進められることとなった。盛岡市は見直しに向けて、1995年7月、岩手大学工学部の地下計測研究室が長年にわたって研究してきた、盛岡市内および周辺部での地盤の強弱や、地震時での揺れの違いなどを共同研究で取りまとめることで合意した。

同研究室では、1978年に筆者が岩手大に赴任する前から盛岡市域での常時微動の観測を行っていた。常時微動とは人体には感じられない定常的な地盤の振動で、車両の通行や人間の活動などさまざまな原因で発生する。地盤構造によって振幅や卓越する周波数が異なるため、地下構造の推定や地震時での揺れの特徴を知ることができるとされ、盛岡市域を対象に調査・研究を継続してきた。

また、1983年5月の日本海中部地震で液状化被害が激しかった秋田県能代市をはじめ、秋田市、本荘市などで、1984年から1987年にかけて物理探査学会の微動研究グループの一員として、微動の観測・解析を行った。その過程で、地盤の土質、軟弱さ、構造などが地震時の揺れの程度に影響することが明らかになり、盛岡市域での地震危険度の解析には詳細な地盤データが必要となった。

地盤調査の一般的な手法は、ボーリングにより土質とともに深度ごとに土の硬軟・締まり具合の指標とされるN値を測定する。N値は、重量63・

５キロのハンマーを75センチの高さから自由落下させ、30センチめり込むのに要する打撃回数である。一般的にＮ値５以下は非常に緩い地盤、50以上は締まった地盤で、建築物の基礎としての観点からはＮ値50以上を基盤として取り扱っている。

市域の多くの地点でボーリングを実施すれば詳細な地盤データが取得できるが、１本の浅いボーリングでも10万単位の費用を要し、貧乏な研究室では不可能である。そこで、民間の地質調査会社にボーリング調査結果の資料提供をお願いすることにした。

しかし、調査データは本来、依頼者に返すものだ。公的な研究で地域社会へ貢献するものとはいえ、許可なしに他者に提供はできない。場所の詳細を明確にせず、５メートル深までの平均Ｎ値の分布といった加工した図面のみで公表することで理解を求めた。

当時提供を受けたボーリング資料は４９８点で、土質分布、Ｎ値50までの到達深度、地下水位分布などの解析を行った。「地盤と防災研究会」はまだ発足していなかったが、産学官の連携が実質的に進められていたことで、このような協力が可能になったものである。

以前に述べた詳細震度調査は１９８７年岩手県中部沿岸地震から始まった。１９９４年10月４日の北海道東方沖地震で盛岡は震度４、同12月28日の三陸はるか沖地震で盛岡は震度５とやや強い地震を観測したことから、盛岡市域を対象にさらに詳細震度調査を実施した。

北海道東方沖地震では、盛岡市・滝沢村の全小学校に２万３８３６枚、三陸はるか沖地震では盛岡市・滝沢村の全中学校と盛岡市の８高校に１万

４３６５枚の調査用紙を配布した。地震が年末に連続して発生したため、膨大な調査用紙の解析が卒業研究として実施できず、盛岡市からの共同研究費用で多くのアルバイト学生を動員することにより、短時間での解析ができたのである。

多くのデータに基づいた盛岡市域の２５０メートルメッシュの地震危険度に関する調査報告書は、１９９６年３月に盛岡市に提出され、市の地域防災計画の見直しに活用された。

民間のコンサルタントに依頼すると数百万円？単位の費用を要する調査が、地元大学の研究成果の活用として生かされたことは意義深い。共同研究の実施に尽力した、当時の消防防災課長宮野春雄氏の先見の明があったことを付記しておきたい。

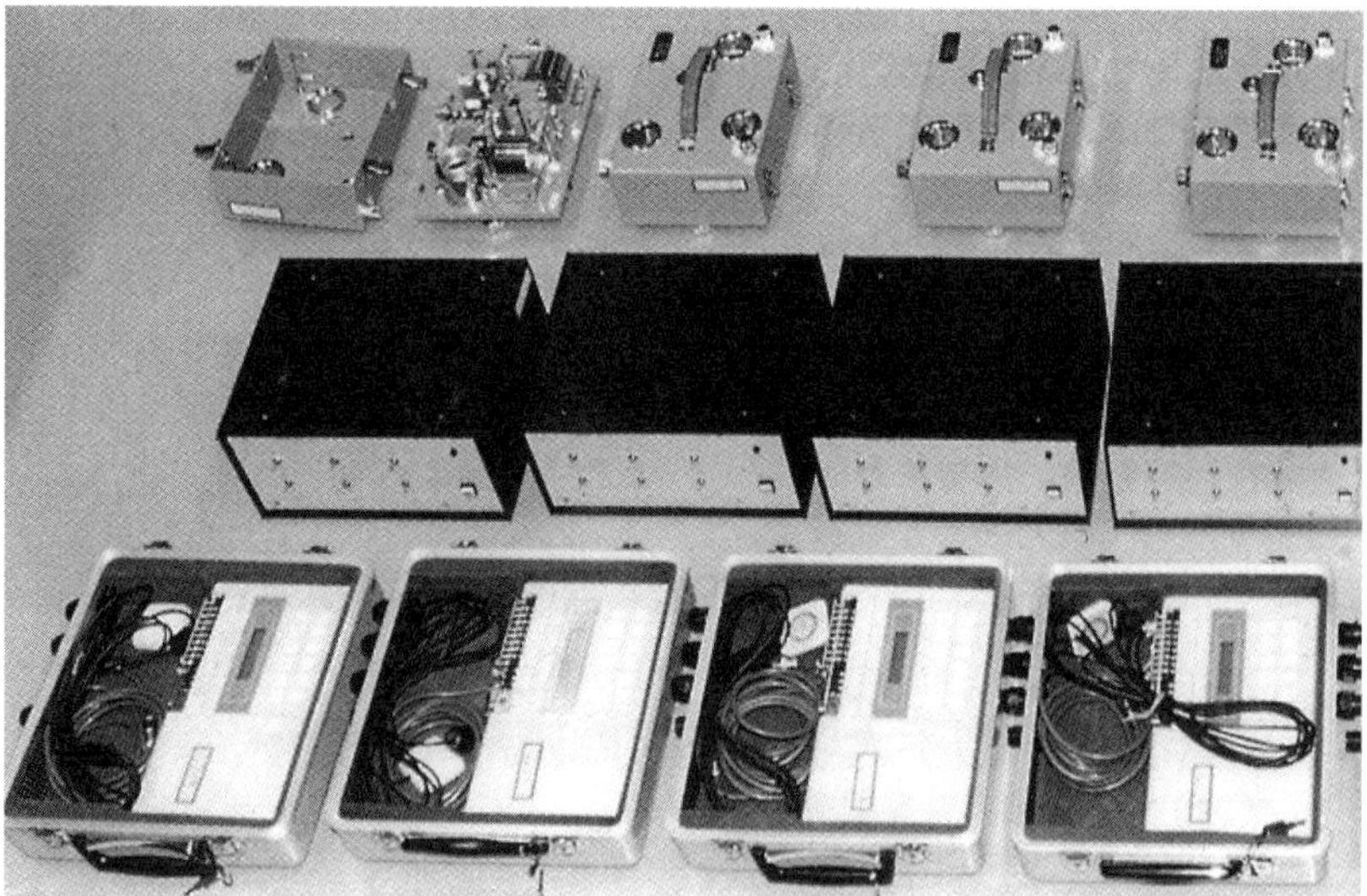

解析に多くの力結集

地盤の微小震動（微動）を観測する機器類

10　地元の企業から心強い支援

筆者が地震防災への取り組みを始めた1980年代には、地下探査学研究室（当時）の年間の運営費は100万円程度であったと記憶している。

この中から学会誌の購入費用やコピー代や消耗品、果ては灯油代などもろもろの、いわば生活費を支払わなければならない。そんなわけで大学院修士課程や4年時の卒論研究学生5～7人抱えての研究費用は微々たるものしか残らない。

科学研究費という研究費用を文部省に別個申請したが、地方大学の少数の研究者グループではたまに50万円程度の少額の資金を射当てるのがせいぜいだった。もちろん、筆者らの研究能力の不足故でもあるので文句を言っても愚痴になるだけではあるのだが。

そんな中で、「地盤と防災研究会」に集う地元企業の支援は研究の推進に大きな力になった。数百点のボーリング資料の提供がなければ地盤特性の解析は進められなかったし、研究に必要な地下構造の掌握にはボーリング掘削を無償で実施するという支援もいただいた。また、すぐには実用化して利益につながることでもないことを承知の上で、大学と共同研究を実施、数十万円ではあるが研究費を負担していただいた。

当時、文部省は大学に「地域共同研究センター」の設置を進めていた。認可には大学で20件以上の共同研究を必要としたため、岩手大学でも推進を図っていた。

その先駆けの一つが、地熱貯留槽の探査を目的に、地下探査学研究室が日本重化学工業㈱盛岡工業所との間で締結したものであったと記憶している。

多くの企業の協力を得たが、特に岩手大工学部鉱山工学科卒業生らが創立した「㈱北杜地質センター」の支援に触れておきたい。同社は、1954年卒の湯沢功氏（初代社長）、1958年卒の高橋薫氏（2代目社長）らが盛岡市で立ち上げた地質コンサルタント会社である。恩師である地下探査学研究室の佐藤七郎助教授（当時）が命名して1984年に創業した。

地下探査学研究室の卒業研究は、時にはテントを担いで現場で自炊をしながら観測データを取得する。いわば同じ釜の飯を食う付き合いから始まるが故に、教員と学生の連帯の絆が深い。産学官連携を先導する研究室の支援に尽力した原点はその絆にある。

支援いただいた事例を紹介する。

盛岡市域のボーリング資料だ。その資料は建築物の基盤調査を目的にしているため、N値「50」（締まった地盤の一定水準値）で掘り止めにするものが多く、基盤である花崗岩《かこう》などまで到達するものはごくわずか。研究室が改良を目指して研究を進めていた微動による地下構造探査の検証には花崗岩基盤の深度を把握することが必要であった。

湯沢社長のご厚意で、1994年に実験フィールドである岩手大工学部グラウンド脇でボーリング調査を実施していただき、地下47メートルで花崗岩の基盤を確認した。さらに1997年には滝沢村牧野林の盛岡北高で深さ100メートルまでのボーリングを行い、軟弱層を含むやや深部までの地質構造を掌握した。

これらの調査は、「公共工事の始まらない春先は機械も人も空いているだろうから、ぜひ現物供与での支援を」という筆者のぶしつけなお願いに応えていただいたものである。地盤データは研究会の参加者に共有され、研究室の研究の推進に多大な貢献をした。

後の岩手山噴火危機（第3部で詳説）では、民間企業支援の源に「地域の安全は自らが守る」という使命感があった。そんな使命感の醸成はこの当時から脈々と受け継がれ、発揮されたものと筆者は思うのである。

掘削の貴重な資料も

岩手大学構内でのボーリング調査

11 横波速度を指標に地盤を評価

物体の内部で粗密やたわみなどの変位が伝わっていく波を弾性波といい、進行方向に平行に振動する波を縦波（P波）という。

縦波は固体・液体・気体中を伝播《でんぱ》し、空気中を伝わる速度は毎秒約340メートル、硬い岩盤中では毎秒5～7キロである。

一方、進行方向と直角に振動する波は横波（S波）といい液体や気体中は伝わらない。硬い岩盤中の速度は毎秒3～4キロである。地盤の堅硬さを最もよく表す指標は、横波速度で、非常に軟弱な地盤では毎秒100メートル以下のこともある。

地震時には最初に「かたかた」と縦波の揺れがあり、遅れて「ゆさゆさ」と大きな横波が到達する。横波が到達するまでの縦波の揺れを初期微動といい、複数の観測点での観測から震源が決定できる。初期微動が長ければ、震源は遠いことになる。

地盤の弾性波速度を測定するには、爆薬などで人工的に地震を発生させ、伝播速度の異なる地盤境界で屈折あるいは反射してきた波を観測して、地下の速度構造を知る。通常の震源では、縦波も発生するため、遅れて伝わってきた横波の初動を判別することが難しい。そのため、板たたき法と称される方法で測定を行う。横長の板の底面に下駄《げた》の歯のように金属製の金具を多数取り付けたものを地表に設置し、ハンマーで水平方向に打撃することで横波を発生させるのである。

44ページの写真は観測の様子。板の長径と直角な方向に多数の地震計を並べて屈折波を観測する。板に2人学生が乗っているが、これは単に重しのかわりであり、たたくことによって発生したエネルギーができるだけ地盤に伝わりやすいようにする目的である。板に金属の歯を多数張り付けるのも同様の目的である。大変原始的な手法のように見えるが、浅い地盤の堅硬さの測定としてシンプルな手法なので、学生の実習もかねて盛岡市域でも測定を行ってきた。

ただし、地下数メートルから10メートル程度の深さの解析にも、地震波を観測するセンサーを並べる側線を20~50メートル程度確保しなければならないので、ある程度の広さをもった空間が必要とされる。そのため、空き地の少ない市街地やその周辺では高密度での測定が難しい。

盛岡市域では学校の校庭など公共施設を主な対象に、1993年から1994年にかけ76カ所で測定を行っている。地表から深さ5メートルまで、すなわち表層の横波速度は、盛岡市北西部の厨川、みたけ、青山、大新町や滝沢市穴口などでは毎秒140メートル程度と遅い。つまり表層の地盤は軟弱である。

これに対して、盛岡市の東部や南西部の手代森、乙部、東安庭、本宮、太田などには毎秒500メートル程度あるいはそれ以上の速度の速い地点が多く見られる。

一般に横波速度が毎秒400メートル以上の地盤は堅硬、毎秒200メートル以上はやや堅硬と評価される。

中心市街地には測定に供する空き地がほとんどなく、横波速度の実測値は得られていないが、岩手公園(盛岡城跡公園)には堅硬な花崗《かこう》岩が露出しているなど内丸地区は岩質からして速度が速いことは間違いない。近年建設された盛岡東署では岩盤が堅硬なため、通常は地下に設置される免震ゴムダンパーが1階と2階の間に設置されているほどである。災害時の防災拠点として心強い。

市北西部では、ボーリング資料での解析から、地表から5メートルの深さまでの平均のN値（土の硬軟の指標）が5以下と軟弱である。また、同区域は建設物の基盤とされている「N値50以上」となる深さは40メートル以上と深く、岩手山の山体崩壊による土砂が厚く堆積している。

市北西部では、横波速度の実測、詳細震度分布の調査などからも、軟弱な地層が厚く、地震時の揺れが大きいことは間違いない。災害時の拠点となる警察・消防・学校・公民館などの施設は、深部までの基礎杭《きそぐい》を多数打つなど耐震性の確保に留意しなければならない。

盛岡の中心部は堅硬

板たたき法による横波速度の測定風景

12 宅地造成地で揺れの「体感」調査

地震時における揺れの程度が細分化された区域ごとに異なることはこれまでに述べた。さらにその区域の中でも、地形や人為的に手を加えたことなどによっても異なってくる。「隣と違う体感震度」もしばしば経験する。

人工的に造成された宅地造成地では、盛り土や切り土で地盤特性が異なり、地震時における揺れの程度も異なることが容易に推定されよう。1978年の宮城県沖地震では、仙台市の緑ケ丘団地などで、造成された住宅地が崩壊したり沈下したりして家屋が多く破壊され、注目が集まった。

岩手県でも1980年代には大規模な宅地造成地の開発が行われるようになり、地震に対する危険度を検証することが必要ではないかと考えられた。当然、造成には地盤の強度を保つために適切な施工が行われているはずであるし、販売にはさまざまな地盤強度の試験も実施されているはずである。が、当時このような調査の実施には、民間の宅地造成の関係者からは、余計なことに手を出すなといったもやもやした雰囲気が小生には感じられた。

そこで、岩手県住宅供給公社が開発を手掛けた盛岡市松園地区の団地で、純粋に学術的研究目的であることの理解を得て、盛り土・切り土地盤での震度に違いを調査させていただくことにした。

調査の対象とした松園ニュータウンは1969年から1980年にかけて開発が進められたニュータウンで、1972年ごろから県営団地や一戸建ての入居が始まった。計画面積215ヘクタール、計画戸数4419戸、計画人口約1万5千人は、当時としては東北最大級の住宅団地である。

施行前後の地形図から推定した最大盛り土高は23メートル、最大切り土高は39メートルである。同じくサンタウン松園は、松園ニュータウンに隣接する計画面積85・1ヘクタール、計画戸数1476戸、計画人口4425人の住宅団地で、1986年から2000年にかけて入居が行われた。最大盛り土高は25メートル、最大切り土高は54メートルである。

両住宅団地の一戸建て住宅の住民を対象に、1994年北海道東方沖地震および三陸はるか沖地震の際に、震度のアンケート用紙を配布し、北海道東方沖地震で878枚、三陸はるか沖地震で541枚の回答が得られた。アンケート用紙の依頼は一軒一軒を直接訪問して行ったが、当時としてはセキュリティーへの意識も高い住民が多く、インターフォンで「アンケート…」といったとたんに「お断りします」との拒否反応も多く、回収率は上がらなかった。

回答には個人の感覚による誤差も含まれるため、一軒一軒ごとに震度を議論するには無理があるので、盛り土、切り土での平均震度を算出し比較検討を行うこととした。

松園ニュータウンでは、北海道東方沖地震の際の平均震度はともに3・8と変わらず、三陸はるか沖地震の際は切り土が3・8に対し盛り土が4・0とやや大きい。

サンタウン松園では北海道東方沖地震の際は切り土が3・4、盛り土が3・9、三陸はるか沖地震の際は切り土が3・5に対し盛り土が3・9とやや大きく、盛り土部分での揺れが比較的大きかったといえる。

しかし、盛岡市域での平均震度が北海道東方沖地震で3・8、三陸はるか沖地震で4・0に比較しても、盛り土部分の揺れは大きくない。これは、松園地域の多くは、輝緑凝灰岩《きりょくぎょうかいがん》などの古い時代の固い岩から構成されており、盛り土部分も硬い岩塊などを埋めて整地されていることによるのではないかと考えられる。いずれにしても、松園は全体としては（一軒一軒ごとの評価はできないが）適切に施工された造成地と言えよう。

情報の開示が求められ、災害に遭遇した場合には施工管理の責任も問われる時代である。土砂災害も頻発しており、業界は住宅地の造成管理には十分に配慮し、住民もまた賢く見る目を養うことが肝要である。

盛り土と切り土で差

盛岡市松園地区の団地、小鹿公園から望む（2020年、筆者撮影）

13 「盛岡市域の地盤特性と詳細震度分布」発刊

盛岡市の支援で取りまとめられた報告書は、市の地域防災計画の見直しに活用された。

一方で、「地盤と防災研究会」に参加する関係者からは「共有することにより地震防災の実務に役立てることができるのではないか。ぜひ冊子にして頒布すべき」との要望の声が上がった。盛岡市にも、「大学の研究成果は広く公開して、産学官がそれぞれの立場で防災に役立てることが地域の安全につながる」との理解を示していただいた。

そこで、研究室は1997年4月、『盛岡市域における地盤特性と詳細震度分布』の冊子100部を作製し、実費で関係機関に頒布した。

冊子は図表88枚を含み163ページからなり、盛岡市域に被害をもたらす地震の可能性、盛岡市域の地盤特性、アンケート方式による詳細震度分布、盛岡市域の地震危険度の評価といった内容で構成されている。

これらのうち、岩手県内における過去の地震災害、活断層の分布と活動の可能性、ボーリング資料に基づくN値（土の締まり具合の指標）分布、表層S波（横波）速度の分布、1987年岩手県中部沿岸地震、1994年北海道東方沖地震、同年三陸はるか沖地震の際の盛岡市域の詳細震度分布、宅地造成地での詳細震度分布などについては、既に紹介させていただいた。

ところで、これらの研究における観測や解析は、教職員だけではマンパワーに欠ける。例えば、盛岡市域で500地点以上で数年にわたって行った微動観測などは、自動車の直接的振動を避けて深夜から早朝に実施されたものである。研究室で修士学位研究や卒業研究として研さんを積んだ多くの学生諸氏の尽力によるところが大であった。教育を受け、学ぶ立場の学生さんも、大学が研究を進め地域に貢献する上で、重要な構成員なのである。

この冊子が発刊されてから既に20年余が経過した。その後の調査研究の進展により、詳細が明らかになってきたことや修正すべき点もある。しかし、基本的な考え方や収集されたデータの中身に変わりはなく、以降改訂版も編集されていないので、現在も参考にできる資料としての価値はあると考える。

細分化された区域ごとの地盤特性の解析は、土地の評価額といった経済的側面もあり、かつてはいささかタブー視されていたきらいがある。筆者らの調査研究についても、「安全評価の低い土地を明示すると不動産関係者にお叱りを受けるのでは」との冗句?も聞いた。

しかし、阪神淡路大震災以降、地震災害への認識が高まり、都市部での区域別地盤特性の解析は安全の確保、災害に強い街づくりに不可欠と認識されるようになり、調査・研究が進展している。解析の基礎になる資料もデータベース化され、広く一般に開示されることが当たり前になっている。盛岡市域を対象にした解析は今考えると先駆的な取り組みであったが、残念ながら資料を電子情報化するための費用や労力もなくとどまっている。

なお、冊子の入手は現在困難であるが、以下のウエブサイトで閲覧が可能である。

(http://inszibani.cande.iwate-u.ac.jp)

近年は盛南開発などで従来得られていない区域での地盤資料も増え、市街地でも高層ビルの建築がラッシュで高密度での地盤データが蓄積されていると推測される。

また、地下計測学研究室での微動を活用した探査手法の進展などにより、浅部での詳細なS波速度構造や深部の基盤構造も明らかになってきている。さらに高精度での地震危険度研究の進展を期待したい。

なお、最新の研究成果については、鋭意研究を推進している岩手大学理工学部システム創生工学科の山本英和准教授にお問い合わせいただきたい。

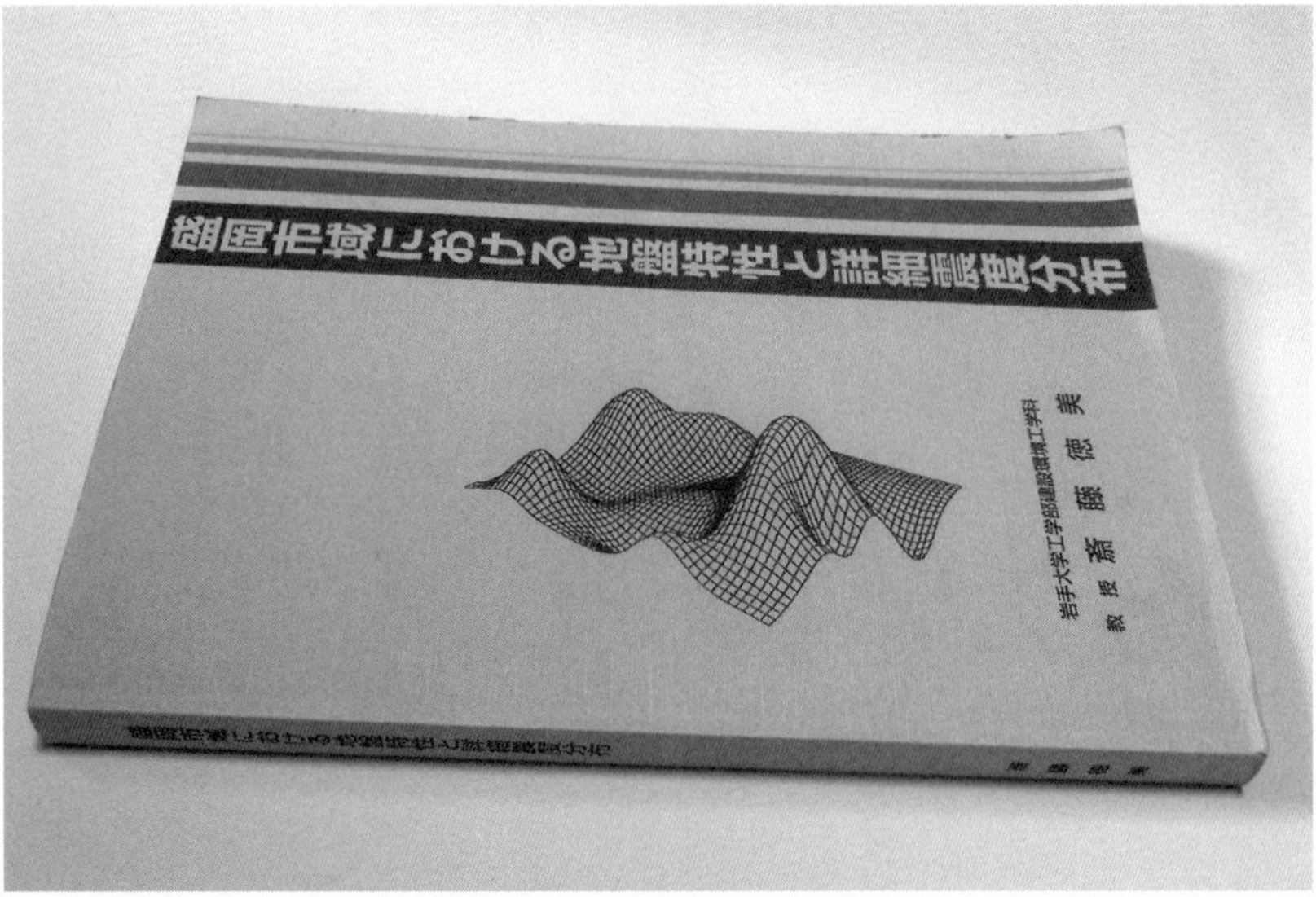

産学官の活用を図る

1997年に発行された『盛岡市域における地盤特性と詳細震度分布』

14 活断層の周期と最新時期を調査

阪神淡路大震災を契機に、内陸部の活断層の存在が注目されるようになった。日本には約2千カ所の活断層が存在することが知られている。活断層とは「最近（といっても地学的スケールでの長さなので）数十万年のうちに繰り返し地震が発生し、今後も活動して地震を引き起こす可能性のある断層」をいう。

活断層による地震は震源が浅く、人口密集地周辺で起こった場合は大きな被害をもたらす。活断層調査で次に起きる地震について日時を特定できるわけではないが、長期的に見て要注意な断層か安全な断層かを判断することはできる可能性がある。例えば、最新の活動から3千年が経過していて、活動の周期が3千年程度であれば、いわば定期預金は満期を迎える状況、要注意となるが、周期が5千年程度であれば、当分は心配しなくてもよいという評価をすることができる。

活断層が繰り返して動くと、ずれが積み重なって地形として残る。横ずれの断層が繰り返して動けば、川の流路が曲げられたり、尾根筋にもずれが生ずる。空中写真などで活断層の存在が推定されれば、物理探査やボーリングなどで、断層の存在を確認し、最終的にはトレンチ（溝）を掘削する。

採取した動植物の遺骸に含まれる放射性同位元素である炭素14の測定などから、過去に起きた地震の年代を推定することができる。活断層の平均的な活動周期と最新の活動時期が分かれば、次の地震の発生時期を推定、すなわち危険度の評価ができることになる。また、活断層の長さや1回のずれの量から地震の規模が推定できる。

ちなみに、1896年の陸羽地震で生じた川舟断層については、電力中央研究所が1989年にトレンチ調査を実施。同断層の活動間隔が約5500年以上と推定した。最新の活動は125年前であることからして、川舟断層は当分活動する可能性は極めて小さいと評価されるのである。

活断層の調査には多額の費用を要するので、地方大学が単独で行える調査ではないし、自治体が費用を用立てることも通常はない。阪神淡路大震災以降、自治体が実施する調査に対して科学技術庁（現文部科学省）が交付金による支援制度を設けた。岩手県では川舟断層のほか、県北の折爪岳付近の折爪断層帯、盛岡市から北上市の北上平野西縁に連なる花巻断層帯と同じく北上市から奥州市の出店《でたな》断層帯（合わせて北上低地西縁断層帯と総称）、雫石盆地西縁断層帯の存在が知られている。

これらのうち、都市部に近く活動度が高いと推測される花巻断層帯、出店断層帯、および雫石盆地西縁断層帯について、県は交付金を基に1995年から1997年にかけて「県活断層調査委員会（委員長・筆者）」を設置し、調査を行った。

地形、地質の調査、トレンチ調査の結果から、両断層帯とも活断層であることは確実であると判断された。

花巻断層帯に関しては長さが約37キロと推定された。花巻市北湯口のトレンチで断層が直接確認されたが、最新活動は約4千年前、一つ前の活動は約7300年前から2万6千年前の間とまでしか絞り込みができなかった。断層は地表で枝分かれしており4千年前以降でも活動があった可能性も否定できず、結局、今後の活動の危険性については明確な判断ができなかった。

出店断層帯は長さが約24キロ、雫石盆地西縁断層帯は約20キロと推定されたが、トレンチ調査でも最新の活動時期や活動周期は確認できなかった。

すなわち、県内の活断層の危険性については分からないというのが正直な結果である。検討委員会には日本の活断層研究の権威である渡辺満久東洋大助教授、粟田泰夫地質調査所主任研究員(いずれも当時)に加わってもらったが、両者の見解はしばしば異なり、委員長は取りまとめに苦悩した。率直に言って、活断層は分からないと調査の難しさを痛感したのであった。

県内の危険度は不明

花巻市北湯口でのトレンチ調査(花巻断層帯、1995年、筆者撮影)

15 本県での地震被害を想定

阪神淡路大震災での大きな被害を教訓として、大規模災害時にも対応できるように、あらかじめ防災施設の整備や地域防災計画を見直すことの重要さが指摘された。そのためには、当該地域に想定される地震で各種構造物の被害の程度や分布をあらかじめ予測することが求められる。

岩手県でも1996年5月、学識経験者や行政関係者からなる「県防災会議被害想定策定部会」を立ち上げた。そして、県内に影響を及ぼす地震の想定や被害について調査・検討を重ね、1998年3月に「県地震被害想定調査に関する報告書」が取りまとめられている。

想定地震として、内陸直下型地震と海溝型地震にそれぞれ二つの地震を想定した。

内陸直下型地震としては、前回に述べた活断層調査の結果を踏まえ、北上平野の人口密集地に近い花巻断層帯と出店《でたな》断層帯を取り上げた。

海溝型地震としては、過去の地震の検討から十勝沖を震源とする地震と岩手県沿岸南部の空白域があるといわれていた区域を震源とする地震を想定した。

ただし、2011年3月11日の東北地方太平洋沖地震では、岩手県沖から宮城県沖の南北約500キロ、東西約200キロと広大な断層が動いてマグニチュード(M)9・0の巨大地震が発生しており、本報告書での想定は、あくまで当時の見識で行われたものである。

火災の発生など被害は季節や時間帯で異なって

くるが、最悪の被害が予測される冬期の夕方を想定して被害を見積もっている。社会環境の変化や予測手法の改変等により数値は変わってくるので、数値はあくまで一つの目安と受け止めていただきたい。

花巻断層帯で断層が北側に向かって破壊しM7・4の地震が発生した場合では、活断層の周辺に位置する盛岡市、矢巾町、紫波町、花巻市、北上市で最大震度6弱の揺れとなる。死者97人、負傷者1484人、建物の損壊5313棟の被害を予測している。

出店断層帯で断層が北側に向かって破壊しM7・3の地震が発生した場合では、奥州市から花巻市にかけて同じく最大震度6弱の揺れとなり、死者11人、負傷者350人、建物の損壊1763棟の被害を予測している。

ただし、花巻断層帯と出店断層帯は、和賀川付近で3キロほど途切れているため、二つの断層帯と区分している。しかし、一連の北上低地西縁断層帯として約65キロが連動すると、周辺で震度6強から7近い大きな揺れを生じ、さらに大きな被害を生じる可能性がある。活動の周期が何千年と長いことからむやみに恐れることはないが、可能性の一つとして心しておく必要があると筆者は考える。

想定していなかった東北地方太平洋沖地震が発生してしまったことからして、当時の海溝型地震の想定を踏襲することは適当ではないかもしれない。ただ、十勝沖を震源とする地震はこれまでも繰り返し発生し、今後も発生する可能性は高い。地震の規模M7・9とこれまでに発生した十勝沖地震と同規模を想定すると、最大震度は沿岸北部の一部で5強、地震動による死者はなく、家屋の損壊もわずかとされている。

ところで、2020年4月、東北地方太平洋沖地震の震源の北方、日本海溝から千島海溝付近で、M9クラスの大地震が発生し、大津波の発生と岩手県沿岸で震度6強の揺れが襲うとの推計が内閣府の検討会から公表された。多くの建物に被害が及ぶことになり、今後被害想定が必要になる。

なお、東日本大震災では、沿岸の大船渡市、釜石市の他、内陸は現在の一関市、奥州市、矢巾町、滝沢市の一部で震度6弱を記録、地震動による住宅の損壊も生じた。最も被害の大きかった一関市では全壊57棟、半壊726棟に及んでいる。当時の地震被害想定では全く考えられていなかった被害である。想定はあくまで一つの目安で、それ以上のことも起こりうることに改めて留意していただきたい。

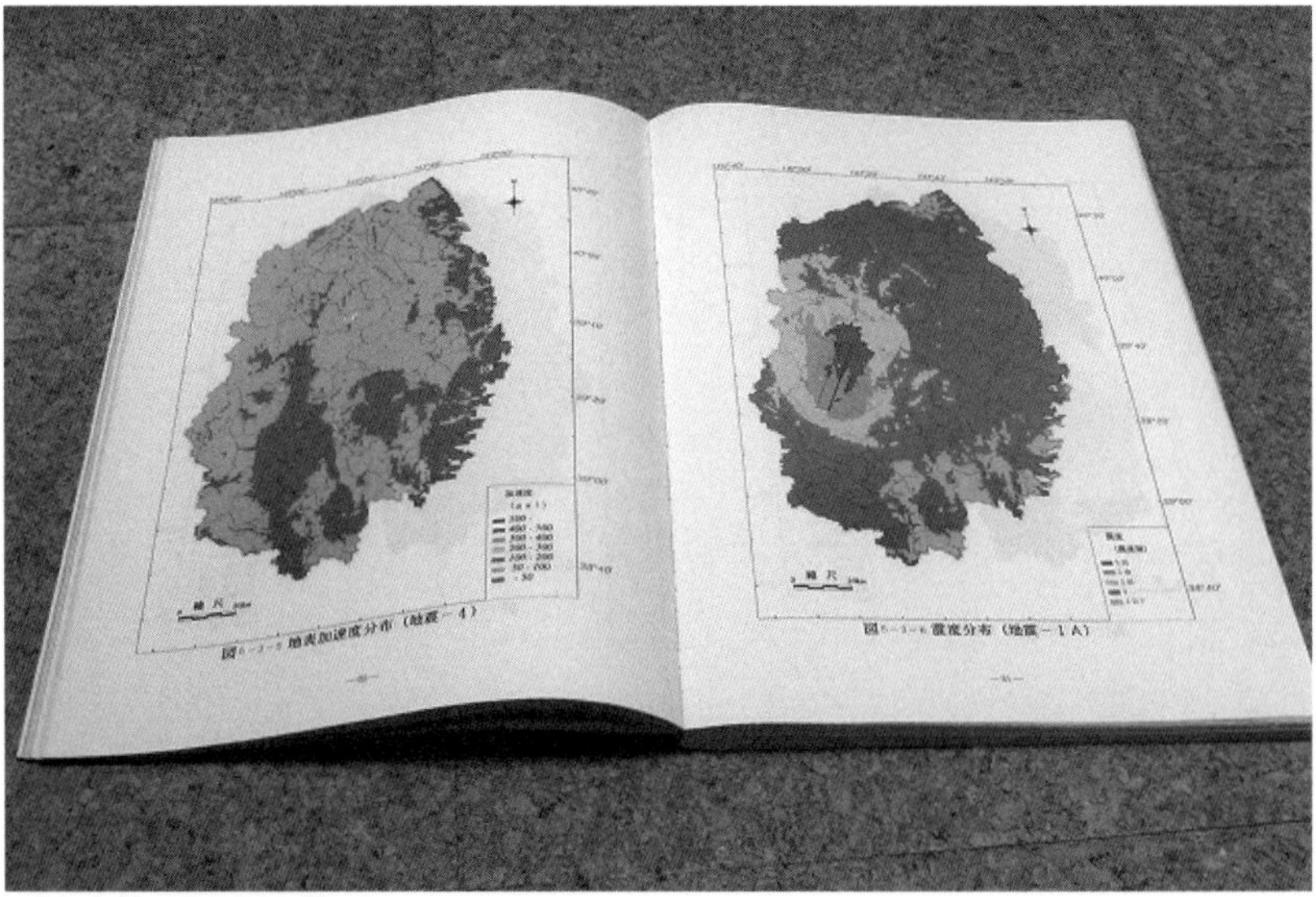

直下型は犠牲多数も

地震被害想定調査に関する県の報告書＝1998年

16　県内陸北部の地震、雫石で震度6弱

1995年阪神淡路大震災以降、活断層調査や地震被害想定など、いわば多くの犠牲者を生じたが故の地震防災対応は前進した。その途上、岩手ではふるさとの山、岩手山が噴火するかもしれないという、考えてもみなかった事態に直面した。

1998年春以降、火山性地震が頻発。同6月24日には「噴火の可能性」の文言がある臨時火山情報が発表された。岩手山火山防災マップが緊急に作成されるなど噴火対策への取り組みが急ピッチで進められたが、9月3日午後4時58分頃、雫石町長山で震度6弱、同町千刈田で震度4を観測する地震が発生した。

この年は5月7日、同11日、7月5日、8月28日と雫石町長山で震度3の有感地震が発生し続けており、その中での大きな地震であった。盛岡市での震度は3であったが、初期微動はごく短く、いきなりドーンと来た揺れに「震源は近い、ひょっとすると岩手山が噴火したのではないか」と衝撃を覚えた。

筆者の当時の研究室は工学部7号館の6階にあり、目の前には遮る物もなく岩手山が雄大な姿を見せている。研究室の教職員、学生は皆同じ思いが浮かんだのであろう、一斉に西側の窓に走った。噴煙も上がっておらず、山体に異常はなさそうとほっとしたが、肉眼で山体の崩壊などを盛岡市から目視できるようならば、とてつもない災害が発生していることになる。いささか冷静さを欠いていたのだと思う。

震源は岩手山山頂の南西に約10キロ、滝ノ上温泉から約2キロ下流の葛根田川沿い付近。深さは9・6キロ、マグニチュード6・1と推定された。

日の長い季節ではあったが日没に近く、緊急に被害状況を把握する必要がある。「岩手山火山災害対策検討委員会」の委員長としては岩手山に異常がないかどうかを掌握する責務がある。県防災ヘリコプター「ひめかみ」に雫石川河川敷の太田橋グラウンドで午後5時40分に搭乗。民間の火山地質学者・土井宣夫氏、県消防防災課の職員と調査に向かった。

県道西山生保内線は、玄武温泉から奥、滝ノ上温泉までの区間の至る所で崖崩れや斜面崩壊が発生。ちょうど作業現場から町に下る車も多く、のみ込まれた車両がないか心配した。岩手山は噴気地帯の噴気状況も変化はなく、崩壊なども見当たらず、火山活動に大きな変化がないことに胸をなでおろした。

この日は、県庁で記者レク、浜口博之東北大教授から解析結果の連絡を受け、地震は東西方向の圧縮力で生ずる逆断層型で、火山性でないことを県民に伝えた。

午後10時には東京から帰った増田寛也知事に報告と対策の打ち合わせ。さらに未明には民放の特番でも解説した。翌日は早朝6時半、太田橋グラウンドから増田知事、吉田敏彦総務部長、大石幸土木部長、土井氏と再び「ひめかみ」に搭乗、被害状況の詳細を調査した。

この地震で、休暇村岩手山麓では照明器具などが落下して宿泊の中学生が負傷し、岩手高原ペンション村では家具が倒れて食器が散乱。孤立した滝ノ上温泉からは宿泊客など99人が翌日にヘリコプターで救出された。幸い死者はなく、県内の負傷者は9人にとどまった。

翌日からの現地調査で、雫石町篠崎地区に約800メートルにわたって段差40センチほどの地表地震断層が発見され、「篠崎地震断層」と命名された。

この断層は、雫石盆地西縁断層帯の北側の延長線上に位置する。今回の地震は同断層帯の北部とその延長部が活動して引き起こしたものと考えられる。土井氏は活断層が八幡平市柏台まで連なると推定していたが、既知の活断層として認知されていたわけではなかった。その意味では未知の活断層が引き起こした地震とも言えよう。後述する2008年岩手・宮城内陸地震と併せて、短期間に複数の未知の活断層による地震に遭遇したことは、研究者の端くれとして感慨深いことである。

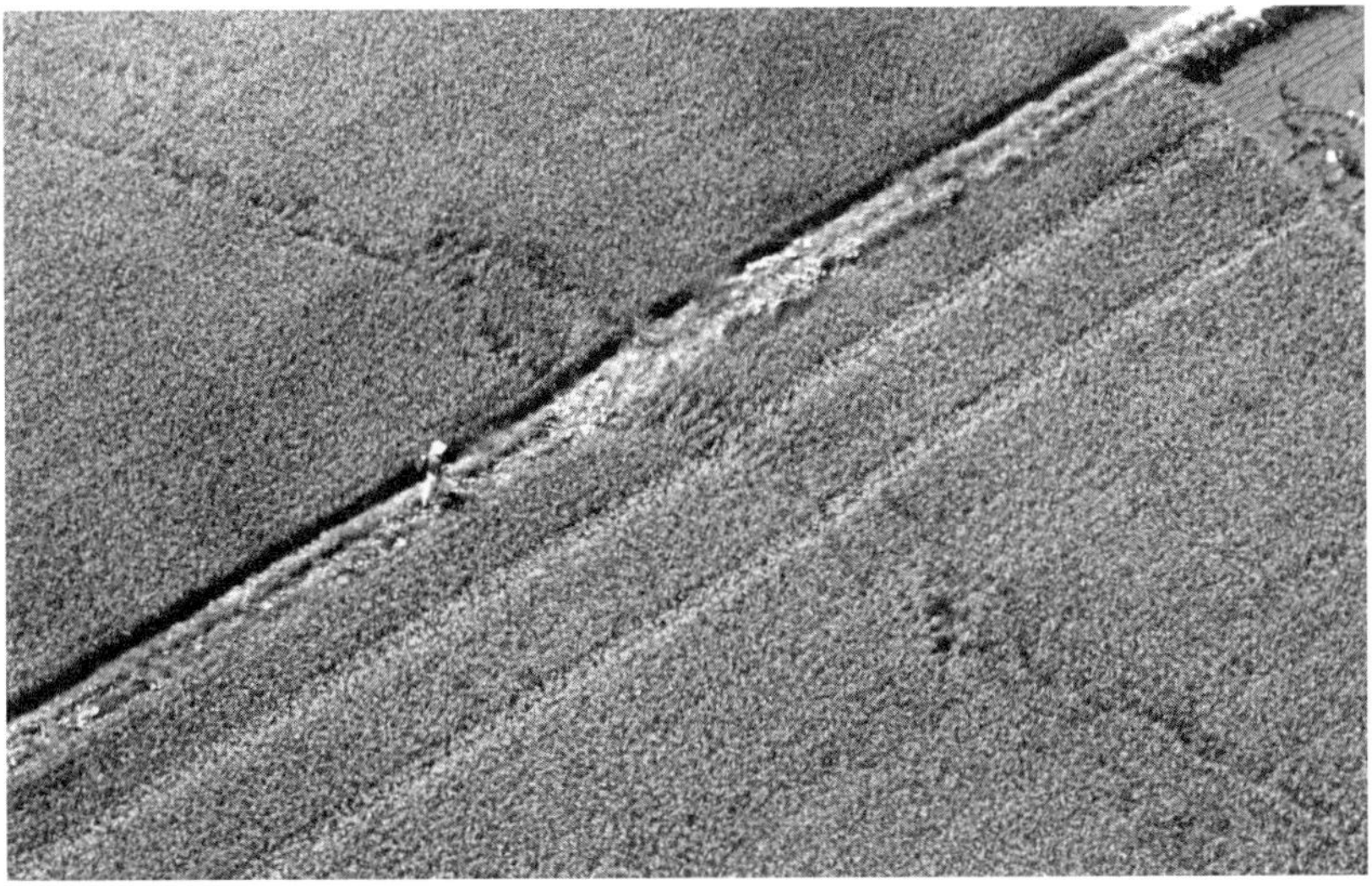

衝撃　岩手山が噴火？

雫石町篠崎の水田に出現した地表地震断層（左上から右下への線）＝1998年、筆者撮影

17　2003年宮城県沖で地震、本県震度6弱

　2003年5月26日午後6時24分頃、宮城県気仙沼市沖の深さ約72キロでマグニチュード（M）7・1の地震（通称三陸南地震）が発生し、大船渡市、室根村（現一関市）、江刺市・衣川村（現奥州市）、平泉町と県南の広範囲な地域で震度6弱を記録した。

　この地震は、陸側に沈み込む太平洋プレートの内部で発生したもので、震源が深いために広い範囲で大きな揺れを生ずることになった。海域での地震であったが、震源が深いため津波の発生はなかった。

　宮城県沖では1978年の地震をはじめ、約30年周期でM7クラスの地震が繰り返し発生している。1978年の地震後、「プレートの境界で発生する『宮城県沖地震』は今後30年間に99％の確率で発生する」とされたが、2003年の地震はメカニズムが異なるため、別の地震と位置付けられている。

　この地震で、岩手県内では幸い死者は出なかったが、瓦やコンクリートの落下、転倒などで重傷者9人を含め91人が負傷した。大船渡市では住家2棟が全壊し、一部損壊は900棟を超えた。盛岡市の水産会館では窓ガラス20枚が破損した。

　大船渡高では窓枠や壁が落下、大船渡農高では校舎3階廊下の外壁にひび割れが生じ、一関市・弥栄中では体育館のガラスがほとんど割れるなど学校の被害も大きく、約160校で被害を被った。地震発生が生徒の下校後でけが人が出なかったの

は幸いであった。

道路の被害も多く、国道397号は住田町世田米で土砂崩壊、同340号は陸前高田市横沢―壺ノ沢で落石のために不通になり、主要地方道・一般県道9カ所が落石や落石の恐れで通行止めになった。大船渡港野々田ふ頭では液状化と見られる現象で水浸しになったとの報告もある。

特徴的な被害は、東北新幹線の高架橋の橋柱26本がコンクリートの剥落やひび割れなどを生じたことであった。被害は水沢江刺駅から盛岡駅までの区間6カ所。最も大きな被害を受けた石鳥谷町（現花巻市）猪橋の高架橋では高さ約6メートル、80センチ四方の2本の橋柱で鉄骨が露出した。別の5本はコンクリートが剥離した。剥がれ落ちた部分は最大で縦約2メートルにも及び、周囲にはコンクリートが散乱していたという。

阪神淡路大震災では山陽新幹線の橋柱が損壊し落橋した。始発前の時間帯で脱線転覆という大惨事には至らなかったが、その記憶をよみがえらせ、いささか肝を冷やす出来事であった。強度的に支障はないとのことで柱の周りを鉄製の支柱で固定し、樹脂などの凝固剤を注入してひび割れやコンクリートの剥がれ落ちた部分を応急修復して、27日の夕方から徐行で運転を再開した。

震源から比較的遠い石鳥谷付近で被害が発生したのは、地盤の揺れと橋脚の周期が一致して損傷を引き起こしたのかもしれない。また、南関東から仙台エリアでは、阪神淡路大震災以降に橋柱の耐震補強がなされてきたが、岩手県内は対象になっていなかったことも関係するかもしれない。その後、橋柱に鉄板を巻きつけての耐震補強が行われたが、県内沿線には北上低地西縁断層帯が存在することからしても、より安全対策を進めることは大切と考える。

ところで、奇妙な符合の話題を一つ。5月26日の三陸南地震の2カ月後の7月26日に宮城県北部地震（M6・4、宮城県矢本町などで震度6強）、さらに2カ月後の9月26日に十勝沖地震（M8・0、北海道各地で震度6弱）が発生した。「これで11月にも4度目の26日に大きな地震が発生したら偶然とは言い難くなる。神の存在すら疑いたくなる！」と身構えてその日を待った。当然ながら、何も起きなかった。

なお、当時の岩手日報紙面を見返していたら、新型肺炎（SARS）で県が「緊急合同会議」を開催―という記事に気付いた。繰り返される自然災害の「猛威」とともにウイルスとの闘いも人類が生き続けるために避けられないことを改めて痛感する。

岩手日報　2003年（平成15年）5月27日（火曜日）

新幹線橋柱23本に損傷

岩手・宮城沖地震

県南集中 鉄筋露出も

盛岡―仙台間の再開は夕方以降

県内の重軽傷

新幹線の橋柱が損傷

コンクリートが剥がれ落ち、鉄筋がむき出しになった東北新幹線の橋柱、石鳥谷町（現花巻市）岩手日報（2003年5月27日付）

18　岩手・宮城内陸地震
①山間部直下の大地震

２００８年６月14日午前８時43分、岩手・宮城内陸地震が発生した。筆者は京都国際会館で開催される産学官連携サミットに出席するため東北新幹線の車中にあった。

郡山駅を過ぎて少ししたら車内の照明が突然消え、列車は惰行でしばらく走行し停車。車内放送があった。「仙台で震度７の地震が発生したため送電が止まりました」。仙台で震度７？ そんな壊滅的な地震が発生したのか。直下の長町―利府線断層帯でも動いたというのか。

筆者は出張の際に持参するかばんの中にトランジスタラジオとＬＥＤの懐中電灯、緊急時用保温シートを入れてある。ラジオをつけると、岩手・宮城県境でマグニチュード（Ｍ）７の地震が発生という。車掌はマグニチュードと震度を混同したのかもしれない。一方、県境付近に活断層は知られていない。ひょっとすると出店《でたな》断層帯の延長部かと考えたが判然としない。

しばらく停車した後、送電が再開され、電車は新白河駅まで走行。当分運転再開の見込みはないとして、乗客は駅に放たれた。籠城を覚悟してまずは２食分のめしと水を確保した。

当時は、岩手大の理事。大学に戻って対応に当たる責務がある。仙台以北の鉄道は当分動かないであろうが、盛岡に向かう手立てはあるのか。東京までたどり着けば羽田から空路で花巻、三沢、青森のどこかに飛んで盛岡まで戻れるかも―と駅の時刻表を探していると、久慈市から派遣されている共同研究員の間峠慎吾さんに遭遇した。

まさに闇夜に灯明であった。さすが若者はスマホで検索。「三沢便の最終はわずかに空きがありますが、それまでに羽田に行けるか分かりません。レンタカーという手がありますよ」と駅前のレンタカー会社を検索してくれた。

すぐに会社に急行。車を求める人は多かったが、何とか1台を確保した。高速道路の通行止めの規制をかわしながら、夕方に大学に帰着することができた。アナログおじさん一人では対応は不能、危機管理におけるＩＴの威力と必要性を痛感した。

この地震は岩手県内陸南部で発生。震源の深さは約8キロと浅く、北北東から南南西方向に延びる長さ約20キロ・幅約12キロの西側の地盤が東側の地盤に乗り上げる逆断層による地震である。地震の規模はＭ7・2で、奥州市衣川区と宮城県栗原市一迫で最大震度6強を観測した。震度6強は岩手県では初めてのことである。

震度6弱を宮城県大崎市、震度5強を岩手県平泉町・一関市・北上市、秋田県湯沢市、宮城県仙台市などで観測、盛岡市は震度4であった。死者は17人（岩手県2人）、行方不明は6人（同0人）、負傷者は426人（同37人）、住家の全半壊176棟（同6棟）であった。

同規模の阪神淡路大震災が大都市での地震であったのと対照的に、山間部の地震で被害の形態も対照的。山体崩壊や土砂崩れ、河道閉塞《へいそく》などが多数発生した。栗原市の荒砥沢《あらとざわ》ダム上流では、最大落差148メートル、移動した土砂量が東京ドーム7杯分以上の巨大な崩落地が出現。一関市祭畤《まつるべ》の国道342号にかかる祭畤大橋は、斜面崩壊で橋台が10メートルも移動、「くノ字」型に折れ曲がる形で落橋した。

栗原市の駒の湯温泉は土石流により旅館が倒壊し、宿泊客や従業員ら７人が生き埋めになった。工事現場での土砂崩れで作業員２人が死亡、釣りや山菜取りに入った３人が行方不明になった。奥州市若柳の林道では、20人乗りマイクロバスが土砂に押し流されて林道から約25メートル転落し、８人が重軽傷を負う事故も発生した。土砂崩れが河川をせき止める「土砂ダム」も４カ所で発生し、最大規模の一関市市野々《いちのの》地区の磐井川は川幅約60メートルがほぼふさがれるなどした。

道路の損壊で孤立した集落からは、防災ヘリコプターなどで約３４０人が救出された。

一関・祭時大橋が落橋

崩れ落ちた一関市・祭時大橋＝2008年、筆者撮影

19　岩手・宮城内陸地震
②手法駆使し震源探査

未知の活断層であるに違いない！北上低地西縁断層帯の出店《でたな》断層帯とは発表された断層面の傾きが異なるし、深さも浅い。マグニチュード（M）7・2の地震なら地表地震断層が認められておかしくない。岩手県在住の研究者として、その痕跡を調査し、できれば地震発生のメカニズムを考究しなければならないとの思いに駆られた。

岩手大では地質学が専門の越谷信准教授が東北大の研究者と合同で現地入りし、山本英和准教授は余震観測のために地震計の設置などを準備していた。研究室を離れて大学事務局詰めの筆者は調査に専念するのが難しいため、地質調査の専門家で岩手山防災でタッグを組んだ土井宣夫氏をリーダーに、いわば個人チームで現地調査に行くこととした。

実は、土井氏は岩手山噴火危機対応時は地熱エンジニアリング㈱の技師長だったが退職し、その後しばらくは県の火山対策指導顧問という非常勤職にあった。しかし、その任期も終わり、岩手大地域連携推進センター客員教授との肩書も切れハローワークに通う身であった。そんな状況でも、地学研究者としての探求心は旺盛で、互いのポケットマネーを資金に地震発生の翌日から調査に出向いたのである。

国道342号はズタズタで通行止め。迂回《うかい》道路とされた林道など一般車は規制されている。一関市災害対策本部の許可をもらい、栗駒山の調査で連携していた一関消防署の職員の同行を得て現地入りすることができた。

震源域の東側に位置する奥州市衣川区餅転《もちころばし》ではは道路のアスファルトが両側からの圧力でせり上がる「プレッシャーリッジ」が高さ70センチにもなり注目された。また、一関市厳美町杤木立《はのきだち》では水田に20センチ程度の段差が連なっているのを確認した。他の研究機関も同様の調査結果を得ており、北北東から南南西方向に延びる約6キロの「餅転—杤木立地震断層列」が地震を引き起こした断層ではないかと当初は考えた。しかし、これは地震によって地層の境界などに段差を生じたものであった。

一方、さらに4キロほど西の板川林道付近から市野々原付近まで約500メートルの区間では、北北東から南南西方向に延び、北側が40センチ程度隆起する「板川林道地震断層列」を確認した。

2008年11月に、越谷准教授らは東北大・東京大と共同で反射法地震探査（人工的に地震を発生させ地層の境界で跳ね返ってくる波を観測して地下の構造を調べる）を行った。その解析や、人工衛星からマイクロ波を発して地表の変動を調査する手法など、さまざまの専門機関の調査解析結果を併せて検討し、板川林道地震断層列が地震を引き起こした断層が地表に現れたものであると確信した。

調査に入るときには、陸羽地震の際と同様に、段差2〜3メートルの明瞭な地震断層が確認されることを期待していた。同月から行われた産業技術総合研究所の活断層・地質研究センターが実施したトレンチ調査によると、厳美町岡山地点では過去にも何度か地震が発生したことが推定された。なぜ、従前から活断層が認定されず、また今回の地震でも地表変位がわずかであったのか。地下の地震断層が枝分かれして地表で変位が分散されたことや、多数の地滑りや崩壊がわかりにくくしている可能性もある。

栗駒地域は、過去にも何度か大地震が発生していた地震の常襲地帯なのかもしれない。もし地表変位の小さい活断層が、この地域特有のまれなケースでないとしたら、活断層の危険度を予測しての防災対応はできないことになる。日本全土の表層を引っ剥がしての活断層調査など不可能なのだから。

内陸での活断層による地震への備えをどうすべきか、困難な課題を投げかけられた地震であった。

未知の活断層なのか

一関市・板川林道に見られた路面の盛り上がり＝2008年、筆者撮影

20　２０１１年3月11日、東北地方太平洋沖地震

２０１１年3月11日午後2時46分、東北地方の太平洋沖を震源とするマグニチュード（M）９・０の巨大地震が発生し、宮城県栗原市築館で震度7を観測した。地震の規模は日本の観測史上最大規模で、震度7が観測されたのは、１９９５年兵庫県南部地震、２００４年新潟県中越地震以来3度目である。

この地震による被害は東日本大震災と呼称され、震源域に近い東北地方の太平洋岸に大規模な津波が押し寄せた。人命および建物の損壊は多くが津波による被害で、岩手県内では６千人を超える死者・行方不明者を出した（津波に関しては第2部で詳説する）。

この地震は、宮城県・牡鹿半島の東南東約１３０キロの太平洋の海底、深さ約24キロを震源として発生した。太平洋プレートが北米プレートの下に潜り込むプレート境界で発生した逆断層型の地震である。破壊された断層は岩手県沖から茨城県沖にかけての南北約５００キロ、東西約２００キロ、深さ約5キロ～40キロと広大であった。

断層の破壊過程は複雑で、その後の解析から、宮城県沖、そのさらに沖、福島県沖、茨城県北部沖、茨城県中部沖と5回の大きな断層破壊が生じたとされる。震度4以上の揺れの時間は各地で2分を超え、破壊の中間に位置する福島県いわき市では3分10秒と長かったのが特徴である。

震度６強は宮城県、福島県、茨城県、栃木県と広範囲で観測された。岩手県では沿岸の大船渡市、

釜石市のほか、内陸の滝沢村（当時）、矢巾町、花巻市、一関市、奥州市でも震度6弱を観測している。盛岡市の震度は5強であった。津波の甚大さに隠れて注目されていないが、内陸部での家屋の損壊は1794棟に上り、最も被害の大きかった一関市では全壊57棟、半壊726棟であった。

地震発生時、筆者は岩手大学構内の図書館3階、放送大学岩手学習センター所長室にいた。やや長い初期微動の後に大きな揺れが始まったが、三陸沖の海溝型地震では、盛岡市で建物の倒壊が生ずる揺れは来ないと確信していた。今後30年後までにはほぼ確実に発生するとされていた宮城県沖地震か。屋外避難するほどではないだろうと考えていたところ、収まりかけた揺れが急に激しくなった。これは想定した宮城県沖地震ではない、沖合でとんでもないことが起きているかもと、事務室の職員や視聴覚室にいる学生に屋外避難と怒鳴って、階段を駆け下り、玄関前の広場まで移動した。持って降りたトランジスタラジオの情報を聞きながら、大きな津波が確実に沿岸を襲う。いつか来ると思っていた津波がついに来たと、体が震えた。

この地震で東京電力福島第1原子力発電所が津波に襲われ制御不能となり、多くの住民が緊急避難を迫られた。事故は「想定外」とされ、地震の規模とともども「想定外」が流行語となった。これまで地震学者は、三陸沖北部、同中部、宮城県沖、福島県沖、茨城県沖、房総沖と細分化された区域ごとに地震の可能性を論じてきた。

しかし、今回はその多くを包括する巨大な断層が動いたのである。その意味では想定外といっていいのかもしれないが、1千キロにも及ぶ日本海溝や南海トラフなど日本列島付近の巨大な構造を見つめ直せば、起こっても不思議はないと改めて納得させられる。コロンブスの卵ではあるが。ちなみに、原発の津波想定5・1メートルは想定外ではなく論外というべきである。

余震活動も活発で、1カ月後の4月7日には岩手県で最大震度6弱を観測した。停電や生活物資、特にガソリンの不足など日常生活は長期にわたって影響があり、危機管理のありかたを見直す大きな契機となった。

岩手日報

三陸沖M8.8大津波

本日特別紙面

関連記事2〜4面

死者数百、不明多数

宮城震度7
大船渡6弱

県内
死者57人 不明150人超
300棟倒壊、77万戸停電

想定を超えた巨大さ

大震災発生を伝える翌日の岩手日報紙面。マグニチュードは後日「9・0」に修正された（2011年3月12日付）

21 液状化と長周期地振動

近年の地震災害として、液状化と長周期地振動が話題になることが多いので触れておく。

【液状化現象】

液状化とは、言葉の通り地盤が液体のように流動化する現象である。砂の粒子が均一で地下水位が浅い地盤では、砂の粒子が組み合わさった骨組みの中に地下水が含まれる状態で安定が保たれている。しかし、地震動の影響を受けると、砂粒子を結合させていた支持力が外れて砂粒子はバラバラになる。重い砂は下に沈もうとして水圧が高まり、砂混じりの水が地表に噴き出すことになる。その結果、建物が不等沈下して傾いたり、マンホールが浮き上がるなどの現象を生ずる。

液状化現象が取り上げられたのは、1964年6月16日午後1時1分に発生した新潟地震からである。当時は気象台にしか地震計がなく、最大震度は新潟市でも5であったが、場所によっては震度6相当と推測され、死者26人、全壊家屋1960棟の大きな被害を生じた。信濃川左岸では、液状化により県営アパート3棟が傾き、特に4号棟はほぼ横倒しになり注目を集めた。液状化は旧信濃川の河道を埋め立てた地域に集中していたのである。

阪神淡路大震災では、人工島であるポートアイランドで大規模液状化が起き、東日本大震災では首都圏の埋め立て地で広く発生した。

液状化の起きやすい場所は、河川の下流域、砂丘の内陸側、埋め立て地などである。内陸の山地や砂礫《されき》層の存在する河川の上流では発生しにくい。県内では河川の下流部、河口付近、埋め立て地盤などでは留意する必要があろう。

【長周期地震動】

地震波にはさまざまな周期の波が含まれているが、そのうち周期2~20秒程度の長い周期で揺れる波を長周期地震動と呼ぶ。大きな地震では長周期の波が発生し、減衰しにくいため遠方まで到達する。また、軟弱な地層が厚く堆積した場所では波が増幅される。高層建築物は長周期の波と共振して、揺れが大きくなることから、首都圏などでは注視され始めた。

テレビで高層ビルがゆっくりと揺れ動く映像をご覧になった方も多いと思う。ビルが倒壊することはないにしても、事務機器や家具などは室内を動き回る。人間が巻き込まれればコンクリートミキサーならぬ人間ミキサーで非常に危険である。内壁やドアの損傷、エレベーターの機能不全で避難もままならない。

よって小生は、何十階という高層マンションの上階に住む気にはならない。貧乏学者で億ションを買う資金もないが故のひがみ、では断じてない。また、出張で上京しても、高いホテルには宿泊しない。東横イン、ルートイン、せいぜいアパホテルである。高いというと、学生さんに先生の言う高いというのは、値段の高さでしょうと指摘されたが、それは確かに一因ではある。

一度だけ、早朝に帰盛する必要に迫られて、東京駅のメトロポリタン丸の内の34階に宿泊した。十数年前で1泊確か2万3千円。素晴らしい都心の夜景に感動し、ワインを片手に酔いしれるのも幸せかと思ったが、地震で停電したら34階をどう駆け下りるのかと、おちおち眠りにつくことができなかった。この数時間の滞在時間で大地震に遭遇する確率はほぼゼロであるのに、なまじ知識を持っている故か、生来の臆病のなせる業であろうか。

昨今の風水害で電気施設が浸水し、高層階へ階段で生活用品を運ぶ困難さを見せつけられたが、地震災害以外でも自然災害時の危険な落とし穴は隠れている。県内にはせいぜい20階建て程度の高層ビルしかないが、首都圏にお出かけの際は、心しておくべきと筆者は思うのである。

開発による被害懸念

釧路沖地震の際に液状化で浮き上がったマンホール
＝1993年・北海道釧路市、筆者撮影

22　地震予知は不可能

いつどこにどの程度の地震が襲うかを予知できれば、地震被害を減少させることができる。東海地震が切迫しているとの認識で、地震予知研究には多額の研究費がつぎ込まれた。しかし、現時点で地震の予知はできない。時間と場所を限定しての地震発生予測はすべてデマとみなしてよいと筆者は断言する。

【地震発生確率への疑念】

阪神淡路大震災を契機に、国の地震調査研究を推進するために、文部科学省に「地震調査研究推進本部（以下、推本と略称）」が設置された。地震発生の長期的な確率評価と強震動の評価を組み合わせた地震動予測地図が公表されている。

２０１８年度版では、岩手県で今後30年間に、震度６強以上の地震が起きる確率は、北上川沿いで０・１〜３％、その他では０・１％以下と小さな数値となっている。しかし、３％以上はやや高いとの注釈があり、防災実務に携わる行政や住民はどう受け止めたらよいのかはなはだ疑問である。今後30年間に盛岡市で震度６弱の地震に見舞われる確率は４・６％と示されているが、小数点以下一桁の数値にどんな、意味があるのか。

活断層については、発生間隔が数千年単位と長いために30年程度の間の地震発生確率は小さな値になる。北上低地西縁断層帯はほぼゼロ、雫石盆地西縁断層帯（推本では川舟断層などをも含めて雫石盆地西縁〜真昼山地東縁断層帯として扱う）もほぼゼロと評価されている。しかし、１９９５年兵庫県南部地震の発生直前の数値は０・02〜

8%、2016年熊本地震の場合はほぼ0～0・9%であった。0・9%というと一般にはほとんど起きないと解釈されるであろう。熊本地震後、推本は0・9%は地震が起きうると解釈すべきとの弁明?をしたが、そんな誤解をされやすい数値を広く公開する意味はどこにあるのか疑念を禁じ得ない。

また、内陸地震の多くは、存在が確認されていなかった活断層で発生している。未知の活断層が多数存在するとすれば、地震の予知はより困難と言わざるを得ない。

【「緊急地震速報」は発生後の情報】

地震予知ができないことを踏まえて開発されたのが緊急地震速報というシステムである。これは速報とあるように、地震の予知情報ではなく、地震が発生したことを知らせる事後情報である。震源の近傍で観測した地震計で観測した縦波の大きさから揺れを推定し、震度4以上と予測される区域に注意喚起を促す。テレビでは、「ピロローン」といかにもおぞましい警報音がなる。

地震発生後数秒で情報が届くので、まだ揺れが伝わっていない区域では安全を守るのに数十秒といった時間が稼げるし、すでに縦波が到達し揺れている区域でも、揺れの大きな横波が襲うまで何秒かの身を守る時間を稼げる。ただし、震源の近くでは警報の前に大きな揺れに襲われるので役に立たないという限界もある。また、異なった地点で同時に地震が発生した時などには誤った解析をすることなどもあり、精度は5割を超す程度ともいわれるが、減災に資する手段の一つである。

高速で走行する新幹線が脱線転覆したら飛行機

事故と同様の惨事になるといわれる。阪神淡路大震災で高架橋が落ち、ぞっとした経験もつい25年前である。地震を感知すると緊急ブレーキをかけ減速し被害を少なくする、ユレダスというシステムはすでに実用化されている。海溝型の地震に対しては沿岸の地震計で揺れを感知すると、内陸部を走行する列車の減速に有効であるし、さらに日本海溝付近にまで地震観測網が広げられている。ただし２００４年の新潟県中越地震の際は上越新幹線が脱線した。直下での地震については対応できないが、減災を目指す実用的なシステムといえる。

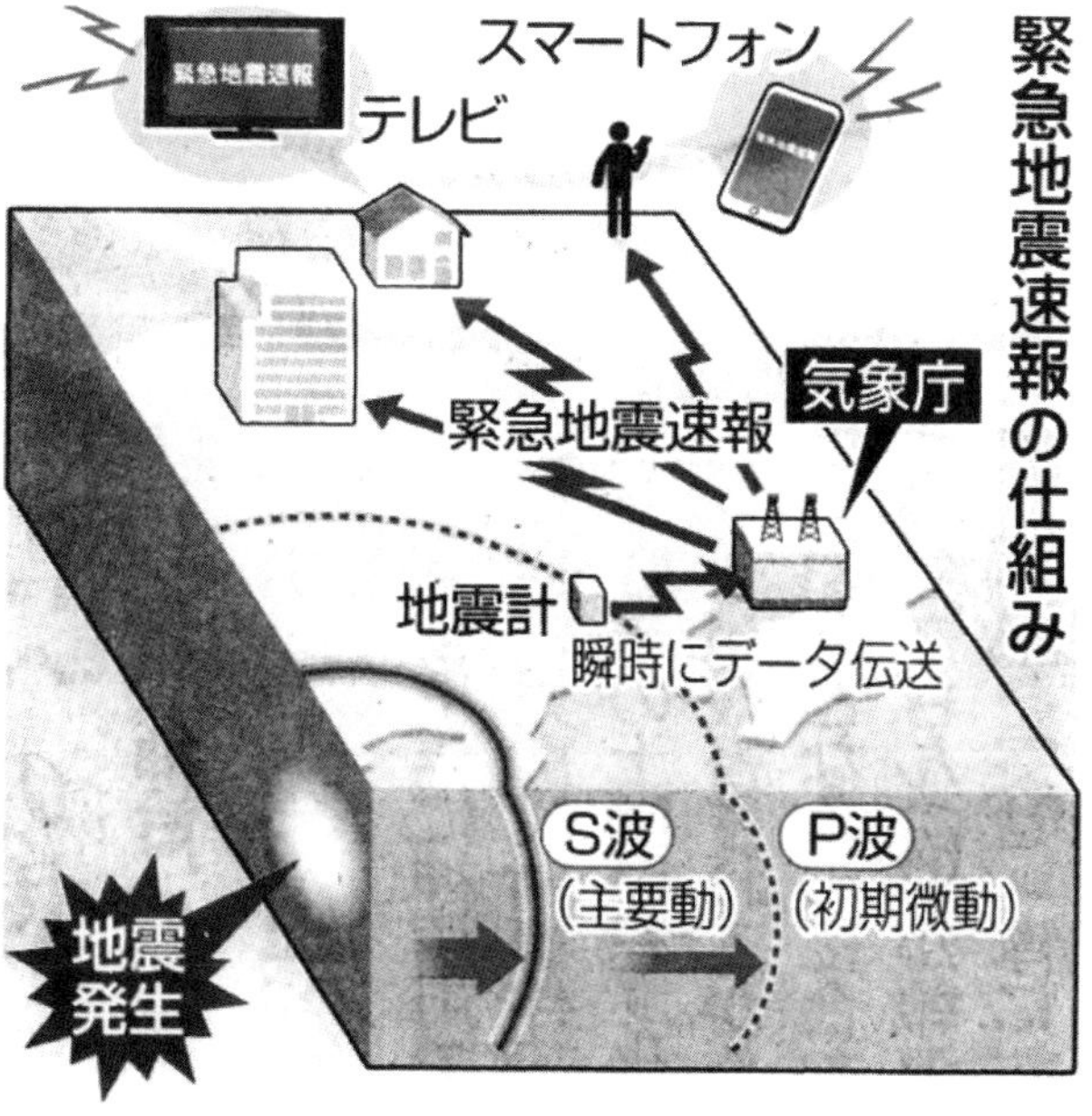

緊急速報は事後情報
緊急地震速報の仕組み

23　50年後の防災都市構築を

【想定外はこれからも頻発する】

２０１１年の東北地方太平洋沖地震のマグニチュード（Ｍ）９・０は我々が経験したことがないという点で想定外であった。しかし、最近発生した地震でも、実は想定外は多くあった。２００４年10月23日の新潟県中越地震では午後５時56分から同６時34分頃までの38分間に震度６強以上が３度も発生した。

２０１６年４月に発生した熊本地震では、４月14日午後９時26分にＭ６・５の地震が発生し、熊本県益城町で震度７を観測。当初これが本震と考えられていた。しかし、約26時間後の４月16日午前１時25分にＭ７・０の地震が発生し、再び震度７を記録した。内陸の活断層の地震でＭ６・５以上の地震が起きた後にさらに大きな地震が発生したのは、日本で地震の観測が始められた１８８５年以降初めてであった。

大きな地震が発生した際に、主要な地震を本震、以降に発生する地震を余震、本震に先行する地震を前震と称してきたが、実は一連の地震の経過を見なければどれが本震かはわからないのである。気象庁は、それまで余震は本震より小さなものとして発生する可能性を発表してきたが、以降、余震との表現を避け、同程度の地震が発生する可能性があるとの注意喚起に改めた。

また熊本地震では14日の地震は日奈久断層帯、16日の地震は隣接する布田川断層帯の活動によるもので、さらに16日の本震以降は大分県西部、さらに中部の別府―万年山《はねやま》断層帯まで連動、誘発して地震が発生した。このような事例も初めてである。

鑑みれば、わが国で地震観測を開始してから140年余。地球上での自然の息吹である何千、何万年の活動に比したら、あっというまでもない。その短い時間に我々が経験したことがない事象を想定外としたら、これからも想定外は頻発するとみなさなければならないのである。

【地震防災になすべきこと】

将来的にも地震の予知は困難であることを踏まえ、我々がなすべき対応は、被害が発生した時のための危機管理体制の強化と被害を受けにくい安全な街づくりである。

建築物を建てる際には地盤を調査し、軟弱な場合は強化を図る。耐震性の高い構造を目指し、例えばかすがいを入れ、免振ダンパーなど有効な技術も取り入れる。役場・警察・消防・病院・学校など公共施設は活断層や軟弱地盤を避け、被害を受けにくい構造とする。町並みは区画整理などで火災の延焼を防ぐなど被害が広がらない街を目指す。

特別養護老人ホームを探すのが先決な高齢者の筆者などに自宅を建て替えるゆとりはないが、これから新築する若者に心してもらえれば、ほとんどの住宅が建て替わる50年後には地震に強い安全な街が構築できるのではないかと期待される。それは筆者らが産学官連携の「地盤と防災研究会」で目指してきたことでもある。

安全な街づくりに時間がかかる以上、被害を受けた時の危機管理体制の整備も不可欠である。地震計のきめ細かい配置や情報網の整備などで被害状況の把握はより迅速に可能となった。県の防災拠点構想もまとめられ、実施の運びである。被災者の救援の拠点となる病院などの電源の確保をはじめとする機能維持体制の強化、交通網の復旧、被災者への物資の配布などなど、先の津波災害の経験を生かした防災計画の見直しや、実践訓練も必要であることは言うまでもない。

想定外はこれからも

日本付近は四つのプレート境界がひしめき合う変動帯。想定外はこれからも発生する

24　身近にできる地震防災

筆者は、地震の被災現場を目の当たりにしたことも、一歩間違ったらと冷や汗を流した地震に直接に遭遇したことも少なくない。阪神淡路大震災で被災した神戸市長田町は、だいぶ時間が経過した後にもかかわらず、焼け落ちたきな臭いにおいが立ち込め、衝撃にただ立ち尽くすしかなかった。

1978年宮城県沖地震では、仙台市の国道を車で走行中、大きくハンドルをとられ、何だこれはと一瞬パニックになりそうになり、ガソリンスタンドの屋根が揺れ動くのを見て、道路中央に車を止めた。当時の借家の土の壁は崩れ落ち、本棚はすべて倒れた。就寝中ならば圧死だったであろう。

大学教員として、地震防災に関わりながらぞっとしたのは2003年宮城県沖の地震（三陸南地震）である。震源は気仙沼沖、盛岡市の震度は5弱、室内でも大きな障害を発生するほどではないはずであった。当時小生の研究室は工学部7号館の6階にあった。岩手大構内は強固な地盤とは言い難いが、盛岡市内では平均的な地震基盤である。しかし、午後6時24分の揺れは、鉄筋構造の建物が損壊するわけがないと悠然と構えていた筆者が慌てふためくものであった。

狭い教授室を埋め尽くす天井まである書庫などは、しっかり壁に固定してあった。しかし、当時、岩手山の噴火危機対応で膨大に集まった観測データや書類を保管する場もなく、部屋の真ん中には補強もせずに書棚を並べていた。

揺れのメカニズムは、定かではないが、7階建ての6階は特に大きな揺れに襲われた。やや長い初期微動(これは岩手県内の内陸地震ではないと冷静に判断)の後、強烈な揺れが襲い、支えのない書庫は倒壊、テレビもパソコンも吹っ飛んだ。

一瞬の判断で倒壊する書庫を避け、狭いドアから廊下に逃れた。2秒遅れたら書庫の下敷きで圧死、翌日の岩手日報には「齋藤教授圧死、理屈をこねるばかりで自らの命も守れず、役っ立ず!」との見出しが躍ったことであろう。なお、爪に火をともしてそろえた地震計が棚から多数落下し、研究室は致命的な打撃を受けた。

ことわざで、医者の不養生、紺屋の白袴《しろばかま》といわれる。地震防災の専門家としては、自らが被害に遭わぬよう対応も必要である。小生が住処《すみか》とする同市太田は、内丸のように岩盤が地表にまで分布する強固な地盤ではないが、雫石川の砂礫《されき》が分布して比較的強固な地盤であるとして、25年前に拙宅を建てた(駅前の繁華街からタクシー代千円で帰られるという呑兵衛《のんべえ》の価値判断もあったのであるが)。家具はたんすも書庫もすべて作り付けにした。

一応の対策は行ってきたつもりであるが、大学を定年になって、膨大な調査・研究資料の保管場所はなく、すべては自宅には持ち込めない。段ボール百個以上は破棄したが、それでも家人からすると粗大ゴミが書斎を埋め尽くしている。一人寝の狭いベッドの上で圧死しないよう終活を心掛けねばと思う昨今である。

閑話休題。身近な防災対策には自治体からパンフレットも配布されているので参照されたい。あえてポイントを述べると、建て替えが無理であれば、家具の転倒防止を図るのが最も有効である。

阪神淡路大震災の犠牲者の多くは家具の下敷きによる圧死である。

グラッときたら、家庭内ではテーブルの下に潜るなどまず身の安全を守る。火を止めるのはその後。屋外ではブロック塀や自販機などから離れる。繁華街では、窓ガラス、外壁、看板などの落下を避けてビルから離れる。山間部では崖や傾斜地から離れる。置かれた状況が異なる中で画一的なマニュアル通りにはいかない。臨機応変に判断し、行動する力を身に付けることが命を守る上で大切である。

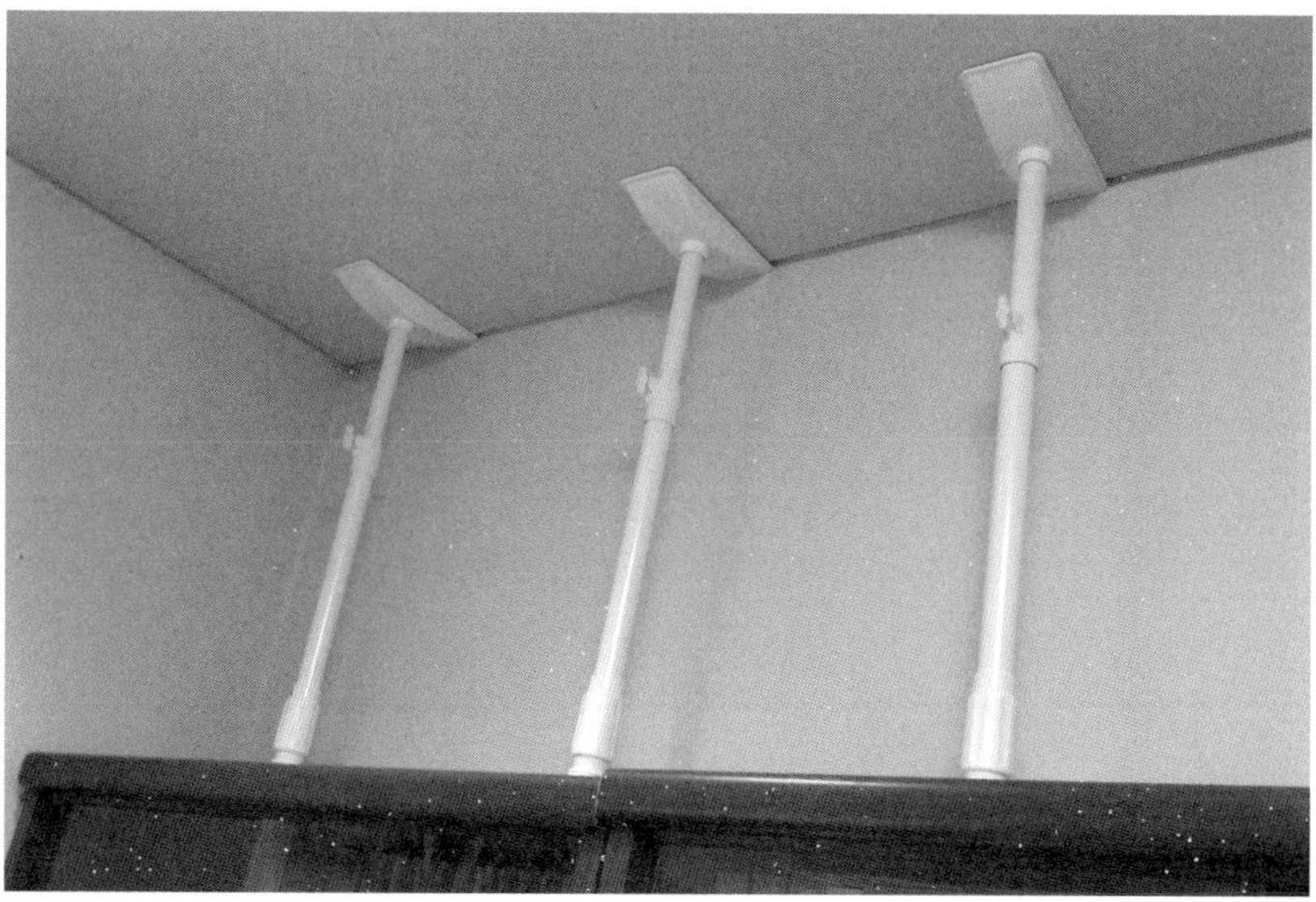

家具など対策図ろう

筆者宅で書庫の転倒防止に使っている突っ張り棒

25 自然災害に対する国民的保障の訴え

掘れば出てくる活断層、地震はどこで起きてもおかしくない、地球温暖化は従来にない風水害を引き起こす。誰もが被災者になってもおかしくない災害列島日本で、どうしたら私たちは身を守ることができるのだろうか。

自然災害により生活基盤に大きな被害を受けながら、自立再建が困難な被災者は多い。しかし、阪神淡路大震災当時、被災者に対する公的な支援制度は存在しなかった。自然災害であっても被災者を支援するのは、国が私有財産に公費を投ずることになり、なじまないとしていたのである。

倒壊した家屋の撤去は個人負担が原則とは言いつつ、道路開削の公共的事業として撤去を公的資金で実施するなど当時としては柔軟な対応もあったと聞く。しかし、住宅再建などに対しては公的な支援制度はなかったのである。

1996年9月、兵庫県、連合、生協連、全労済グループなどが中心となって、「自然災害に対する国民的保障を求める国民会議」が発足、全国で2500万人の署名を目標に活動を展開した。代表世話人は、貝原俊民（兵庫県知事）、笹山幸俊（神戸市長）、竹本成徳（日本生協連会長）、山岸章（全労済協会理事長）、アグネス・チャン（歌手）ら8人である。

本県では全労済県本部に事務局を置く「岩手県民会議」を全国11番目の地方組織として設置。11月28日には「地震・津波等に対する公的保障制度を求めるセミナー」を開催し、25万人を目標に署名活動を開始した。県民会議の代表世話人は筆者を会長とし、石橋乙秀（弁護士）、大志田諭（岩手日報社専務）、嘉倉良男（県生協連合会会長）、杉沢トク（県地域婦人団体協議会会長）、鈴木甚左衛門（県漁業共同組合連合会会長）、千葉和夫（県労働者福祉協議会会長）、三好京三（作家）の８人である。

「被災したすべての人々の住宅の再建は、暮らしの自立にとっても街の復興にも不可欠な社会的責務である」とした。この課題を個人の自助努力にゆだねるだけでなく、復興のための国民的な社会システムを確立し、復興を急がなければならない。

岩手県では繰り返し津波に襲われていることも踏まえ、鋭意、署名活動を始めたが、目標には届かず、確か10万人余にとどまったと記憶している。

それでも、全国では約２４００万人の署名を集めることができた。この数は、もし国政選挙での得票数としたら、第1党で政権を奪取できる数である。署名簿は１９９７年2月に橋本龍太郎首相に提出された。そして、圧倒的な国民の声に押され、１９９８年4月に議員立法により「被災者生活再建支援法」が成立した。

全壊家屋に最高１００万円という微々たる金額であったが、これによって、義援金に頼っていた被災者支援から国策の支援に道を開くことになった。住居の再建に１００万円の支援はスズメの涙であるものの、ゼロからの転換は大きな意義があったものと評価。国民会議の活動は終了したが、県民会議はさらなる拡充を求めて活動を継続してきた。

支援の拡充を求める声に応えて、２００４年３

月には被災家屋のガレキ撤去費用や住宅ローンの利子等として最高200万円が支給される「居住安定支援制度」が創設され、300万円の支援が受けられるようになった。東日本大震災では独自の再建支援を行う自治体もあり、支援額は500万円程度になる場合もあるが、住宅の再建にまだまだ足りない金額である。

国民1人が年間千円を拠出すると、1万人に1千万円の支援ができる。災害に限定した「国民災害支援保険」制度を制定してはどうかと考える。何に使われるかわからない増税には誰しも反対だが、いつ誰が被災するかもしれない災害への共済、かつての無尽講なら賛同が得られるのではないか。南海トラフの地震、豪雨災害など自然災害の頻発に備えて、共助の仕組みを整備することが肝要であると筆者は痛感するのである。

岩手日報　平成8年（1996年）12月9日（月曜日）　（6）

自然災害に公的保障を

県民会議が発足

地震・津波等に対する公的保障制度を求めるセミナー

自然災害への公的保障制度を求めて開かれたセミナー＝盛岡市・県自治会館

仮設住宅はひっそりして、外からは物音ひとつ聞こえない。ここでも孤独死があった＝神戸市北区

記者ノート

阪神大震災

仮設住宅に7万人　展望は開けず

県民会議

制度づくりへ署名　25万人を目標

制度の創設

弱者への個人保障　政治的決断を

県民会議設置し活動

県民会議の活動を伝える岩手日報紙面（1996年12月9日付）

第2部
津波災害

1　本県の津波記録を見る

津波の「津」は港のことで、外洋での速い流れが港に到達すると高い波となって被害をもたらすことに由来する。ちなみに、津波、Ｔｓｕｎａｍｉは世界で一般的にも使用される共通語になっている。

津波が発生する原因は、ほとんどが地震である。三陸沿岸に関しては、日本海溝付近の海底で発生したマグニチュード（Ｍ）７以上の海溝型地震により海底が変動し、海水が持ち上がって津波が発生する。三陸沖では海溝型の巨大地震が頻発することや、リアス海岸で津波の波高が高くなりやすいことなどから、繰り返し大津波が襲来している。津波はいわば三陸の宿命ともいえるのである。

なお、日本から遠い場所で発生した地震による遠地津波や、断層がゆっくりと滑る「津波地震」の場合では、揺れを感じなかったり、揺れが小さくとも津波が襲来する場合があり、注意が必要である。

第1部の繰り返しになるが、『岩手県災異年表』によると、記録に残る岩手県での最古の津波災害は、８６９年7月13日の貞観地震である。「陸奥の国（現在の福島・宮城・岩手・青森県）大いに震ひて城邑《じょうゆう》を破壊し、海嘯哮吼《かいしょうほうこう》して溺死するもの数千人」

その後、記録は途絶えるが、江戸時代以降は、「盛岡藩『雑書』（家老席日記）等に自然災害の記載が残されている。

以下に県内に被害があった主な津波を、災異年表の記載を主に掲げる。

◆1611年12月2日　慶長三陸地震津波、仙台及南部、津軽、松前所領の沿岸海嘯。南部津軽にて人馬溺死3千余。

◆1616年9月9日　仙台地震、大槌町海嘯。大波山のごとく、八日町市日人大分に死す。

◆1677年4月13日　陸中国南部、地大いに震い、大槌浦、宮古浦、鍬ケ崎浦等海嘯暴溢し家を破る。

◆1793年2月17日　大槌地方大地震、浦々へ大汐押入。両石村で溺死9人。

◆1856年8月23日　北海道南東部で地震。閉伊郡の沿岸に海嘯、家屋流失倒潰百余。

◆1896年6月15日　明治三陸地震津波、午後7時32分頃三陸沖で地震（弱震）。同8時7分頃に三陸沿岸に大津波襲来、県内の津波による死者1万8158人

◆1933年3月3日　昭和三陸地震津波、午前2時31分頃三陸沖でM8・1の強震。同3時12分頃に三陸沿岸に大津波襲来、県内の津波による死者・不明者2671人

◆1952年3月4日午前10時23分頃　十勝沖地震。M8・2。津波警報、三陸沿岸に最大2・5メートルの津波襲来。人的被害はなかったが船舶、水産施設などに被害。

◆1952年11月5日午前1時58分頃　カムチャツカ半島南東沖の地震。M9・0。津波警報、三陸沿岸で最大3メートルの津波襲来。住宅浸水や漁業施設に被害。

◆1960年5月24日　チリ地震津波、23日午前4時11分頃チリ中部沿岸でM9・5の巨大地震が発生。23時間近くをかけ日本へ到達。三陸沿

岸で最大6メートルの津波襲来し、県内の津波による死者・行方不明者62人。

◆1963年10月13日午後2時18分頃の択捉島沖の地震。M8・1。三陸沿岸に最大2メートルの津波で漁業施設に被害。

◆1968年5月16日午前9時48分頃の十勝沖地震。M7・8。津波警報、三陸沿岸に最大4・7メートルの津波襲来、住家、漁業施設に被害。

◆1994年10月4日午後10時23分頃　北海道東方沖地震。M8・1。津波警報、三陸沿岸に最大1・75メートルの津波襲来、漁業施設に被害。

◆1994年12月28日午後9時19分頃　三陸はるか沖地震。M7・6。津波警報、三陸沿岸で最大1・7メートルの津波襲来、漁業施設に被害。

◆2010年2月27日午前3時34分頃　チリ沖の地震、M8・8。28日9時33分初の大津波警報。三陸沿岸に最大1・61メートルの津波襲来、漁業施設に被害。

◆2011年3月11日午後2時46分　東北地方太平洋沖地震。M9・0。大津波警報、三陸沖で最大18・3メートル大津波襲来し、県内6千人以上の死者・行方不明者。

この他に、気象庁が津波警報システムの運用を始めた1952年以降、三陸沿岸には20回以上の津波警報が発表され、小規模な津波が襲来している。

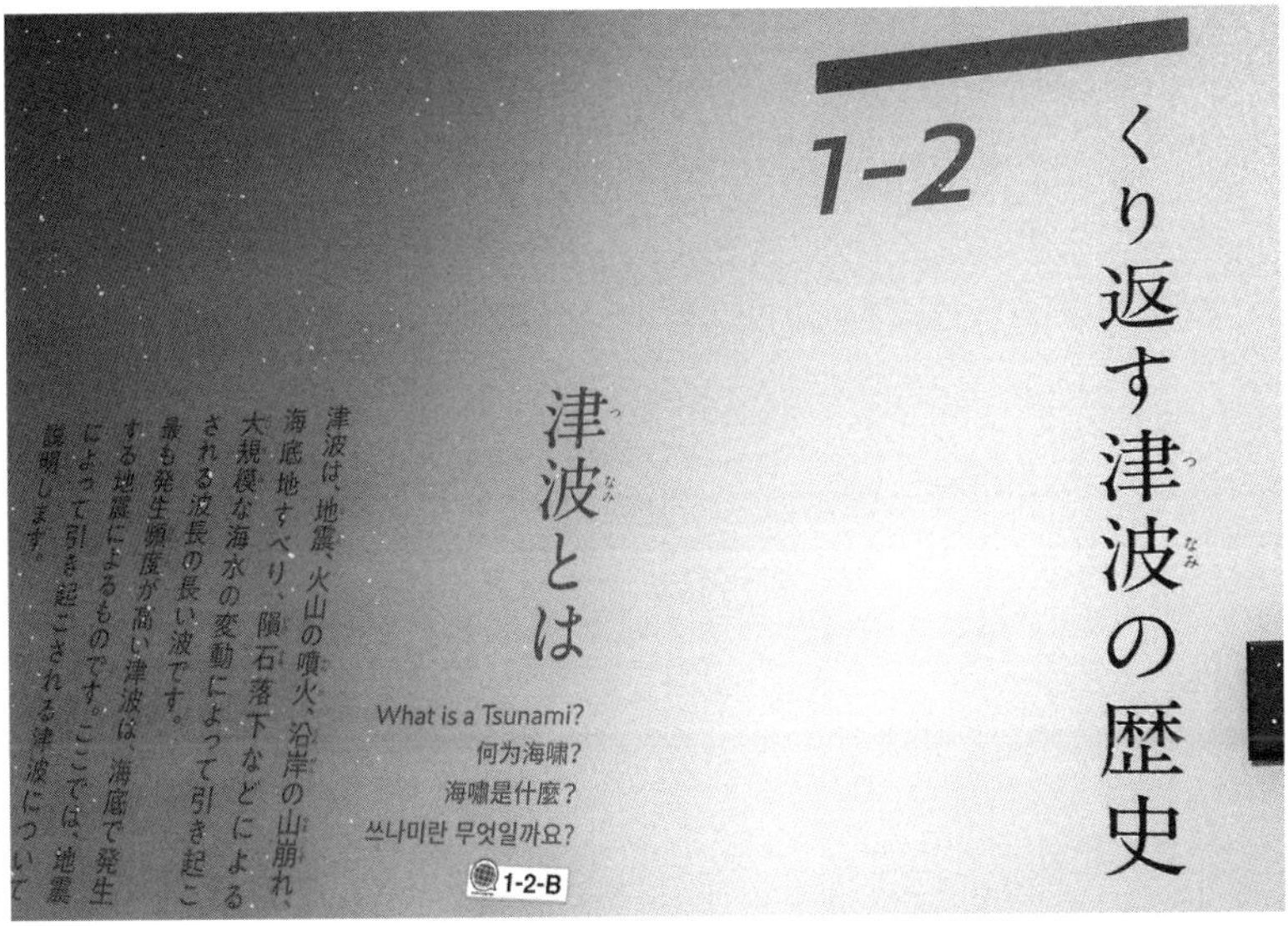

津波は三陸の「宿命」

陸前高田市・東日本大震災津波伝承館の展示パネル

2 津波は陸地に近づくと高くなる

津波の発生する原因はほとんどが地震と述べたが、例は少ないものの、火山噴火などで山体が崩壊し、海に流れ込んだ土砂が津波を引き起こす場合がある。

1991年に火砕流で43人の犠牲者を出した雲仙普賢岳の東側に眉山《まゆやま》という山があるが、1792年、地学的スケールでいうと、ついさっき、山体崩壊を起こした。土砂が有明海になだれ込み、対岸の熊本で約1万5千人が犠牲になった。「島原大変肥後迷惑」と伝えられている。

太平洋プレートの潜り込む日本海溝は、深さ1万メートルに近いが、周辺の大洋底も4千メートル程度と結構深い。この付近で発生した津波は時速約800キロとジェット機並みの速度で伝搬する。深さが1千メートル程度の海でも新幹線並みの時速250キロ、深さ100メートル程度と海岸の近くでも高速道路での車のスピードに近い時速110キロである。

海岸に上陸する際の速度は時速30キロ以上であり、人間が走って逃げられるものではない。掲載した気象庁の図では時速36キロと記載されているが、この36という数値は厳密な意味はない。事前に避難しなければ逃げ切れるものではないことは特に留意する必要がある。

深海で発生した津波の波高は高くないが、陸地に近づく、すなわち海底が浅くなると高くなり、東日本大震災では高さが10メートルを超す大津波が各地を襲った。これは、津波は海底が浅くなると伝搬速度が遅くなるため、後から伝わってくる波が次々と追いつき重なり合って波高が高くなるとされている。

地震で海底が盛り上がると直上の海面も盛り上がり、次には下がる。海面の上下震動が津波として伝搬していく。最初の海面の変化、第1波が必ずしも大きくなく、第2波、第3波と後から到達する波の波高が高い場合が多いので注意を要する。

津波警報が発表され、第1波が到達すると、テレビなどで、例えば15時20分釜石港に第1波が到達、高さは40センチなどと報道されると、いったん避難した住民の方も、「あっ、たいしたことはない」と自宅に戻り、その後の大きな津波で命を落とした事例が東日本大震災でも散見された。よって、以降は第1波の波高は報道しないことになったはずである。

ところで、震災直後からＮＨＫは夕方のローカルニュースで、「あの日あの時」とのコーナーを設けて被災者の証言を連続して伝えていた。災害の風化を防ぐ意味でも大変有用であった。いったん避難しながら貴重品を取りに自宅に戻ったり、津波の監視のために防潮堤に上がっていて津波にのまれ九死に一生を得たなど、教訓を伝える証言は特に貴重であった。

一方で、迅速な避難行動を取らなかったものの、幸運にして被災しなかった方もいる。家屋などをなぎ倒して遡上《そじょう》すると津波の高さは低く、速度も遅くなり、いずれは停止する。津波の襲来を見てから避難しても大丈夫―との誤った認識を与えかねない証言もあり、気になったところでもある。事前の避難の大切さを改めて強調しておきたい。

津波警報が出された際に、漁船を外洋に避難させる、いわゆる沖出しが行われている。津波到達前に外洋に避難できれば、津波の波高が小さいため漁船を守ることができるのは事実である。しかし、港の近くで津波に遭遇したら、漁船も命も失うリスクと背中合わせである。漁業関係者から、地震発生後何分まで沖出しができるか基準を示せないかと問われたことがあるが、正確な到達時刻や複雑な津波の挙動を正確に予測することが難しい中で、目安を示すのは無理である。

「漁船を失ったら死ねというに等しい」との切実な声に応えられないのは心苦しいが、命を重視する立場からは、遠く離れた場所から漁船に戻っての沖出しは危険であり、避けるべきとしか言いようがない。

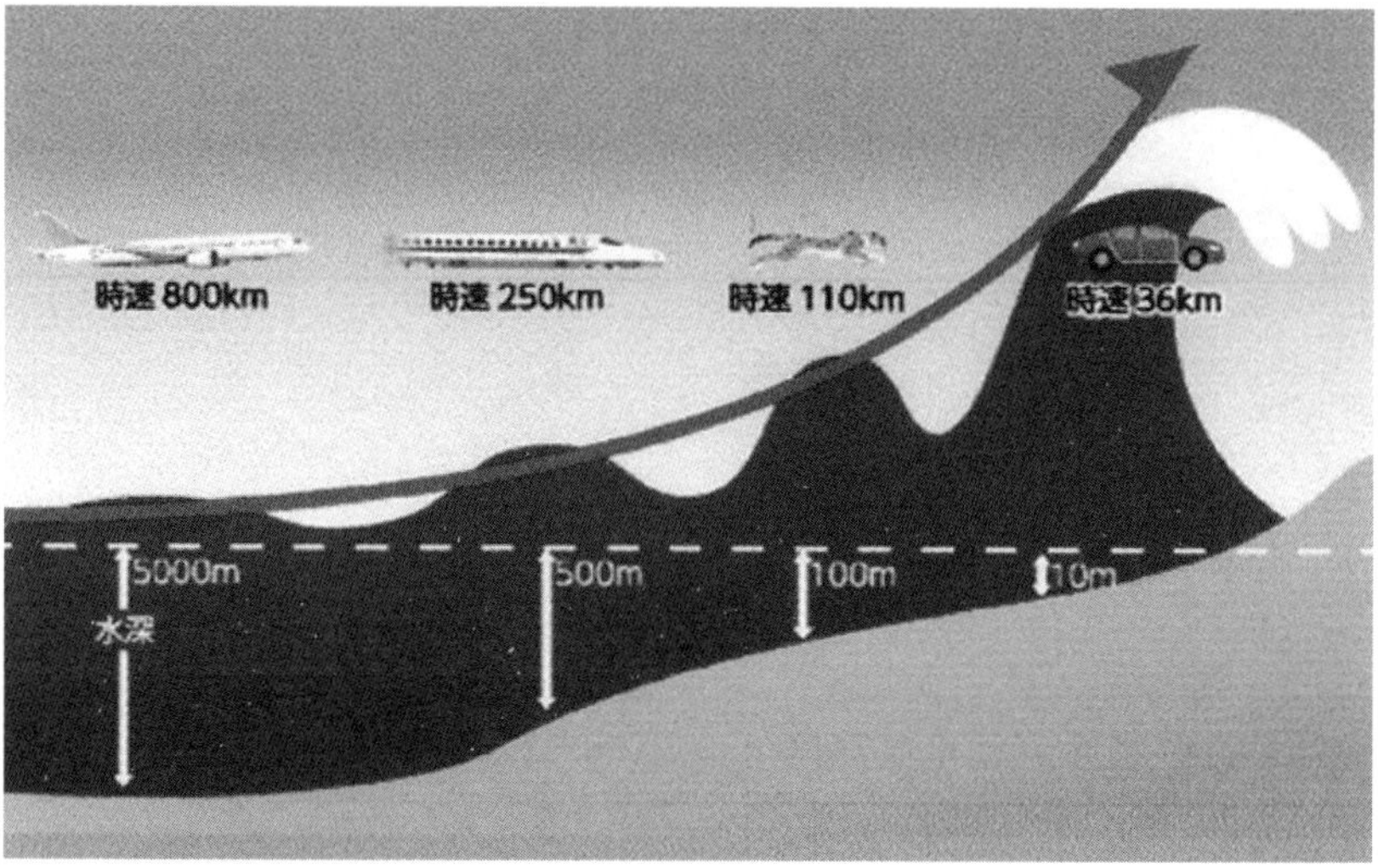

走っても逃げきれず
津波の伝わる速さと高さ（気象庁ホームページから）

3　避難が津波から命を守る

多くの場合、津波の襲来は地震発生の後である。遠地津波の場合も、気象庁が警報を発表する。日本近海の地震では、津波の可能性があるかなしかの情報は発生後3分程度で発表される。

予想される高さが1メートル以下は津波注意報、1～3メートルは津波警報、3メートル以上は大津波警報である。警報が出されると、災害対策基本法に基づいて、市町村長が避難の勧告あるいは指示（現在は指示に一本化）を発令する。かつては空振りなどを恐れ、周辺の自治体の対応をうかがっているうちに津波が襲来したといった経験も踏まえ、警報が発表されると間髪を入れず避難指示が発令されるようになっている。

津波注意報では、海岸から離れた住居での避難は要しないが、数十センチの波でも人間は足元をすくわれるので、海岸近くで作業をする人などは避難が必要である。

津波は、標高の低い所は海岸から離れていても浸水する可能性があり、また河川を遡上《そじょう》してあふれ出るので、できるだけ高い場所に避難することが肝要である。近くに高台がなければビルの高層階に駆け上がるのも緊急対応である。

三陸沖で発生する地震による津波の襲来には、地震発生後30分程度の時間があることが多い。近い将来に発生が危惧されている南海トラフの地震で、四国の黒潮町では最悪８分で高さ34メートルの津波が襲来すると予測されている。それに比べ、三陸沿岸では避難に十分な時間的ゆとりがある。避難指示に従って、早期に指定避難場所に避難することが可能である。

指定避難場所は、想定された津波の浸水予測図（津波ハザードマップ）に基づいて設定されている。しかし、浸水予測図は、地震の発生する場所や地震の規模を仮定して、シミュレーションを行って想定しているものであるから、想定以上の地震が異なった場所で発生した場合には異なることが起こりうる。

避難場所は、１８９６年明治三陸地震津波、１９３３年昭和三陸地震津波、さらに近い将来確実に発生すると予測されていた宮城県沖地震のうち最大規模の津波で浸水域を避けて設定されていた。

しかし、東北地方太平洋沖地震（東日本大震災）はマグニチュード（Ｍ）９・０と想定外の規模であり、指定された避難場所の多くが浸水し避難した住民が多数犠牲になった。浸水予測図は、避難場所や避難道路の設定など防災対策上必要なものであるが、想定は一つの目安であり、これ以上の津波が襲来することも起こりうる。状況によってはより高い所に避難することを心掛けることも肝要なのである。

ところで、気象庁は東日本大震災で、地震発生の14時46分の3分後に津波予報区岩手には高さ3メートルの大津波警報を発表、28分後に高さを6メートルに、さらに44分後の15時30分には高さ10メートル以上と修正した。地震発生直後から停電などにより、訂正された津波予想高さは現地には伝わりがたく、高さ10メートルへの修正時にはすでに津波が到達していた地点もある。

宮古市田老地区の高さ10メートルの防潮堤をはじめ、三陸の海岸には高さ3メートル以上の防潮堤は各地にある。高さ3メートルとの津波予報が、住民の早期の避難を妨げた可能性は否定しきれない。気象庁の津波への警報は、あらかじめ計算していた予測情報と発生した地震の震源位置や規模などの情報を併せて解析し短時間で発表される。M9・0という従来観測されていなかった巨大地震であったことから、システム化された予測体制では的中できなかったことはやむをえないのかもしれない。

しかし、慶長三陸地震津波や明治三陸地震津波でも、今回に匹敵する高さの津波が襲来した湾もある岩手県の住民としては、わずか3メートルという津波予測には違和感と割り切れなさを覚えるものである。

いずれにしても、避難さえすれば財産はともかく命は守ることができる。突発的に襲う地震などに比して、付き合いやすい災害ともいえる。避難の大切さを改めて訴えるものである。

	予想される津波の高さ	
	数値での発表（発表基準）	巨大地震の場合の津波の表現
大津波警報	10m超（10m<高さ）	巨大
	10m（5m<高さ≦10m）	
	5m（3m<高さ≦5m）	
津波警報	3m（1m<高さ≦3m）	高い
津波注意報	1m（20cm<高さ≦1m）	（表記しない）

より高台を目指して
気象庁の津波警報・注意報。
東日本大震災以降、巨大地震では高さを言わないことに改定された

4 誤った津波の言い伝え

津波に関して科学的な知見が得られていない時代には、「津波の前に井戸水が枯れる」「イワシなどが異常な豊漁になる」「晴天に、しかも満潮時には津波は来ない」などといった俗説が三陸沿岸では言い伝えられてきた。このため避難を怠って、多くの犠牲者を出したケースもあったと聞く。

「地震の後に津波が来るまでには、ご飯を炊いておにぎりを作って持って逃げるくらいの時間がある」という言い伝えは三重県の尾鷲市や四国の太平洋沿岸にもあったが、南海トラフの地震では10分程度で津波が到達する。現在、そのような説は語られなくなってきているが、なお、留意すべき思い込みも残っている。

最も気がかりなのは、津波は引き潮から始まるので、海岸や港から海水が引いていくのを見てから避難すればよいというものである。プレート境界面の破壊過程で第1波の特徴が決まるので、確かに三陸沿岸では引き波からやって来る場合が多い。しかし、押し波からやって来る場合もあり、引き波を確認してから避難というのは、命取りになりかねない。

この誤解の源は、和歌山県広川町で1854年11月5日の安政の大津波に際して、稲むらに火を放って村人を救った濱口儀兵衛（梧陵）の「稲むらの火」の物語である。実際には、津波に流された漂流者に安全な場所を知らせるために道端の稲むらに火をつけたのであるが、小泉八雲（ラフカディオ・ハーン）がこの美談を「A Living God」として小説にした。それを中井常蔵という青年教師が小学生にもわかるように凝縮して文部省の国定教科書の教材として応募、1937（昭和12）年から1947（昭和22）年まで尋常小学校第5学年国語読本に掲載されたのである。

物語の概要は以下のようである。梧陵が長いゆったりした地震の後、波が沖に引いて海底が現れるのを見て、津波の襲来を予測、取り入れるばかりになっていた稲むらに火をつけて異常を村人に知らせた。防災行政無線も携帯電話も無縁の時代である。村人は、庄屋さんの家が火事だと、高台に駆け上がり命を永らえた。

大事な稲を燃やしてまで村人の命を救った美談として、当時の小学生に深い感動を与えるとともに広く世に知られることになったが、一方でこの物語は、津波は引き波から来る、潮が引くのを見てから避難すればよいという誤解を広めてしまうことにもなったのである。

引き潮を確認してから避難すればいいとの伝説は、１９６０年のチリ地震津波の経験者からも生まれた。地球の裏側で発生した遠地津波は22時間余をかけて太平洋を横断して日本に到達した。波長が非常に長い波は、ゆっくりゆっくりと引いて、港の海底を露出させた。その後にじわじわと水かさが増してきたといわれる。この津波を経験した住民は、津波とはそのようなものと思い込み、次の津波も同様だと考えたのである。津波の顔はその時その時で異なるのであり、数少ない経験をもとに独断することは非常に危険である。

言い伝えではないが、高さ5メートルの堤防があるから、それ以下の波高の津波が襲来しても安全と考えるのは誤解である。津波は速い水の流れでもあり、護岸や防潮堤にぶつかると海面が盛り上がる。理論的には衝突前に１・５倍ほどになるといわれおり、予想される波高が防潮堤より低くても波が乗り越えることは起こりえる。しかも、高速で進行してきた大量の海水が衝突するので防波堤や護岸が破損することもあるので、避難は不可欠なのである。

また、かつては津波警報が発表されると、消防団が岸壁に監視のために出動し、それをテレビ局が「海面変化を監視する消防団員です」と生中継した時代もあった。現在は超音波や水圧などによる潮位観測装置が整備され、そのような危険を冒すことはなくなったが、虎の檻《おり》に頭を突っ込んで、「さあ、虎さんはかじるでしょうか」と試すがごとくとんでもないことであった。

引き波が先と限らず
たいまつを持つ濱口梧陵の銅像
＝和歌山県広川町、2012年12月、
筆者撮影

5　1611年　慶長三陸地震津波

１６１１年12月２日（慶長16年10月28日）に今の青森県・岩手県・宮城県の太平洋沿岸を大津波が襲ったとされる。「伊達領内で死者５千人」、「南部藩・津軽藩の海岸で人馬死んだ者３千」（駿府記）、相馬領では「７００人が津波に流されて死亡」（利胤君御年譜）、北海道でも「アイヌ民族を含めて多数の死者が出た」（福山秘府）といった記述が残されている。

２０１１年の東北地方太平洋沖地震（東日本大震災）による津波は、８６９年貞観地震の津波以来千年ぶりの巨大津波ともいわれたが、慶長三陸地震津波は、それらに匹敵する巨大津波であったのではないか。

日本で地震観測が始まったのは、１８７５年と１４０年余しかたっておらず、それ以前の地震の規模や震源などは断片的に記載された古文書などの記述をもとに推定するしかない。三陸沖のプレート境界での地震に続いて海溝の外側でのアウターライズ地震が発生して、大津波を発生させたとする説、津波堆積物の分布から、北海道東沖から北方領土の千島海溝付近で発生した地殻変動が周辺の震源域と連動して発生したマグニチュード(M)９クラスの巨大地震とする説などが研究者から出されているが、定説はない。

津波発生のメカニズムなど、推定の域を出ないが慶長三陸地震をあえて取り上げたのは、東北地方太平洋沖地震による津波は千年に一度とみなして、防潮堤の建設や土地のかさ上げが行われていることについての懸念からでもある。

三陸沿岸では、東日本大震災津波が最大規模であるが、湾によっては、慶長三陸地震津波、明治三陸地震津波、昭和三陸地震津波でもそれに匹敵する大きさの津波が襲来した場所もある。三陸沿岸では今回の津波が千年に一度の特異な現象ではないことを心しておくべきと、筆者は痛感し、あえて記載しておく。

日本海溝付近での津波の典型的なものは、プレート境界で発生する地震によるものである。日本列島がのる北米プレートの下に潜り込む太平洋プレートに引きずられて、北米プレートは折れ曲がりゆがみが蓄積する。ある程度は我慢をするものの、耐えきれなくなると跳ね上がって大地震が発生し、海底地形が変動することによって大津波が発生する。

この時の断層活動が急激であれば地震動として大きな振動が発生して大きな揺れが生じる。しかし、断層の滑りが緩やかな場合もあり、その際は大きな揺れは生じないが、広範囲で海底が変動すると大きな津波が発生する。

このような地震を津波地震、俗にゆるゆる地震、ぬるぬる地震といわれる。津波被災地には教訓として、「大きな揺れが来たら津波避難」とする碑文もあるが、揺れが小さいにもかかわらず大きな津波が襲来することもある。明治三陸地震をはじめ三陸沖で発生する地震の少なからずはこのタイプとも考えられており、揺れが小さくても津波に留意することが重要であることを改めて喚起しておきたい。

アウターライズ地震は、海溝の外側の隆起した部分で発生する太平洋プレート内地震である。陸地から離れた場所で発生するために、陸地での揺れは比較的小さいものの、併発する津波は大規模になりやすいという特徴がある。

海溝付近で北米プレートが跳ね上がって起きるプレート境界での地震の後に発生しやすいとされ、1933年昭和三陸地震津波は、明治三陸地震津波から37年後に発生したアウターライズ地震によるものと考えられている。東北地方太平洋沖地震の後にもアウターライズ地震の発生と大津波の可能性がある。

一方、内閣府の有識者会議は、千島海溝から三陸沖の日本海溝沿いで起きるM9クラスの地震で巨大津波の襲来を想定している。三陸沿岸での今後の津波災害を推測するためにも、慶長三陸地震津波を再調査、検証し直すことが必要と考える。

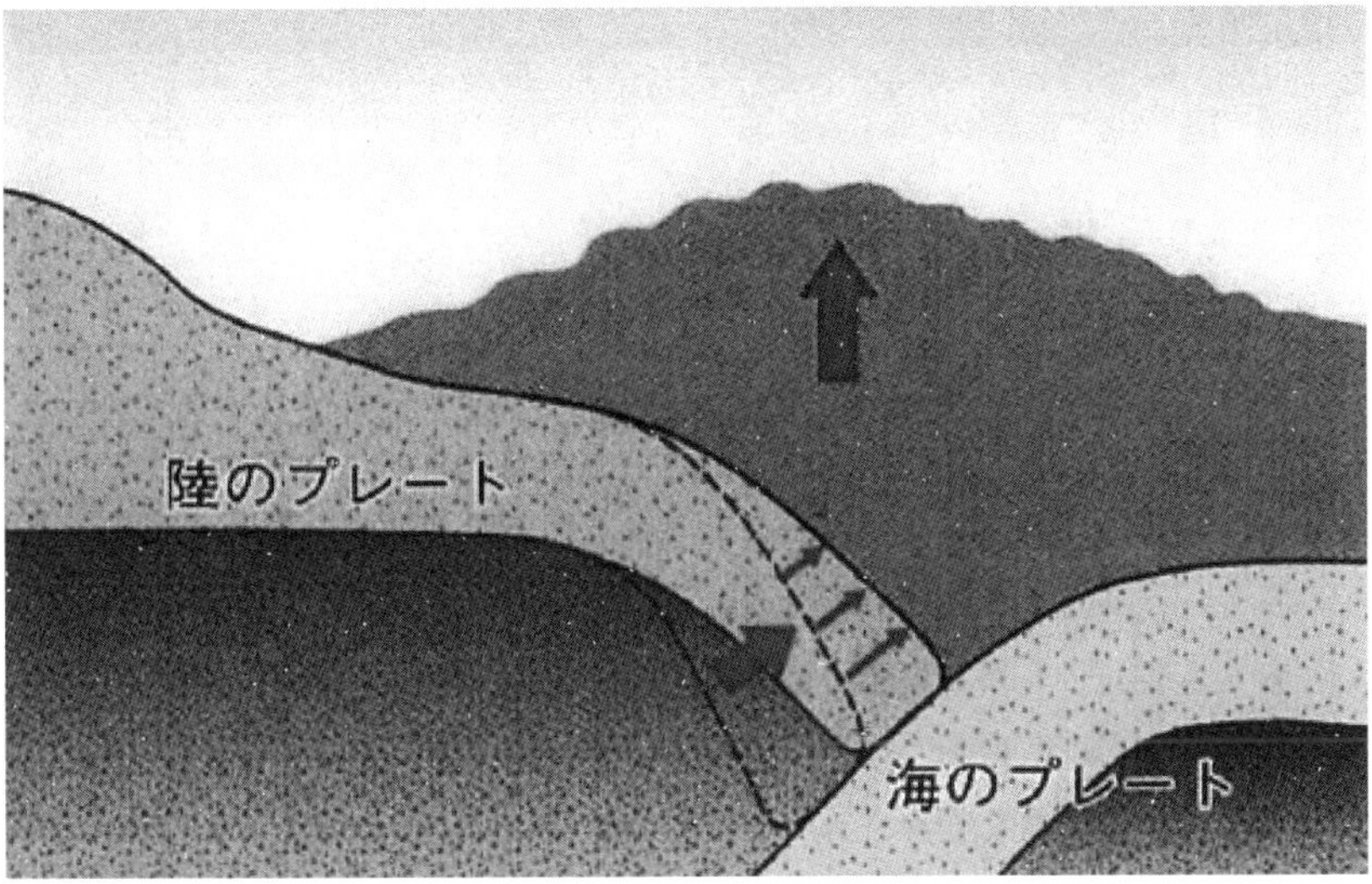

「東日本級」津波か？
日本海溝付近で発生する津波のメカニズム。引きずり込まれた陸域のプレートが跳ね返り海水が持ち上げられる（文部科学省「地震がわかる」から）

６　明治三陸地震津波

①県内犠牲１万８千余

１８９６年６月15日午後７時32分頃、三陸沖を震源とする地震が発生、約30分後に襲来した大津波により岩手県内で１万８１５８人（岩手県の公的な記録）の死者・行方不明者を出した。北海道・青森県・宮城県も合わせると約２万２千人を数える犠牲者は、日本で記録に残る津波災害としては最大である。

岩手県は、内陸と沿岸部は険しい北上山地に遮られており、現在のように車で２時間弱、ヘリコプターなら30分で到達できるといった状況ではなかった。仙人峠や九十九曲《まがり》といった難所を越えなければ現地には到達できないし、通信手段も限られていた。15日夜の被災を盛岡の岩手県庁が知ったのは、10時間以上たった翌朝の9時過ぎに遠野局、10時頃に青森県庁からの急電によるものであったという。

翌々日の6月17日発行の巖手公報（現岩手日報）の第壹千八百六拾壹號附録には、「遠野電報（六月十六日午後四時二十分發）只今釜石町長の申報に依れば宇臺村と澤村の内山手を残すのみ警察署電信局始め全市流亡し死傷者數へ難し役場學校は無事」と掲載されている。現地に救援の手が差し伸べられるまでには時間を要し、集落で生き残った数少ない住民は孤立無援の状態に置かれた。生存者の何倍もの溺死体を掘り起こしたり葬ったり、筆舌に尽くせない惨状であったという。

災害時に最も重要なことは、被災者を救援するために、被災の場所や程度をできるだけ迅速に掌握することである。実は、明治三陸地震津波から115年も経過し、情報通信網が張り巡らされているはずの、東日本大震災の際も、被災の実態はしばらく掌握できなかった。

当時の県の防災計画には「市町村は災害の規模等を電話またはファックスで県に連絡する」とされていたが、役場自体が被災した自治体では、被災の実態も把握できず通信手段も失っていた。情報を取りにいくとの姿勢でかけまくった、県の災害対策本部からの電話にもほとんど応答がなかったと聞く。

被災が激しければ激しいほど、現地からの情報が届きにくいことを改めて思い知らされたことであった。電話線が切れれば固定電話はつながらないし、基地局が被災すれば携帯電話もつながらない。衛星電話など通信手段の確保や、情報収集に直接出向くことの必要性が改めて指摘された。災害時には、現地からの情報を待つのではなく、即、情報収集と救援に出向くように県の防災計画も見直されている。

明治三陸地震津波の被害状況に戻るが、岩手災異年表には以下のように記載されている。「午後7時32分弱震あり。同8時7分に大激浪轟々遠雷の如き響きをなして襲来し、其後相次いで凡そ10分位の周期を以て前後8回顕著なる高波の反復来襲あるも次第に其勢減殺され、其後海水増水の浪跡は翌日正午頃に及びたり。本震後引続き余震あり25日迄に59回の微弱震を続発するも概ね微震のみなり。津波は第2回の巨浪最も強く、忽諸の間に幾多の生命財産を一掃し去りたるものにして岩手県沿岸被害最も甚だしく、死者18158人、傷者2943人、家屋流失4801、家屋倒潰726、家屋浸水1175、船舶流失4453、船舶破潰1003、以上の他家畜、堤防、山林、農作物、道路等に夥しき損害を蒙った」

集落ごとの被害の詳細は、40日をかけて沿岸約700キロを踏査した山名宗真の「三陸大海嘯《かいしょう》岩手県沿岸被害取調表」に記載されている。

津波の遡上《そじょう》高は三陸町綾里村白浜（当時）で38・2メートルとそれまでの本州での最高位を記録し、広田・吉浜・小本・田野畑・長内・侍浜・中野の7村（同）では遡上高20メートル以上の津波が襲った。

なお、気象庁が予報でいう津波の高さ（波高）は平常潮位面からの高さで、海岸の到達した津波は検潮儀などで計測されるが大津波では計測できない。海岸に接した防潮堤や建物などの構造物に残る痕跡（痕跡高）や、陸上の斜面や崖などに残された変色部や漂流物の標高（遡上高）をもって津波の高さとしている場合が多い。

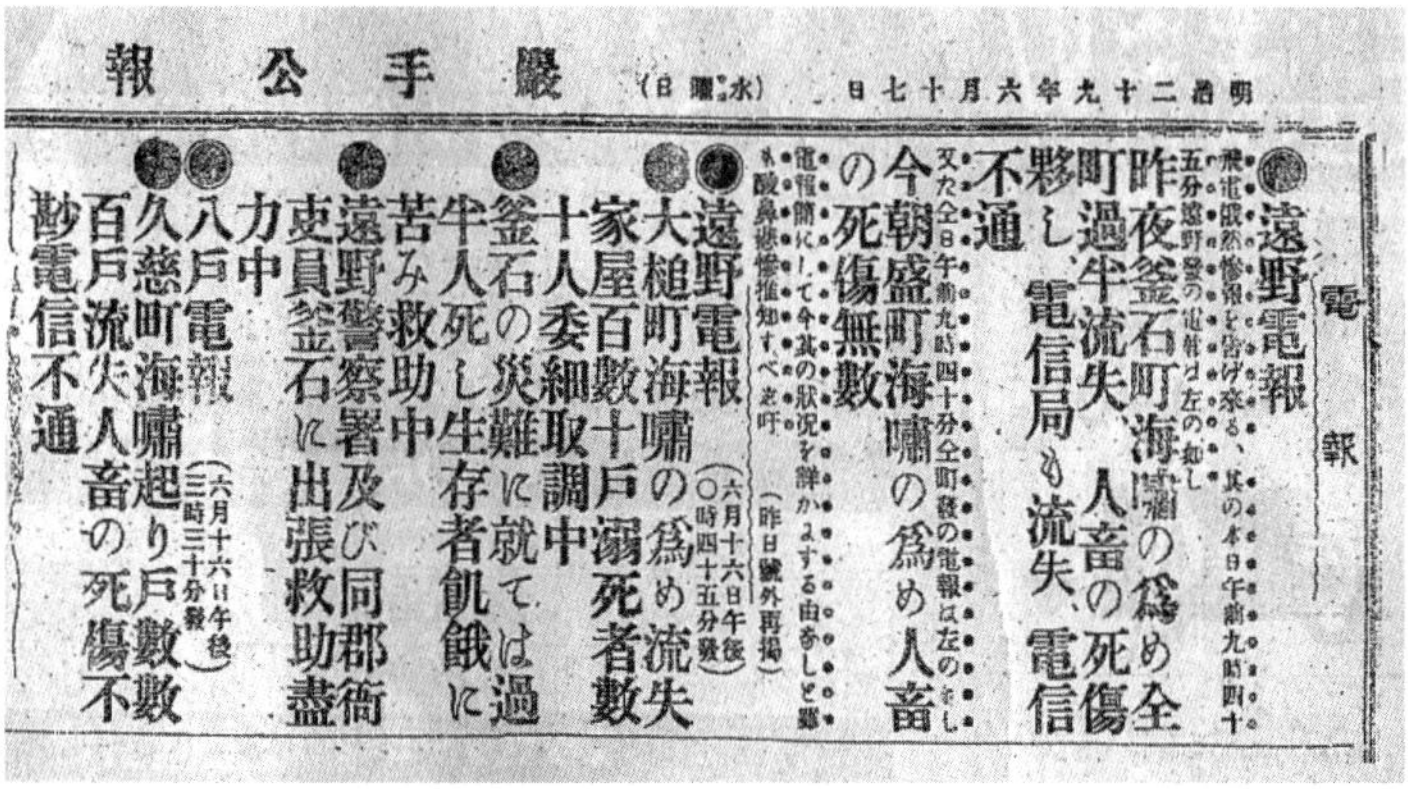
巖手公報　明治二十九年六月十七日（水曜日）

電報

遠野電報

飛電頻然惨報を告げ來る、其の本日午前九時四十五分遠野發の電報は左の如し

昨夜釜石町海嘯の爲め全町過半流失、人畜の死傷夥し、電信局も流失、電信不通

又た全日午前九時四十分全町發の電報は左の如し

今朝盛町海嘯の爲め人畜の死傷無數

電報簡にして今其の狀況を詳かにする由なしと雖も酸鼻悲慘推知すべき吁

（昨日號外再揭）

遠野電報（六月十六日午後〇時四十五分發）

大槌町海嘯の爲め流失家屋百數十戸溺死者數十人委細取調中

釜石の災難に就ては過半人死し生存者飢餓に苦み救助中

遠野警察署及び同郡衙吏員釜石に出張救助盡力中

八戸電報（六月十六日午後三時三十分發）

久慈町海嘯起り戸數數百戸流失人畜の死傷不尠電信不通

県庁に情報10時間後

遠野からの電報を掲載した巖手公報（1896年6月17日付）

7　明治三陸地震津波

②揺れの小さな津波地震

明治三陸地震津波の地震のマグニチュードは6・8程度とされ、地震の規模としては大きくなく、沿岸での震度は2〜3であった。なぜ大きな津波が襲い、多くの犠牲者を出したのか。

岩手県沿岸での被害はまさに壊滅的で、溺死者約1万8千人の中で遺体が確認された者は約1万人、約8千人は海の藻くずと化した。流失・全半壊約6千戸のうちで一家全滅した家庭が728世帯と惨憺《さんたん》たる被害であった。

この地震は、陸のプレートがゆっくりと滑り上がるいわゆるヌルヌル地震（津波地震）であり、地震動に比して大きな津波を発生させたものである。当時の住民も津波の前には地震があるということを一応知っていたようである。この津波の40年前に1856年安政の津波があり、この時は震度4~5とやや強い地震があった。しかし、今回の地震は、ゆらゆらと長い地震ではあったが揺れは小さく、誰一人津波の前触れだとは思わず、警戒も避難行動もとらず、突然襲来した津波に流されることになった。

しかも6月15日は旧暦では5月5日、端午の節句で夜の8時頃は宵の口。春先からのマグロやイワシの大漁続きで、どこの家でも節句の祝いは例年になくにぎわっていたという。

大船渡市・洞雲寺門前の三陸大海嘯《かいしょう》記念碑には、「この日は旧暦の端午の節句に当たればとて、津々浦々は親戚家族打集いて祝い興しつつありしを午後7時を過ぎし頃、大砲の如き音、聞こえければ、怪しみて耳そばたつる程こそあれ。

雨さえ降り注ぎ、暗く沖の方青く光りて、泡なせる高潮の山より高きが打寄来たり、逃げる暇もあらせず…」

故山下文男氏の著書、「津波と防災」には、この急襲がいかにものすごかったかが紹介されている。釜石町（当時）では県議会議員宅に町長や警察署長ら町の有力者が集まって節句の宴会中であった。ちょうど杯を手にしようとしたとき外で騒ぎ声がしたので、招かれていた警察署長は、火事でもあったのかと、表に出た瞬間に激浪に倒されてしまった。

大槌町では、胸に勲章を下げた凱旋兵士9人を迎えて、歓迎祝賀大会の最中、百雷が同時に落ちてきたような大音響がしたかと思うと、突然頭から覆いかぶさるように津波が襲ってきて、木っ端みじん、会場は阿鼻《あび》叫喚の巷《ちまた》と化した。山田町の田村家では、一族郎党53人が集まって酒盛りの真最中を襲われ、たまたまよそへ行っていた一人を残してやはり全滅した。

東日本大震災以降、「津波てんでんこ」という言葉は広く全国にも知られるようになった。岩手日報の地域欄には発災から10年近くたった今も、津波てんでんこをタイトルにしたコラムが連載されている。このてんでんこは、山下氏が１９９０年田老町（当時）で開催された「第1回全国津波サミット」で紹介して広がったものであるが、原点は明治三陸地震津波にある。

誰一人予想していなかった津波の襲来で集落は大混乱に陥った。そんな中でも、親は子を助けようとし、兄弟姉妹は互いに助け合おうとする。結果として、共倒れになり犠牲者を増やすことになったといわれる。津波の際には、薄情のようではあるが、親子きょうだいでも人のことはかまわずに1秒でも早く避難することが犠牲を少なくするという教訓とされたのである。

現代では、家系を維持することへの執着は薄れつつあるが、当時は家系を引き継ぐことは重要であった。大津波で一家全滅して絶家になった家が多数生じることになった。誰か一人だけでも生き残っていればつなげることができる、そんな背景もてんでんこにはあるのではないかと筆者は考えるのである。

「一家全滅」も多数に

鍬ケ崎町（現宮古市）の被災状況、写真師末崎仁平が撮影したもので、ガラス乾板を盛岡地方気象台が長年保管し、現在は県立博物館が所蔵。

8 大きな揺れで住民避難、昭和三陸地震津波

明治三陸地震津波の被災地には、赤十字社員や盛岡消防組合などボランティアが支援に入り、陸軍・海軍も遺体捜索などにあたった。国からの支援金で住宅や漁業の再建も急速に進み、三十数年後には、田老村、唐丹村、綾里村などは明治の津波前の人口を回復しつつあった。

一方で、高地への集団移転は7集落程度にとどまり、平地に住宅再建した集落や、部外者が家系を継いで津波の教訓が生かされなかった集落では、37年後の大津波で再び大きな犠牲者を出すことにもなった。

1933年3月3日午前2時31分に三陸沖でマ

グニチュード（M）8・1の巨大地震が発生した。震源は釜石市の東方約200キロ、深さ約40キロで、海溝の外側で沈み込む太平洋プレート内で発生したアウターライズ地震である。

沿岸の宮古市でも震度は5で地震動による被害はほとんどなかったが、地震後22分～50分後に沿岸に津波の第1波が到達した（岩手県昭和震災誌）。最大遡上《そじょう》高は、綾里村白浜で28・7メートル。侍浜村、普代村、田野畑村、小本村、田老村、重茂村、広田村などで高さ10メートル以上と記録している。

岩手県災異年表によると、死者1408人、行方不明1263人、負傷者805人、建物の流失2969戸、全壊497戸、浸水2076戸。漁船の被害は流失・全壊が小舟6537隻、発動機船231隻、一部破損は小舟1146隻、発動機船370隻に及んでいる。

明治三陸地震津波は5月5日の端午の節句、昭和三陸地震津波は新暦ながら3月3日の桃の節句ということで当時の人達は「節句の厄日」といったと聞く。もちろん、暦の上でのイベントと地震発生に関連性はない。

地震発生は午前2時31分と未明、三陸沿岸一帯はうっすらと雪に覆われ、気温も氷点下10度と極寒の中にあったという。住民が避難するには決していい条件とは言えない。明治三陸地震津波での最大の遡上高38・2メートルに対して昭和三陸地震津波では28・7メートルと75％程度であり、建物の倒壊・流失は約5500棟に対し約3500棟と60％程度である。しかし、死者・行方不明者は、明治の1万8158人に対し昭和は2671人と15％程度。著しく低い割合にとどまっているのである。

極寒の未明との悪条件にもかかわらず、なぜ明治に比して犠牲者が少なかったのか。一つは、地震の揺れが震度５程度の大きな揺れであったため、多くの住民は驚いて飛び起き、そして37年前の記憶をもとに津波の襲来を予見した。また、海岸に下がって、海の様子を監視していた漁師たちが、異常な引き潮を見て、大声をあげたり火の見やぐらに駆け上がって半鐘を打ち鳴らしたりして、集落に危急を告げて避難を促したという。

大槌町郵便局の電話交換手は近隣の釜石、山田の郵便局に津波の警告を発するとともに、管内の電話加入者に直接危急を告げ避難を促したことも特記しておくべきであろう。

いずれにしても、明治の津波での恐怖や肉親を亡くした悲しみの伝承が風化しておらず、俊敏な避難行動につながり犠牲を少なくすることになったことは確かである。

ただし、避難の引き金の一つが異常な引き潮であったとすると、押しから来る津波もあることからして、一歩間違ったらと危惧の念を禁じ得ない。

また、田老地域では明治の津波での死者・行方不明者１８６７人に対して、９７２人と大きな割合での犠牲者を出した。田老村田老では明治の津波での生存者が36人で、被災しなかった近隣の村からの親戚縁者が後を継いだが彼らには津波の体験がない。

それに、田老では、津波の前に井戸や川の水が引いて空っぽになるという誤った言い伝えがまことしやかに伝えられており、避難よりも井戸や川の様子を見に行き犠牲になった者もいるという。正しい知識に基づいての迅速な避難という課題は残されている。

家屋の倒壊・流失多く
唐丹村小白浜の惨状（岩手日報1933年3月5日付掲載）

9 堤防建設と高所移転が進む昭和の大津波後

究極の津波防災は、住宅地を津波の届かない高所に移転するか、町を巨大な堤防で取り囲むことである。平地が少なく、海岸まで山地が迫る三陸沿岸で、高台に広大な住宅地を造成するのは容易ではない。

完全に防御するためにはいったいどの程度の堤防が必要か。1771年明和津波では石垣島で遡《そ》上《じょう》高85メートルとの記録があるが、これは誤りらしい。高さ50メートルの堤防ならまずは絶対安全であろう。しかし、そんな高い堤防の堰堤《えんてい》は居住する平地を大幅に狭めてしまう。いずれも難しい。

それでも、昭和三陸地震津波の復興に、防潮堤の建設と高台への集落の移転が行われた。その事例を紹介する。

昭和三陸地震津波でも972人と多くの犠牲者を出し、「津波田老（太郎）」とさえいわれるようになった田老村は、村長、関口松太郎のリーダーシップで、全長1千メートルの防潮堤の建設を柱とする総合的な復興計画を選択した。

田老村は、海抜1メートル程度の平地であるが故に集落のかさ上げも容易ではない。500戸にも及ぶ対象家屋を集団で移転すべく宅地造成の適地もない。現代なら、自動車が普及し、容易に漁具の運搬が可能であるが、当時は居住地が海岸から遠く離れては漁業が難しいという事情もあった。

村での当初の防潮堤建造計画は全長1千メートルであったが、当時は世界大恐慌の影響や東北・北海道の凶作で県や国の支援は受けられず、村は借金による村費を投じて1934年工事を開始した。しかし、村単独の決断で始まった工事は熱意に押されて？2年目から国や県の全面的な支援を受けることになった。当時の岩手県知事石黒英彦が「関口には負けた」と述べていたともいう。

順調に工事は進んだが、日中戦争の戦況悪化によって1940年に中断、戦後1954年に再開し、1958年に全長1350メートル、上幅3メートル、根幅最大25メートル、地上よりの高さ7・7メートル、海面よりの高さ10メートルの世界にも例を見ない津波防潮堤が完成した。

戦前からの第1期工事に続いて、1961年からチリ地震津波対策・海岸保全・高潮対策関連事業で582メートル、三陸高潮対策として501メートルが国費で建設された。そして、1966年に総延長2433メートル、町をX型に囲う、万里の長城とも称される防潮堤が完成した。

田老町（1944年に町制施行）は防災教育などソフト面での対策に力を入れ、昭和の津波70周年には、「津波防災の町宣言」を発表するなど、津波防災の先進地であった。

しかし、東日本大震災では高さ15・9メートルの津波に襲われ181人の犠牲者を出した。防潮堤は昭和の津波の高さ10メートルに対応したものだが、明治の津波は15メートルである。漁港脇の崖には目につくように大きな標識もある。大津波警報の予想が3メートルであったにしても、防潮堤への依存が危険であることの教訓として受け止めなければならない。

明治の津波以降、高所移転を図り、吉浜村のように成功した事例もあるが、唐丹村のように再び低位置に戻り大きな犠牲を出したところもある。

その教訓をもとに、政府と県は明治の津波の浸水線を基準に、より高所に住宅を移転することを基本に、低利資金を融資。いわば口も出すが金も出すという積極的な施策で、約3千戸の高所移転が1年余で進んだ。

併せて、津波体験の風化を防ぐ啓発的手段として、県内三陸沿岸の海岸線に90余（明治の津波以降では200以上）の津波記念碑が建立された。旧重茂村姉吉地区に立つ「此処より下に家を建てるな」の碑は有名である。教訓は生きて、東日本大震災でも津波は集落の50メートル手前で止まり、浸水家屋は一軒もなかった。

高き住居は　児孫の和楽
想へ惨禍の　大津浪
此処より下に　家を建てるな
明治二十九年にも、昭和八年にも　津浪は此処

まで来て
部落は全滅し、生存者、僅かに前に二人後に四
人のみ
幾歳　経るとも　要心あれ

田老で巨大防潮堤も

高さ10メートル、全長2433メートルの巨大防潮堤。しかし平成の大津波は乗り越える＝宮古市田老（2011年3月28日、土井宣夫氏撮影）

10　地球の裏側、チリ地震での大津波

１９６０年5月24日早朝、地震もなく警報の発表もないまま、日本列島の太平洋沿岸は大きな津波に襲われた。

全国で建物３７００棟余が全半壊、１２００棟余が流失、１４２人が死亡・行方不明となった。特に被害が大きかったのは三陸沿岸で、岩手県では建物１２００棟が全半壊、６５０棟余が流出し62人が死亡・行方不明となった。

大船渡市や陸前高田市には最大波高5～6メートルの津波が襲来し、大船渡市では、58人が死亡・行方不明となっている。

この津波を引き起こしたのは、前日の5月23日

午前4時11分に、地球の裏側、チリ南部の沿岸で発生したマグニチュード(M)9・5ともいわれる巨大地震である。発生した津波はチリ沿岸を襲うとともに、太平洋約1万7千キロを22時間半で渡り日本に到達した。時速750キロ、ジェット機並みの速度である。

途中、ハワイ島のヒロ湾では最大遡上《そじょう》高10・5メートルの津波に襲われ61人が死亡しており、津波の情報はハワイから気象庁に、日本への到達の数時間前までに、電報で伝えられていた。しかし気象庁はこれまでの経験主義?から日本に到達しても大したことはないとして注意を払わず、和達長官がミスを認めることになった。

検潮儀の記録などによると、伊豆大島では午前2時25分、釜石には同2時49分、高知県須崎港に同3時40分頃第1波が到達しているのに対し、札幌管区気象台が「ツナミノオソレ」との予報を出したのは午前5時00分、仙台管区気象台の「ヨワイツナミ」の予報は同5時15分であった。同5時20分に気象庁本庁が「北海道および三陸沿岸では津波の勢力が集まる関係で、相当な津波になる可能性があります」との注意喚起をしたが、この時刻には、大船渡市などは高さ5メートルの津波に襲われ悲惨な状況になっていたのである。

気象庁は、知識・経験の不足で過小評価したことに遺憾の意を示したが、当初「前例がない」「技術の限界」などと弁明していたと聞く。東日本大震災での大津波警報でも当初、岩手県沿岸に3メートルの予報を発表した。多くの犠牲者を出した一因ではと指摘されているが、遺憾の意は示してもらえなかった。

今後も、自然災害に対して、技術的予測は完璧ではないことを謙虚に語り、理解を得る姿勢がほしいと筆者は思う。

予報は発表されなかったが、地元住民が異常を察知して避難行動をとった事例はあった。大船渡市赤崎町では消防車が「津波が来るぞ！ 物凄く潮が引いている。高いところに逃げろ」とサイレンを鳴らして叫び、避難を促していたという。

近年頻発する土砂災害でも火山噴火でも現地の住民が注意を払い、天変地異の兆候を見逃さないことが自らの命を守ることにつながることを、ここにも記しておきたい。

ところで、遠地津波は遠くから伝播《でんぱ》してくるので周期の短い波は減衰し、周期の長い波が到達する。引き潮は1時間あるいはそれ以上続き、その後押し寄せる波はじわじわと水かさを増した。よって、引き潮を確認し、押し寄せる津波を背にしても逃げることができたのである。

また、これまで三陸沖の地震による津波は、外洋に向かってV字型、次いでU字型に開いた湾の奥に波が集中して津波は高くなったが、今回は「くの字」型に入り込む大船渡湾奥で波が高く被害も大きかった。湾奥での津波の高さは明治の津波で3メートル程度、昭和の津波で1・8メートルであったのに対し、チリ地震津波では5メートル程度と高く、海岸線から約2キロも浸水した。湾の形や大きさによる定常震動が、40分以上と周期の長い津波の周期と共振し、波が大きくなったと考えられる。

引き潮を見てから逃げても十分という誤った経験則が、その後の津波警報での避難率の低さにも反映している。津波はさまざまな顔をもつ。押し寄せ方は千差万別であることに留意しなければならないのである。

大船渡で甚大な被害

家の廃材や電柱が折り重なった大船渡市大船渡町の惨状
（岩手日報掲載、1960年5月25日付）

11　1968年 十勝沖地震の津波

1968年5月16日午前9時49分に発生した十勝沖地震での、地震動による被害については、第1部地震災害第3章で述べたが、岩手県では津波による被害が大きかった。被害総額約24億4千万円のうち、7割以上の約17億6千万円が漁業関係の被害であった。岩手日報は、「津波襲来、高鳴る警報」「黒い潮キバをむく」との見出しで、津波による被害を伝えている。

仙台管区気象台は、地震発生の14分後の午前10時03分、三陸沿岸に津波警報を発表。久慈市では午前10時10分、釜石市では同10時40分、宮古市では同10時22分、大船渡市では同10時に海岸地帯に避難命令を発令し、サイレンや半鐘、消防自動車やパトカーなどにより住民に避難を呼びかけるとともに、水門の閉鎖などの対策に追われた。三陸沿岸には、10時20分すぎから、最大4・7メートルの津波が襲来したが、干潮時で、時間帯も昼間であったことも幸いして、人的被害は生じなかった。

当時の岩手日報紙面から、各地の被害状況を抄録する。

震源に近い県北の久慈湾では海水が見る見るうちに引き、午前10時20分頃に高さ4・2メートルの津波が押し寄せ、その後も同10時45分に3・5メートル、同11時10分にも4・5メートルの高さの津波が到達したという。久慈市玉の脇、久喜浜などの漁港では漁船や漁業施設に大きな被害を受けた。市津波対策本部の調査によると30隻近い船が流失または破損し、ワカメの養殖いかだ211台が流失、市漁港の冷蔵施設も水浸しになった。

野田漁港では、港内にコウナゴ漁から戻った小型動力船が70隻ほど係留されていたが、ほとんどロープが切れて、浜に打ち上げられたり、流失、沈没した。浜は、柱のない屋根だけの建物の残骸や痛めつけられた漁船、漁具などで足の踏み場もない状況で、山手に立ち並んでいた水産加工場、資材倉庫、飯場など約30棟は倒壊ないしは柱が折れて傾いている状態。コウナゴ漁に使う網や加工に必要なカマ、箱、ムシロがほとんど流失した。

釜石市では魚市場周辺の新浜町、東前町一帯の民家や冷凍工場、商店街等を中心に300戸余の建物が浸水した。1960年のチリ地震津波以降、各地で防潮堤の建設が進められたが、釜石港付近では、海岸沿いに魚市場、釜鉄桟橋、冷凍工場や民家がギッシリ立ち並んでいたため、防潮堤の構築ができず、津波に対して丸裸の状態のままであった。津波防潮堤が整備された沿岸各地で陸上施設が被害を免れた事例も多いことから、無防備が招いた人災との声も上がり、釜石湾港防波堤の建設を進める契機にもなった。

宮古湾では、ノリ、カキ、ワカメなどの養殖施設が被害を受けた。ノリ、ワカメの収穫は終漁期であったため直接の被害は少なかったが、ノリひび、ワカメ台などがほとんど折られ、種をつけ垂下したばかりのカキ台が壊れるなどした。

宮古木材港に係留されていたラワン材約4千本のうち約3千本、郊外にあった1千本が港内に流入して海岸に打ち上げられたり、また波間に漂って養殖施設の被害を大きくしたといわれる。荷下ろしを請け負っている海運業者が回収を進めたが、長期にわたり舟の運行を危険にさらし、養殖施設の修復にも支障をきたすなど、係留保管管理のまずさが指摘された。

大船渡湾では、ワカメ養殖施設約2千台、カキ棚約800台が流失した。一方で、大船渡湾の湾口防波堤は高さ2メートルの津波を食い止め、陸上部での被害は皆無であった。

湾口防波堤は、60年チリ地震津波で53人の犠牲者を出した教訓に基づき、5年間の歳月と19億円(当時)の巨費をかけて建設された。全長737メートルの湾口のうち、中間202メートルを船舶水路に残し、海面からの高さは5メートルである。船舶水路から海水が流入したため漁業施設が被害を受けたが、防波堤の威力は高く評価された。

漁業施設の打撃深刻

沈没したり、将棋倒しで大破するなど無残な漁船群＝宮古湾
（岩手日報掲載、1968年5月17日付）

12 津波に対する初めての意識・行動調査

津波から命を守るすべは高所への避難、言い換えれば「避難さえすれば」命は守れるのである

1968年十勝沖地震の後、同6月12日岩手県沖の地震、1969年8月12日色丹島沖の地震、1973年6月17日根室半島沖の地震で津波警報（弱い津波の恐れ）が発表されている。

津波注意報・津波警報（津波）・津波警報（大津波）と警報が改訂された1977年2月1日以降も、1978年6月12日の宮城県沖地震、1981年1月19日宮城県沖の地震で津波警報（津波）が発表され、沿岸の市町村の一部に避難の勧告・指示が発令されたが、避難者は少数にとどまっている。

避難の重要さを伝える津波記念碑は沿岸各地に多数建立されている。釜石市唐丹町で東日本大震災後に建立された津波記憶石の「100回逃げて100回来なくても、101回目も必ず逃げて」との地元中学生の言葉は、特に印象深い。

津波の最大波高は、1968年6月12日が1・5メートルで、大きな被害を与えるものではなかった。しかし、避難者の少なさは、より大きな津波の襲来時には大きな犠牲を出しかねないとの危惧を抱かせる。なぜ避難しないのか、避難を促すにはどうしたらよいのか。住民の津波に関する意識、避難の勧告・指示が発令された際の行動調査を行うことが必要と考えられた。

1989年11月2日午前3時25分に発生した三陸沖を震源とするマグニチュード(M)7・1の地震で、同3時34分に第4区太平洋沿岸に津波警報が発表され、沿岸14市町村のうち、陸前高田市・三陸町・大槌町・田老町・岩泉町・田野畑村の6市町村では、避難の勧告・指示が出された。

避難の勧告・指示が14市町村のうち6市町村のみで出され自治体ごとに発令が不統一であること、発令の時刻も遅れ、三陸町は午前4時14分、岩泉町では同4時20分と第1波到達(宮古湾で3時50分)後となった—などの課題が指摘された。

6市町村での避難対象区域の住民3万9286人に対して避難者は6619人、16・8%にとどまり、特に陸前高田市では5・8%、大槌町では2・3%と著しく低かった(県消防防災課調べ)。この数値は東日本大震災での犠牲者数の対人口比率が、陸前高田市で7・6%、大槌町で8・2%と他の市町村に比して突出して高いことと符合する。

筆者の研究室では、6市町村の避難対象区域を学区内に含む小中学校24校に約5千枚の調査用紙を配布し、3055通の回答を得た。質問項目は、情報の伝達、行動、意識に関する合計19項目である。

地震の震度は大船渡・盛岡で4、宮古で3であったが、ほとんどの家庭で地震に気づき「津波の危険性をかなり不安に思った」51・9％、「すぐ避難することを考えた」17・1％と危惧の念を強く抱いている。

しかし、家族全員が避難した世帯は19・7％、一部が避難した世帯も10・4％にとどまり、69・9％は全員が避難していない。全員が避難しなかった世帯に理由を尋ねると「住居の位置から避難する必要がない」が74・5％と大半を占め、「テレビ・ラジオの報道から津波が小さいと判断した」が13・2％である。

しかし、住居の位置から安全とした回答者の住居は海面からの高さ10メートル以下が11・4％、10～20メートルが16・9％（回答者の感覚で、地形的にはもっと多い）であることからして、危険な判断と言わざるを得ない。防潮堤があるから安心、津波が来てから避難しても十分とした家庭も少なからずあった。

意外であったのは、チリ地震津波の体験者のいる世帯の避難率が同津波を知らない世帯より低かった点である。第2部第10章で述べた遠地津波のゆっくりした引き波を津波一般と誤解し、また家庭で力のあった家長（経験者）の影響力が強かったことによるかもしれない。

今回の津波の最大波高は宮古市で56センチにとどまって被害はなかったが、調査により住民の避難行動を喚起することの必要性が、改めて浮き彫りになった。

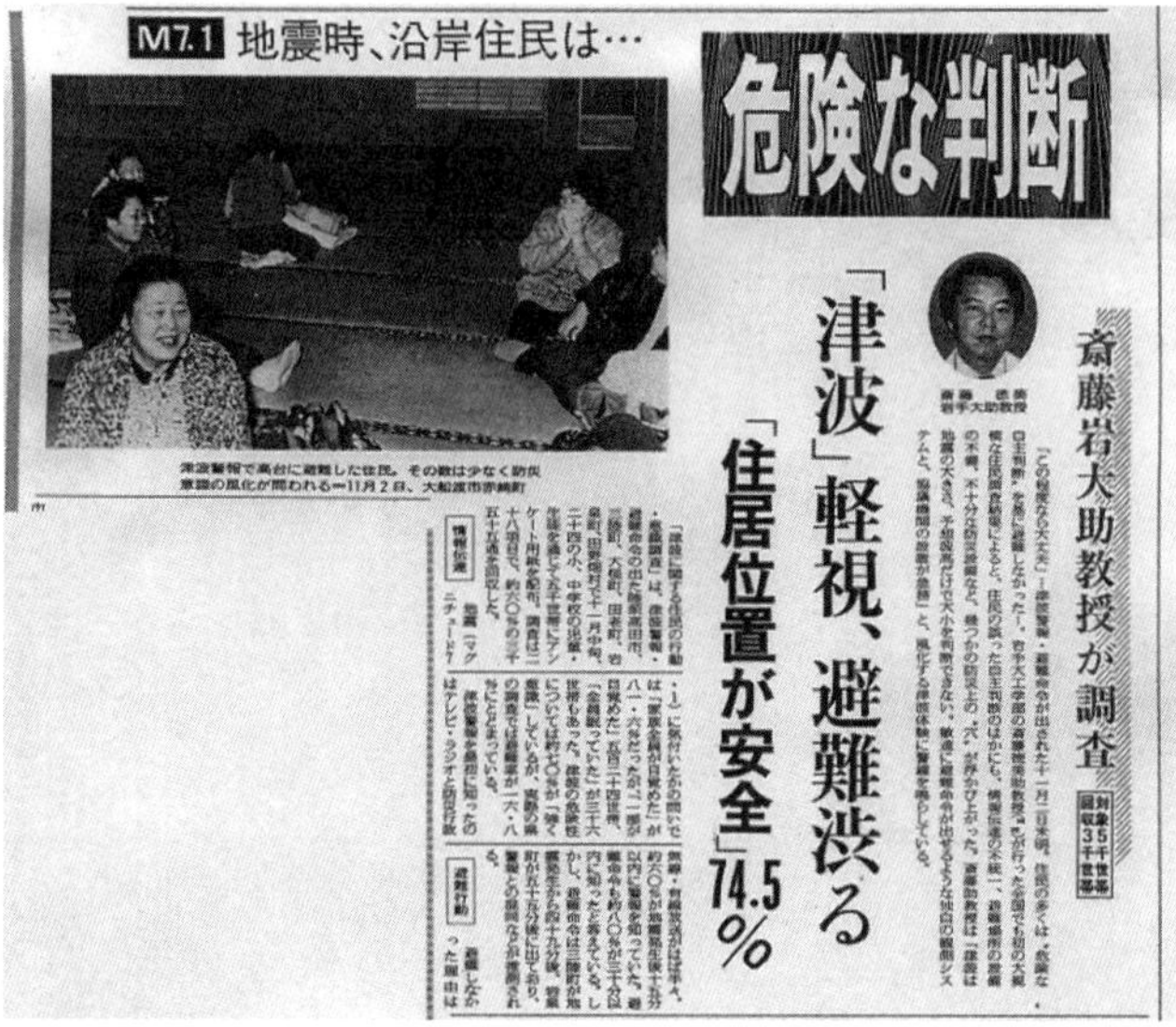
M7.1 地震時、沿岸住民は…
危険な判断
斎藤岩大助教授が調査
対象35千世帯 回収3千世帯
「津波」軽視、避難渋る
「住居位置が安全」74.5%

住居安全と７割独断

津波への意識・行動調査結果を伝える（岩手日報、1989年12月20日付）

13 学校での津波防災教育

東日本大震災以降、「釜石の出来事」などが広く伝えられるなど、津波防災における学校教育の重要性がより認識されるようになったが、筆者の研究室では、25年以上前から地元の学校と連携して津波防災教育に取り組んできた。

１９９３年８月30日付岩手日報紙面には、「風化させまい津波の恐怖、大槌中であす学習会」、同31日付紙面には、「薄れる津波の教訓、岩手大と大槌中が共同研究」との大きな見出しで、取り組みが紹介されている。

筆者の研究室は工学部資源開発工学科に所属していたが、卒業生のなかには教職に就く者も少なくなかった。81年度に卒業した鈴木利典教諭が大槌中学校に赴任し、科学部の顧問になったことをきっかけに、地元中学生の津波防災の意識を高める取り組みを協力してしようと考えた。

折しも、１９９３年7月12日22時17分に北海道南西沖地震が発生した。震源の深さは35キロ、マグニチュード（M）７・８で北海道の小樽・寿都・江差、青森県の深浦で震度5の揺れを観測した。

この地震で震源の南東に位置する奥尻島には、短時間で最大痕跡高が30メートルを超える大津波が襲来、青苗地区では火災も発生し、２３０人の死者・行方不明者を出す惨事となった。

この地震で、三陸沿岸にも津波警報が発表され、大槌町では避難の指示が発令された。前述のように、１９８９年の三陸沖地震の際に、筆者らが津波に対する意識・行動調査を行っているので、大槌中科学部（金崎亘部長、40人）が同様の調査を北海道南西沖地震を対象に行い、行動の違いについて解析、それらを題材にして全校生徒の防災学習会を開催することとしたのである。

北海道南西沖地震の発生の直後に、科学部では同校生徒や父母７０１人を対象にアンケート調査を実施。避難した家庭は７％と低く、１９８９年にはほぼ１００％の世帯が地震に気付いていたのに今回は半数近くが気付かず、避難の指示・勧告も１９８９年では97％が知っているのに対し今回は70％にとどまっている。今回の地震は震度が１～２と揺れが小さいこと、震源が日本海側ということで、住民は自主的に「大丈夫」と判断したものと解釈された。

１８９６年明治三陸地震津波の場合には、震度２～３と揺れが小さいにもかかわらず大きな津波が襲来しているし、１９６０年チリ地震津波は遠地の地震で発生し、揺れは感じていない。科学部では、地震の揺れが小さい場合でも大きな津波が襲来する事例があることからして、「地震の強弱や遠近での判断は禁物」「過去の教訓が薄れている」と防災意識の啓発が必要と結論づけた。

大槌中生徒会（山岸大祐会長、生徒701人）は、9月1日の防災の日に合わせて、8月31日に「風化させるな津波の恐怖」と題する学習会を開催した。生徒・教職員の他、地域住民も参加し、北海道南西沖地震で最も大きな被害を受けた奥尻島の状況、1933年昭和三陸地震津波の当時の記録などをビデオ鑑賞、昭和の大津波や1960年チリ地震津波を体験した町内のお年寄り4人から、被害の状況や避難や復興の体験談を聞いた。生徒たちは、普段見ることのなかった津波の映像に接し、また、生々しい体験談を聞いて津波から命を守ることの大切さを実感した。

筆者も学習会に参加し、津波発生のメカニズムや、大きな揺れでは当然であるが、小さな揺れでも避難の勧告・指示に従って、速やかに高い所に避難するのが大切であることなどを、わかりやすく説明した。今後も、勉強会を開催したり、住民のアンケート調査を行って、岩手大学の助言を得ながら住民意識の変化や防災の在り方などを探っていくことになった。

しかし、東日本大震災では、大槌町では役場庁舎で多くの職員が犠牲になり、住民の犠牲者の比率も県内一であった。先進的な津波防災教育が生かされなかったことは残念である。

風化させまい津波の恐怖

低い防災意識

大槌中であす学習会

古老の体験談やビデオ上映企画

地震、津波についての意識調査に取り組む大槌中学校の科学部

大槌町の大槌中生徒会（山岸大祐会長、生徒七百一人）は、三十一日に津波防災学習会を開く。七月に発生した北海道南西沖地震の直後に科学部が行った意識調査で防災意識の低下が浮き彫りになり、「心に油断があるのではないか」と自主企画した。学習会では三陸沿岸を襲った津波の記録をビデオ上映するほか、お年寄りから体験談を聞く。生徒の取り組みは、子供だけでなく、沿岸住民全体に警鐘を与えそうだ。

「風化させるな津波の恐怖」と題する学習会は九月一日の防災の日に向けた取

大槌中と岩手大連携

大槌中での防災学習会を紹介する岩手日報
（1993年8月30日付）

14 1994年北海道東方沖・三陸はるか沖で地震連発

1994年は秋から年末にかけて北海道東方沖地震、三陸はるか沖地震と大きな地震が連続して発生、津波警報が発表され、カキやホタテ養殖施設などに大きな被害が生じた。3カ月足らずの間に発せられた二度の避難勧告や指示に県民は驚かされた。

「北海道東方沖地震」は10月4日午後10時23分頃北海道根室半島の東方約150キロ、深さ約30キロで発生、マグニチュード（M）8・1。潜り込む太平洋プレート内での地震とされる。釧路市では震度6（烈震）を観測した。

震源から離れた岩手県では、盛岡市と大船渡市が震度4で地震動による構造物の被害はなかったが、北海道から東北の太平洋沿岸に出された津波警報に、5日付の岩手日報は「逃げろ、次々高台へ」「寝入りばな青ざめる住民」「各地で避難のサイレン」と緊迫した様子を伝えている。

この地震で、仙台管区気象台は地震発生から13分後の午後10時36分に津波注意報を発表。さらに、午後11時34分に津波警報に切り替えたが、すでに第1波が到達していた。

沿岸13市町村（種市町・久慈市・野田村・普代村・田野畑村・岩泉町・田老町・宮古市・山田町・大槌町・三陸町・大船渡市・陸前高田市）は津波警報への切り替え後に避難勧告を発令、釜石市は同じく午後11時35分に避難指示を発令した。

津波の最大高さは釜石港で80センチ、宮古港で72センチ、大船渡港で46センチと低かったため人的被害は生じなかった。しかし、警報への切り替や、その後の避難勧告や指示は遅すぎたと指摘された。

陸前高田市では、避難勧告の対象となった１４００世帯約5千人のうち約９３０人が公民館などに避難、約１８７０人が車の中や高台にある親類の家などに避難したとされる。一方で、公的な避難場所へ避難した住民は釜石市で２９９人、宮古市では６３２人、久慈市では４０５人などで、沿岸市町村全体では対象者11万２７５人に対し６６９６人、約6％と少なかった。

また、「何度も押し寄せる津波に緊張しながら海面を監視する消防団員＝久慈市玉の脇漁港」との写真も紙面には掲載されており、危険な監視がこの頃もごく一般に行われているなど、さまざまな課題も露呈された。

そこで、筆者の研究室では、1989年と同様の沿岸6市町村の住民約3千世帯を対象に津波に関する住民の意識・行動調査を実施。家族全員が避難した世帯は18・1%、一部が避難した世帯が9・9%。避難しない理由は74・2%が「住居の位置から安全と判断」と回答しており、意識に改善の傾向がないことが明らかになった。

年の瀬も押し迫った12月28日午後9時19分頃、八戸市の東方約200キロ、深さ約20キロでM7・5の「三陸はるか沖地震」が発生した。プレート境界での地震とされる。八戸市では震度6(烈震)を観測し、パチンコ店の1階がつぶれて2人が死亡、盛岡市で震度5、宮古市・大船渡市で震度4を観測した。種市町で1人がショック死した他、けが人も出た。盛岡駅では新幹線改札口付近の天井の鉄枠が数カ所落下するなどし、住宅の壁がはがれ落ちたり、学校の窓ガラスが割れるなどの被害が出た。

1995年の年始にかけて37回の有感の余震が発生し、1月1日にはM6・7の地震で太平洋沿岸に津波注意報が発表された。さらに、1月7日朝のM6・9の最大余震で盛岡市は震度5を観測し、盛岡アイスアリーナで天井板が落下、住宅の一部破損4棟、文教施設10カ所などで被害が生じた。

12月28日の地震で、気象庁は地震発生後4分後の午後9時23分、青森県から福島県までの太平洋沿岸に津波警報を発表した。久慈市・田野畑村・釜石市・宮古市は避難指示、他の10市町村は避難勧告を発令し避難を促した。指定避難場所への避難者は8828人と北海道東方沖地震の際より2100人余多いが、避難率は低いままであった。

幸い津波の最大波高は宮古で55センチ、大船渡で27センチと低く、養殖施設に被害を生じたが、人的被害はなかった。

養殖施設が襲われる
北海道東方沖地震の津波で1カ所に寄せ集められ、めちゃめちゃになったカキ、ホタテの養殖施設＝陸前高田市小友町
（岩手日報掲載、1994年10月6日）

15　山下文男氏と「津波てんでんこ」

１９９０年11月、津波の被災地かつ防災の先進地であるが故に、「津波田老（太郎）」と称された旧田老町で、第1回「全国沿岸市町村津波サミット」が開催された。その場で津波災害史の研究家、山下文男氏と知り合い、筆者が津波防災に取り組む上で大きな示唆を得ることになった。

サミットで山下氏は「津波災害の歴史的背景」と題して特別講演を行い、数多かった共倒れの例を挙げながら「津波てんでんこ」について詳しく話した。てんでんこは明治三陸地震津波以降言い伝えられてきた教訓ではあるが、それを著述や講演などで広く世に広めたのは山下氏の大きな功績であろう。東日本大震災以降、てんでんこはＴｓｕｎａｍｉという国際語と同様、世界にも浸透しつつある。

明治三陸地震津波の時、15歳であった氏の父は、自身は必死に逃げて助かったが、母は乳飲み子を抱えて、いわば共倒れとなった。慈悲深い母とその命を奪った恐ろしい津波の話を何度も聞かされて育った故であろう氏の父は、昭和三陸地震津波の際は、末っ子で少学3年生であった氏の手も引かずに自分だけ逃げた。母のからかい？に「なあに、てんでんこだ」と照れ笑いしていたという話を、筆者は胸の詰まる思いで聞いた。

山下氏は１９２４年旧綾里村に生まれ、明治の津波で一族８人が溺死、昭和の津波でも被災した体験から、津波災害史の研究に取り組み、執筆や啓発活動に力を注いできた。「津波―ＴＳＵＮＡＭＩ」「津波ものがたり」（日本科学読物賞・北の児童文学賞受賞）「哀史三陸大津波」「津波てんでんこ―近代日本の津波史」「津波の恐怖―三陸津波伝承録」「津波と防災―三陸津波始末」など多くの著書がある。２０００年には日本自然災害学会賞、03年に内閣府防災功労者表彰、２００６年には岩手日報文化賞を受賞している。

筆者にとっては二回りも年上の大先輩であるが、「津波防災は避難の一言に尽きる」との認識で一致、ウマが合ったといえば僭越であるが、一緒に講演をしたりテレビ番組に出演したり啓発活動にタッグを組んだものであった。

東日本大震災では陸前高田市の県立高田病院に入院しており、４階の病室で「この目で津波を見届ける」（本人の言）と目を見開いたが、津波は4階天井付近にまで達した。かろうじてカーテンレールにつかまって、九死に一生を得たという。その後、盛岡市の病院に転院、病床から津波に対する発信を続けたが、震災から9カ月後の2011年12月13日肺炎のため87歳の激動の人生を終えた。

津波てんでんこを訴えた当初の頃には「自分一人が助かればいいのか」「子どもやお年寄りを見捨てて人としていかがなものか」とのご批判もいただいた。筆者は、「お父さんが会社に行っていれば職場で避難をする、お母さんがスーパーで買い物をしていれば店が避難誘導する、子どもは学校でまとまって避難する。危険な自宅へ戻って共倒れにならぬよう普段から家族で話し合ってそれぞれが身を守ることである」と説き理解を得てきた。

しかし、高齢者ら災害弱者を誰が助けるのか。家族がいても日中は体が不自由な高齢者一人のいわば隠れ一人暮らしも少なくない。自主防災組織が手助けするにしても、よそで仕事を持っている人が駆けつけては共倒れの危険をはらむ。東日本大震災でも消防団員や警察官ら多くの人が避難の支援をして犠牲になった。対応策が見えない難しい課題である。

ところで山下氏からは「繰り返し被災する岩手県に伝承館の類がない。私が訴えてもだめだった。あんたは一応大学教授だから県を説得してくれ」と言われ続けてきた。しかし、今回の震災で多くの人柱が立つまで実現しなかった。亡くなる前に「あんたの力もたいしたことないな」とつぶやいた氏の言葉が今も耳に残る。

せめてもと、筆者は氏の津波研究の資料や筆者が対応した火山防災の資料を保存し、関係者が活用するための「自然災害資料活用センター」なる一室を岩手大学内に設置したが、存続は心もとなく気がかりである。

共に避難を訴え続け
ありし日の山下文男氏、筆者（左）、土井宣夫氏（右）と（2008年11月20日）

16 1996年ニューギニア沖地震津波

1996年2月17日にニューギニア沖で発生したマグニチュード（M）8・2の地震で、気象庁は同午後8時20分に北海道から本州・四国沿岸に津波注意報を発表、同午後9時25分に津波警報に切り替えた。これを受けて、宮古市・釜石市・種市町・田老町が避難指示、他の沿岸10市町村が避難勧告を発令した。

1989年および1994年の津波に関する住民の意識・行動調査で、低い避難率などの課題が指摘され、具体的な防災対策に取り組む必要性が指摘されていた。

当時の岩手県総務部消防防災課長は前遠野市長

の本田敏秋氏で、地震防災に筆者とタッグを組んでいた仲間であった。いずれ必ず来る三陸大津波に対応するために、連携して改めて調査を行い、具体的な対応策を模索しようということになった。これに、防災意識の啓発は公共放送の責務と語り合っていたＮＨＫ盛岡放送局も賛同し、大学・県・報道機関がタッグを組むという当時としては画期的な取り組みがなされることになった。

大学が調査書の作成から解析を担当、県が調査対象とする学校生徒の父母へ教育委員会を通じて協力を依頼。ＮＨＫが事前報道で調査の意義を報道して関係者の協力を求めるという役割を分担した。

調査対象世帯は、従前同様の6市町村に大船渡市を加えた7市町村の４千世帯で、２７００世帯から回答を得た。津波注意報から津波警報へ切り替わったことは97・３％、避難勧告・指示は95・4％の世帯が知っており、情報伝達に関してはかなり改善がなされている。

しかし、家族全員が避難した世帯は10・７％、一部が避難した世帯を合わせても19・５％と低い。しかも、１９８９年の三陸沖の地震の際の同19・8％、30・１％、１９９４年北海道東方沖地震の際の同18・１％、28・０％からと低下の傾向にある。海外での地震で、津波注意報から津波警報に切り替わったこともあるが、避難率の低さは大きな課題である。

避難しない理由について、今回も「住居の位置からして安全と判断した」が70・１％、「マスコミ報道から津波が小さいと判断した」が18・２％とほぼ同じである。避難しなかった世帯の4分の1が海面から10メートル以下の位置にあり（本人の認識）、遡上《そじょう》高10メートル以上の津波が繰り返し襲来していることから、危険な判断であることは言うまでもない。

住居が危険な位置にあることを認識し、避難を促すにはどうしたらよいのか。従来のように、避難対象地域にあることを広報しても、改善が期待されない。住民からの要望にも、「自宅がどの程度危険かの情報を正確に示してほしい」との要望が40％近い世帯から上がっている。そこで、明治三陸地震津波、昭和三陸地震津波、チリ地震津波の浸水域図を作成し全戸配布し、個々の住宅が過去に浸水した実績を目の当たりに知ってもらおうと考えた。

それ以上の大きな津波が襲来しないとはいえないので、過去の浸水域以外がグリーン（安全）ではもちろんない。しかし、過去の浸水域にある住宅は「お宅は過去に浸水しているレッドカードですよ」と強く自覚を促すことができる。

自治体が持つ浸水域図や古老の聞き取りなどで、多額の費用をかけずにできる。「できることは即実行」を信念とする本田氏は、調査結果の公表と同時に沿岸市町村を回り、実施を説得した。

なお、90％以上の世帯で指定避難場所を知っているものの、指定避難場所への避難者は１９８９年が51・４％、１９８４年が40・１％、今回が29・９％と減少し、避難先は親戚・知人宅が47・２％と多い。指定避難場所が屋外であったり、暖房がないなど避難場所の改善も課題であることも示された。

ところで、消防防災課が経常経費を節減し30万円を捻出して取り組んだ画期的な産学官連携に対し、当局からは予算の裏付けもなく、行政が民間？と組むのはけしからんと叱責を受けたという。隔世の感がある。

8割以上「避難せず」

県内2700世帯調査

薄れる危機意識

「自分の所は安全…」

二月十七日のニューギニア沖地震に伴う津波警報発令で、県と岩手大などが共同で実施した住民意識調査の結果が十四日、まとまった。調査した約二千七百世帯のうち避難世帯は約五百世帯にとどまり、八割以上の世帯が避難していないことが分かった。しかも、避難世帯のうち、指定避難所に向かったのは約三割、百五十八世帯と極めて低かった。住民からは、避難所への暖房設置など改善を求める声が強かった。

調査は岩手大工学部の斉藤徳美教授（地震工学）をチーフに実施した。大船渡市、陸前高田市、三陸町、大槌町、田老町、岩泉町、田野畑村の計約四千世帯を対象に行い、約二千七百世帯から回答を得た。

家族全員が避難した世帯数は二百八十四世帯で、全体の約一割。家族の一部が避難した世帯を合わせても四百九十三世帯で、二割にも満たない結果となった。

避難しなかった住民の約七割は「自分の所は安全だと思った」と回答。揺れを伴わない遠地地震津波に対する危機意識は、歳月の経過とともに希薄になっていることを裏付けた。

斉藤教授は「今回の調査では、四分の一の世帯の住居が海面から一〇メートル以下の位置にある。たとえ空振りであっても、命を守るためには、まず避難するべきだ」と忠告する。

同教授は、低い避難率の要因として指定避難所の設備の不備を指摘する。県消防防災課によると、沿岸十

2月のニューギニア沖地震に伴う津波警報発令で避難所で暖をとる住民。抜本的な防災対策が求められる＝宮古市・鍬ケ崎小

県・NHKと共同調査

避難率の低さを伝える岩手日報
（1996年5月15日付）

17 県、津波防災マップ配布

ニューギニア沖地震津波の際に行った住民意識・行動調査の結果を公表したのと同じ1996年5月14日、県の本田敏秋消防防災課長は三陸町役場で沿岸市町村等消防防災主管課長会議を開催した。沿岸14市町村と県の防災関係者が、調査結果を中心に、津波防災への取り組みについて意見交換した。

本田課長は、一部の市町村で作成されている過去の津波の浸水域を示した「津波防災マップ」を、沿岸市町村共通の基準の下で作成することを提案した。

津波防災マップは、三陸地震津波やチリ地震津波など過去に大きな災害をもたらした津波の浸水域や避難場所などを地図に示したもので、沿岸14

市町村のうち9市町村が何らかの形で作成している。宮古市のように、市内の14カ所の危険区域を個別に示したものや、野田村で計画中の航空写真を利用したものなど形態はさまざまで、中には作成に慎重な姿勢を示す自治体もある。

「浸水域図は、過去の災害履歴を示す沿岸14市町村共通の情報であり、全市町村が一体となって取り組むことは住民の防災意識の高揚につながる」として、共通基準のマップの作成が進められることになった。

作業は迅速であった。県の強力なリーダーシップと市町村実務担当者の熱意がかみ合った結果であろう。過去の文献・資料収集や津波体験者などへの聞き取り調査などに基づく津波浸水域と避難場所を記した14市町村別の「津波浸水域マップ」が、1997年12月に公表された。

マップは1市町村に1枚、2・5万分の1(市街地は1万分の1)でA1判。図には1896年明治三陸地震津波、1933年昭和三陸地震津波、1960年チリ地震津波の浸水区域がそれぞれ赤・青・緑色で示され、そのうち最大の浸水域が空色で塗られてわかりやすく示されている。多くの区域では明治の津波の浸水域が最も広いものの、昭和の津波やチリ地震津波がより内部に浸水した場所もある。

図には、居住地別の避難場所や市役所、病院、警察署などの関係機関も盛り込まれ、津波以外の災害にも対応できる形になっている。

マップは▽津波警報時の迅速な避難を促す▽津波に対する正しい知識を身に付ける▽防災教育の教材として利用▽観光客などの避難対策に活用する―など広い用途が見込まれる。

沿岸の約10万世帯にすべてに配布し、全体事業費は約980万円でこのうち県が200万円を負担した。

ところで、従来の役所では、ブツを作成して配布するとそれで役目は終わったとされることが少なくなかった。「津波防災マップ」の作成の目的は、適切な避難場所に適切に迅速避難して、犠牲者をできるだけ少なくすることである。ただ配布しただけでは、押し入れにしまい込まれたり、壁に貼ってもそのうち色あせ、忘れたころの津波で災禍を繰り返す羽目になってしまう。

ではどうしたらよいのか。筆者は、住民からの「自宅がどの程度危険かの情報を正確に示してほしい」との要望に応えて、浸水域の住宅にはレッドカードを貼ることを提案した。そして、その他の住宅が安全と保障するものではないことも含めて、公民館などで住民と膝を付き合わせての勉強会を泥臭く繰り返し、理解を深めるしか手立てはない。それは予算がなくとも地元自治体の職員の使命感で実行できる。それに加わるのは、地域に貢献する研究者の役割の一つでもあると考えた。

しかし1998年春、岩手山で火山性地震が頻発、噴火危機対応に翻弄《ほんろう》されることになり、落ち着いた2004年以降は大学の法人化対策に傾注せざるを得ず、津波対策は不完全燃焼のまま大学を定年退職した。

そしてあの東日本大震災の惨禍に直面した。斬《ざん》鬼《き》に堪えない想《おも》いである。一方、本田課長を含めて自治体の担当は短期間で異動になり、引き継ぎは行われても想いは蓄積されがたい。「津波防災マップ」は生かしきれなかったと悔しい思いがつのるのである。

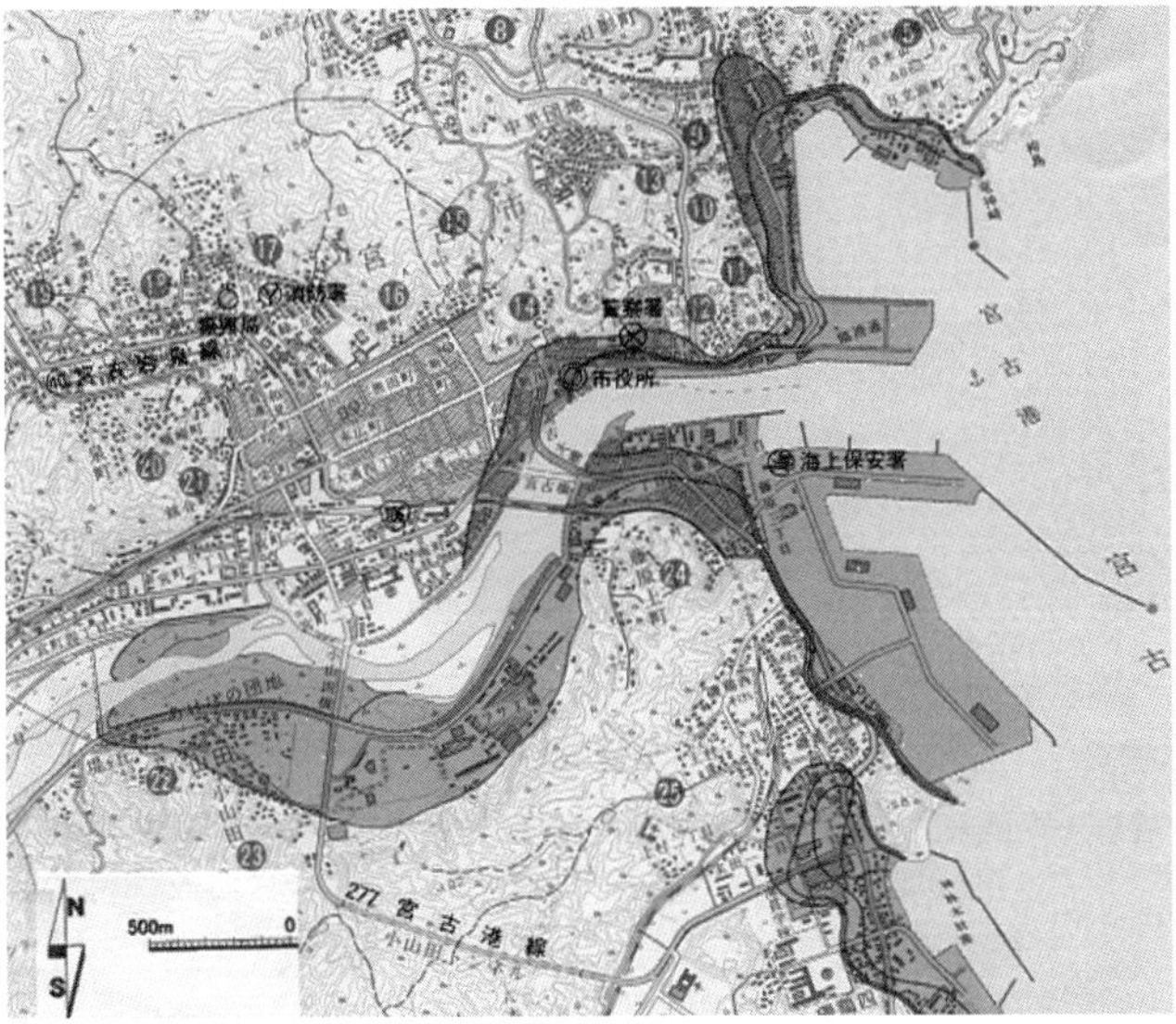

過去の浸水域を表示

津波防災マップの一例である宮古市の市街地域付近、○数字は指定避難場所

18 県、津波避難対策指針を策定

１９９７年３月に、国土庁（現内閣府）・消防庁・気象庁が津波浸水予測図の作成手法等を解説した「津波災害予測マニュアル」を作成したことを踏まえて、１９９９年３月、国土庁は全国沿岸の「津波浸水予測データベース」を整備した。

また、１９９９年４月から気象庁は、定量的に津波の高さや到達時刻を具体的に表現した津波予報、すなわち、「津波注意報」（高いところで０・５メートル程度）、「津波警報・津波」（同２メートル程度）、「津波警報・大津波」（同３メートル程度以上）を発表することになった。

これらを基に、県には避難計画の指針を策定し、津波浸水予測図を作成し公表すること、市町村には具体的な避難計画を策定することが求められた。そこで県は2001年9月に本県における津波避難対策の基本方向について検討する「岩手県津波避難対策検討委員会」を設置した。

委員は岩手県立大教授、東北地方整備局三陸国道事務所、同釜石港湾工事事務所、釜石海上保安部、盛岡地方気象台、岩手県総務部、同農林水産部、同県土整備部、宮古市、久慈市、大船渡市、田老町の担当者、それに沿岸の消防団長、防災会長、防火クラブなどの住民代表で構成された。会長は、わが国の津波研究の第一人者である首藤伸夫県立大総合政策学部教授である。

2001年10月に県が沿岸の避難対象地区5千人を対象にしたアンケート調査では、回収率が約35%と低いが、約42%が1997年配布した「津波防災マップ」の存在を知らないと答えるなど、防災意識が醸成されていないことが示されている。

委員会では、2002年10月まで5回の会議を開催し、今後の津波避難対策の基本的方向をまとめた。その柱は、▽津波避難計画の作成（津波浸水予測図、津波避難計画の作成）▽津波情報等の収集・伝達体制の整備（津波予報伝達体制の整備・充実、津波観測機器の有効利用）▽津波避難体制の整備（避難標識の整備・統一化、一時避難場所・避難経路の選定、避難施設の整備、要援護者対策）▽津波防災の啓発（防災教育の充実、避難訓練の実施）—である。それぞれに、短期目標（おおむね3年以内に実施）、中期目標（同6年以内に実施）、長期目標（同10年以内に実施）事項が掲げられている。

津波シミュレーションおよび被害想定調査の結果は2004年11月に報告書がまとまり沿岸14市

町村別の津波浸水予測図が初めて公表された。

　明治三陸地震津波、昭和三陸地震津波および２０３３年までに発生する確率が99％と想定される宮城県沖連動地震津波を対象としている。市町村ごとの浸水予測図は、２・５万分の１で、40メートルメッシュ（人口密集地などは１万分の１、10メートルメッシュ）ごとに、津波防災施設の効果がある場合と、河口部を除く河川堤防および津波防波堤のみ機能した場合を対象とした。

　そして、３想定地震での最大浸水深を、50センチ未満、50センチ以上１メートル未満、１メートル以上２メートル未満、２メートル以上４メートル未満、４メートル以上６メートル未満、６メートル以上の６段階で表示している。また、各地震での最短影響時間（水位変化がプラスマイナス20センチ生ずるまでの時間）も記載されている。最悪の場合、全壊家屋１万７６２８棟、死者１２９５人と推定している。

　浸水予測図に加えて、津波の発生から伝播《でんぱ》する様子を示す津波発生伝播ＣＧ（動画）、市街地を津波が遡上《そじょう》する様子を表現した市街地モデルＣＧも作成された。

　コンピューターで作成された予測図は、絶対的なものと過信されがちだが、地震の発生場所・規模を一定の条件としたもので、避難場所など対策を講ずる上での目安である。東日本大震災では想定以上の区域が浸水し多くの犠牲者を出す結果となった。

　被害想定がどう生かされ、策定された津波対策がどこまで実行され機能したか、当時、岩手山噴火対策に当たっていた筆者には掌握できていないが、その検証は十分とは思えない。再び災禍を繰り返さないために何をなすべきか、改めて問い直す必要があると痛感する。

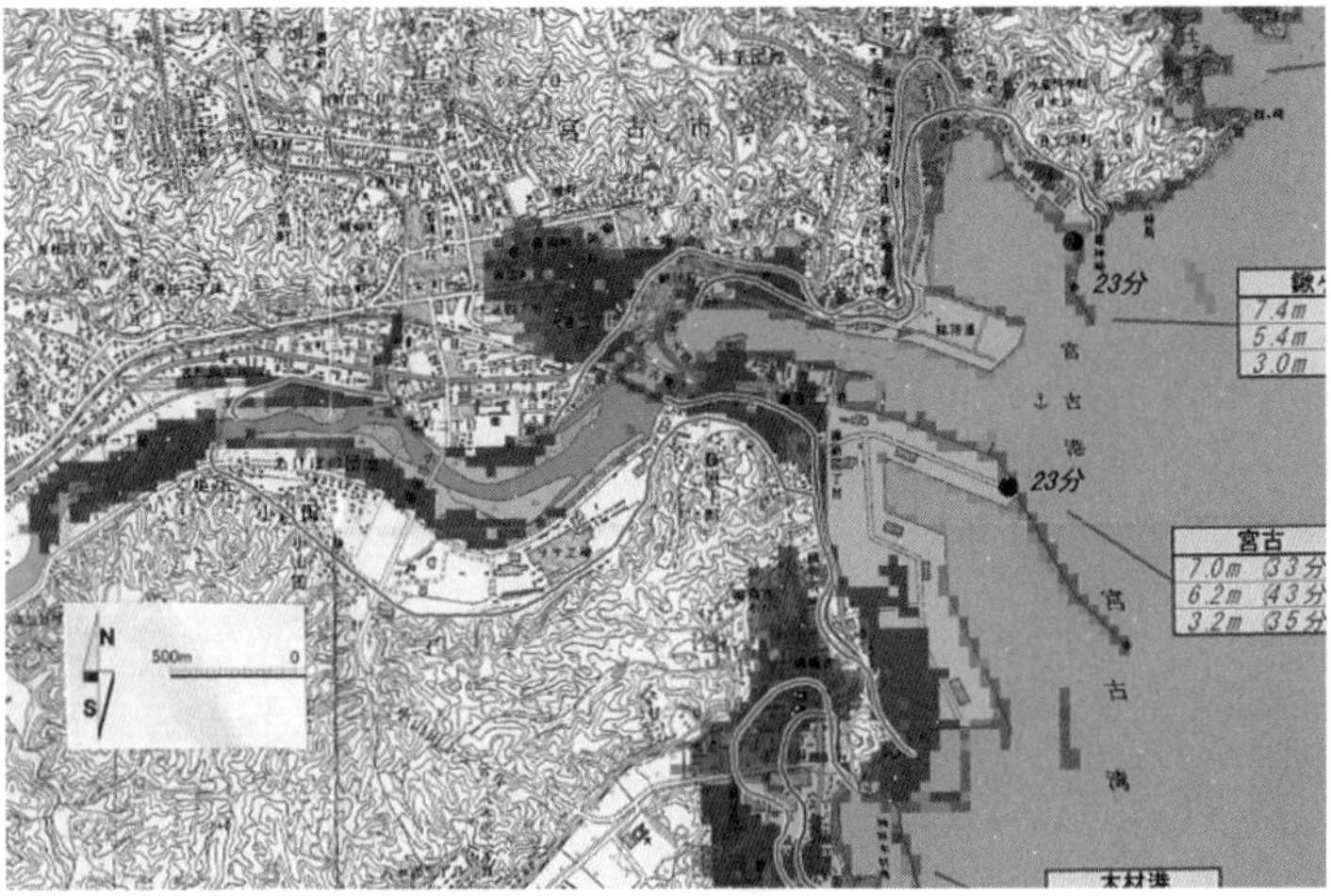

浸水予測図も初公表
シミュレーションによる津波浸水予測図の一例＝宮古市街地付近

19　2004年スマトラ島沖地震津波

２００４年12月26日午前7時58分（現地時間）にインドネシアのスマトラ島、バンダ・アチェ沖で発生したマグニチュード（M）９・０の地震で大津波が発生し、インドネシアをはじめインド洋沿岸諸国で、死者・行方不明者23万人余と膨大な数の犠牲者を出した。津波災害の多い日本でも最大の規模は明治三陸地震津波の約２万２千人で、スマトラ沖地震津波の犠牲者はその10倍を超え、衝撃的ですらあった。

記録に残る過去最悪の自然災害は、１９３１年7月から8月にかけて中国のアジア最長の長江（長さ約６３００キロ）と淮河《わいが》が氾濫、犠牲者が１

00万人とも400万人ともいわれる中国大洪水である。また、地震災害では、1556年1月23日に中国の陝西《せんせい》省で発生したM8・0の地震で、約83万人が犠牲になっている。これらには及ばないが、世界の自然災害での犠牲者の史上最悪ランキング第10位に位置する大災害であった。

スマトラ島沖では、インド・オーストラリアプレートがユーラシア大陸プレートに沈み込んでおり、海溝型地震の多発地帯である。海溝の西側が隆起、海溝から少し離れた東側が沈降し、西側のスリランカやアフリカには最初に押し波が、東側のタイなどには引き波が押し寄せた。

最も被害が著しかったのは、スマトラ島で、気象庁震度階で5強から6弱の強い揺れが数分間続いたあと、15分程度で津波の第1波が襲来した。バンダ・アチェから20キロほど離れた半島では、48・9メートルの痕跡高が確認され、居住地の近郊を襲った津波としては世界最高記録かも知れない(石垣島に85メートルという碑があるが、信ぴょう性は不確か)。

インドネシアの死者は約12万7千人、行方不明者は約3万7千人に上った。

一方、津波はわずか2時間程度でインド洋沿岸やスリランカに到達した。スリランカでは、10メートルを超える津波に、海岸沿いではレンガ造りの住宅からなる集落がなぎ倒された。死者は約3万9千人、行方不明者は約5千人という。インドでは約1万人が死亡し、約5千人が行方不明となった。

タイにも約2時間で津波が襲来した。プーケット島など海岸リゾート地には海外からの観光客が多数訪れており、午前10時頃という時間帯もあり水泳を楽しんでいたが、突然の津波に多数の人的被害を生じた。

海外からの観光客の犠牲者は、スウェーデン人が560人、ドイツ人が552人、イギリス人が149人、スイス人106人など、47カ国で285人に上った。日本人の犠牲者も44名を数え、海外観光における自然災害への気配りも必要なことを思い知らされた。

インド洋沿岸では、1883年インドネシアのクラカタウ火山の噴火で、火砕流で2千人のほか、津波で3万6千人が犠牲になった事例があるが、既に120年余を経過。そのため周辺諸国の住民には津波に関する認識がほとんどなかったものと推測される。また、発展途上国ゆえ、地震計や津波計などの観測機器の設置も不十分で、津波警報システムも整備されていないため、多くの住民は不意打ちの襲来を受け、多大な犠牲者を出すことになったのである。

23万人余という莫大な犠牲者にもかかわらず、日本での反応はいまひとつであったよう筆者には感じられた。日本は観測体制が整備され、対策も進んでおり、大きな犠牲は発展途上国のよそ事と過信したのであろうか。

それにしても「他山の石」として生かされず、東日本大震災で2万人余の犠牲を出すことになった事態は残念でならない。

実はスマトラ地震の直後に、堅苦しい防災シンポジウムではなく、災害文化の一つに位置付けた「津波防災漫談」を山下文男氏とコンビで行うことにしていた。釜石市の会場でのポスターもできていたが、多くの犠牲者に失礼と中止したことを思い起こす。

死者2万2千人超す

スマトラ沖地震津波 史上最悪の

【コロンボ27日共同＝古池一正】二十六日に起きたスマトラ沖地震の津波の被害は二十七日、インド洋沿岸各国
拡大、ロイター通信によると、死者の合計は約十カ国で二万二千人を超えた。一八九六（明治二十九）年の明治三
地震（約二万二千人死亡）を上回り、地震による津波として史上最悪の惨事となった。日本人は、タイ南部で八人
行方不明となるなど二十人以上の安否が未確認。津波の経験が少なく、地震・津波の国際的情報網が確立していな
各国が直撃され、救援活動も難航、犠牲者がさらに増えるのは必至だ。

【関連記事3、4、20、21面に

27日、津波で流されてきた残骸で埋め尽くされた海岸＝タイ・パトンビーチ（ロイター＝共同）

スマトラ沖地震の主な国別死者数

邦

23万人余もの犠牲者

津波で流されてきた残骸に埋まるタイ・パトンビーチ＝2004年12月28日付岩手日報

20 2010年チリ地震津波

2010年2月27日午前3時34分（日本時間同午後3時34分）に南米チリ中部の沿岸で、マグニチュード（M）8・8の巨大地震が発生し、青森県から宮城県にかけての三陸沿岸に初の「大津波警報」が発表された。

チリの沖合では、太平洋側のナスカプレートが大陸側の南アメリカプレートの下に沈み込んでおり、海溝型の巨大地震が繰り返し発生してきた。今回の地震では、チリ沿岸に平均5～8メートル（最大痕跡高さ約28メートル）の津波が襲来し、建物の倒壊などによるものと合わせて800人以上の犠牲者を出した。

1960年にはM9・5という世界最大クラスの地震で、津波が日本にも到達し142人が犠牲になったことは記憶にも新しい。2010年はくしくも、50年目の節目に当たる。各地で避難や災害対応訓練など行事が計画されていたのである。

日本では、同28日午前8時30分に気象庁が会見を開いて、同11時すぎの津波警報の発表を予告していたが、ハワイで2メートル近い津波が観測されたことから、同9時33分に青森県太平洋沿岸、岩手県、宮城県に「大津波警報」（高さ3メートル）を発表した。併せて、北海道から沖縄県の太平洋沿岸など広範囲に津波警報を発表した。

この発表を受けて、岩手県沿岸12市町村は避難指示を発令した。気象庁によると、津波の第1波は午後2時8分に釜石に到達、同5時1分に久慈港で1・2メートル、同6時25分に宮古で70センチの津波を観測した。

気象庁の検潮所は全国に171カ所あるが、市町村などが設置しているものも300カ所ある。山田町織笠漁港の水圧式水位計は同6時50分に1・61メートルの潮位変化を、大槌町大槌漁港の超音波潮位計は同3時43分に1・45メートルの津波を観測している。

一方で、国土交通省などの調査では宮古湾奥で海面から2メートルを超える高さに津波の痕跡を確認。宮古市津軽石川の河口では、カキむき作業小屋6棟が1・3メートルの高さまで浸水し、午後4時頃には2・6メートルの水位変化があったことを監視カメラが捉えている。第1波到達後2～3時間以降に気象庁の公式記録よりも高い津波が到達していることがわかる。

本県だけで養殖施設や水産物に16億円以上の被

害が出たが、幸いにして人的被害は生じなかった。しかし、本県初の「大津波警報」にもかかわらず、避難には課題が露呈した。県によると、沿岸12市町村は計3万1635世帯、8万3001人に避難指示を出し、ピーク時には計7898人が地域の学校や屋内の避難場所に避難していた。指定避難場所に避難したのは1割にも満たないのである。

もっとも、釜石市を対象に、群馬大学が行った調査では（対象8491世帯中、回答2334世帯、回収率27・5％と低いが）、津波から逃れるために自宅外に避難したとする世帯が35・5％あり、指定避難場所以外に避難した住民が一定数いたことがわかる。

指定避難場所に避難しなかった理由として▽避難場所が寒かったりして不便▽避難が長時間になることを予想してより快適な場所を選んだ―と回答した住民も多かった。実利的な選択ともいえる一方で、被災時に指定避難場所にいない人が多いと、行政が安否確認するのが難しくなるとの課題も残る。

また今回の津波は遠地津波で、第1波の到達後、しばらく時間がたってから最大波が到来した。テレビなどで、第2波、第3波への警戒が呼びかけられたが、小さな第1波に安心して帰宅する住民も少なくなかった。津波注意報の解除が1日午前10時15分と警報が長引いたこととともに、住民の早期帰宅にも課題を残した。

そして、1年後の東日本大震災での被災。このチリ地震津波が大津波警報にもかかわらず、予想より小さく済んだことが「毎回予想よりも小さい、今回もたいしたことはない」との過信を強めた可能性がある。皮肉な巡り合わせのように筆者には思えるのである。

追に津波1.45メートル

久慈1.2メートル、宮古0.7メートル

本県初の大津波警報

南米チリで27日に発生したマグニチュード（M）8・8の巨大地震で28日、北海道から沖縄の太平洋側各地に津波が到達した。大船渡町によると、大船渡港で1・45メートルの津波があった。気象庁は、久慈港と高知県の須崎港で1・2メートル、仙台港で1・1メートル、北海道根室市の花咲港で1メートル、八戸港で90センチの津波を観測。花咲港や久慈港、長部港、両替港、気仙沼港などで冠水した。気象庁は、3メートルの津波の恐れがあるとして午前9時33分、青森県から宮城県にかけての三陸地方の沿岸部に大津波警報を発表した。同警報は本県で初。約9時間半後の午後7時すぎ、津波警報（予想される津波高さ1～2メートル）に切り替えた。

8万2000人に避難指示 県内

警察庁によると午後6時現在で、人的被害の情報は入っていない。

千葉県鴨川市の加茂川河口では、海からの波が川をさかのぼる現象が確認された。津波の影響とみられる。

共同通信のまとめでは、本県など10都道県の計約18万9千世帯（本県は約3万1千世帯）、約49万9千人（同約8万2千人）に避難指示が出た。公設の避難所に避難した人は少なくとも3万人。北海道から九州にかけての太平洋沿岸を中心にJRが運転を見合わせるなど交通機関に影響が広がった。

気象庁は、三陸地方以外の太平洋沿岸全域と日本海沿岸の一部には津波警報を、北海道のオホーツク海沿岸や中四国の瀬戸内、九州の一部沿岸などには津波注意報を出した。

大津波警報が発表されたのは北海道・奥尻島が津波に襲われた1993年の北海道南西沖地震以来で、警報基準ができた52年以来4回目。

初めての大津波警報

海水が市街地に流れ込んだ陸前高田市気仙町＝2010年2月28日午後4時（3月1日付岩手日報）

21　東日本大震災発生

２０１１年3月11日午後2時46分に発生した東北地方太平洋沖地震による津波で、岩手県だけでも6千人を超える死者、行方不明者を出した。

岩手大構内の放送大学岩手学習センターで地震に遭遇した筆者は、長い大きな揺れに、想定された宮城県沖地震ではない、大津波と直感した。

ともかく情報が欲しい。しかし、停電で手持ちのトランジスタラジオしか情報源はない。そうだ、テレビ局なら自家用電源もあり、状況がわかる。県庁は？　災害対策本部を立ち上げているにしても、今は混乱状態だろう。

普段から特番などで共に減災に取り組んできたＩＢＣ岩手放送に向かった。信号機はすべて消えていたが、車も少なく街は異様に静かであった。IBCに到着したのは午後3時半過ぎであったろうか。

報道部は喧噪《けんそう》の中にあった。阿部正樹社長、武田敏哉報道局長ら重鎮が顔をそろえ、室の一角には臨時の生放送用のコーナーが造られ、村松文代アナらが慌ただしく震災関連情報を伝えていた。壁面のモニターにはキー局各社などからの映像が映し出されていたが、被害状況などはわからない。沿岸からの情報もなかなか入ってこず、メモ用のホワイトボードも埋まらない。

長年津波防災に関わってきて、この直面した事態に何をしなければならないのか、何ができるのか自問したが、地震発生から1時間近く過ぎ、おそらく津波は既に沿岸を襲い大惨事が起きていることは間違いない。呼びかけても、停電でテレビも見られず、情報は届かないのだ。何もできないと無力感に襲われるしかなかった。

同3時32分に、気象庁は当初3メートルとした津波高さを10メートルに修正していたので、「大津波だ、高台へ避難を、第1波より後の波が高いから警報解除まで戻るな」と繰り返してくれと浅見智アナに伝えていたが、直接画面に出させてもらって自ら絶叫すべきではなかったか。生涯で二度と遭遇しないかも知れない大災害、まさに非常時である。地域防災に携わってきた地元研究者として、この時こそわめき散らすべきではなかったかと悔いが残る。

時間が定かではないがモニター画面（NHKであったか？）には、仙台平野を遡上《そじょう》する津波の映像が映し出された。広大な仙台平野を、家々をなぎ倒して遡上する津波。大学時代から15年間を仙台で過ごし、荒浜の海岸も閖上《ゆりあげ》の街並みもなじみの場所であった。仙台平野がこんな状況では、三陸沿岸は壊滅的であろう。三陸地震津波で集落が全滅したモノクロ写真の絵が目に浮かぶが、ビルが立ち並ぶ今の被災の姿は想像できない。

日が落ちても情報は断片的で、午後6時現在でも死者10人、行方不明2人、新仙人道路で落橋（これは誤報）程度の情報。被害が大きいほど被害の詳細は伝わってこないのである。

生出演で解説をといわれていたが語るべく材料もなく、ようやく送られてきた宮古港に流れ込む津波の映像を繰り返し見ながら、同7時すぎから直接呼びかけさせていただいた。

「私たちは出会ったことのない大災害に遭遇している。まだ余震が続き、大きな津波も襲ってくる。避難した方は自宅などに絶対戻らないで。今はただ生命を、安全を守ることだけに集中して！」

既にとてつもない犠牲者が出たことは疑いの余地がなく、ショックは隠しようがない。後日見せてもらった番組のビデオにはヘルメット姿の憔悴《しょうすい》しきった青黒い顔が映っていて、ぶざまであった。

その後、テレビ岩手の特番にも出演。県の災害対策本部に顔を出して自宅に戻った。

余震におびえるサイトー犬、ポチコ・ハナコ、家内と4人・匹が服のまま居間に横になった。モニターでの津波の映像が目に焼き付いて離れない。一体何万人が亡くなったのか。そしてこの巨大地震は一体何なのか。もっと大きな人知を越えた地球の息吹が起こるのではないか。

言い知れない恐怖に体が震え、歯がガチガチとなって止まらない。一睡もできず明るくなるのを待った。

避難の訴えもできず
震災当日、IBCテレビで解説する筆者（右）

22 東日本大震災の津波被害

地震発生の３分後の午後２時49分に気象庁は大津波警報を発表した。予想される津波の高さは、岩手県・福島県で３メートル、宮城県で６メートルであった。その後３時14分、岩手県・福島県は６メートル宮城県は10メートル以上に、さらに同32分には岩手県・福島県・千葉県が10メートル以上と引き上げられた。

大津波警報の発表を受けて、多くの沿岸市町村は間髪を入れず避難の指示を発令した。大船渡市・釜石市・宮古市・田野畑村・野田村・久慈市・洋野町は午後２時49分、岩泉町は２時50分と警報の発表とほぼ同時と迅速であった。

検潮所の記録では、第１波として午後３時11分に、釜石港で１・19メートルの引き波、同13分宮古港で１・０メートルの引き波を観測。釜石港では同21分に４・２メートル以上、宮古港では同26分に８・５メートル以上の高い津波を観測した（気象庁技術報告・１３３号）。

「東日本大震災津波からの復興―岩手県からの提言（２０２０年３月）」にまとめられている被害の概略を記す。岩手県沿岸での最大浸水高は釜石市両石湾の18・３メートルで、各地を同10～15メートルの津波が襲った。最大遡上《そじょう》高は大船渡市三陸町綾里南側湾口の40・１メートルで、これはこれまで観測された最高値である。

死者数は直接死４６７４人、間連死４６９人、行方不明者１１１２人、人的被害は合計６４６５人（沿岸部６２９０人）である。家屋の被害は、全壊・半壊合わせて２万６０７９棟（沿岸部２万４２３３棟）に及び、公共土木施設の被害は２５７３億円、産業被害は８２９４億円、㈱日本政策投資銀行による推定資本ストック（社会や企業が整備した社会資本の量）の被害額は実に４兆２７６０億円に上ると推定されている。

津波によって浸水した地域の人口は約８万８千人で沿岸市町村の全人口の約３割を占め、避難者数はピーク時には約５万４千人を数えた。

沿岸12地町村の人的被害者数・同対人口割合を以下に示す。

- 陸前高田市　１８０８人　７・８％
- 大船渡市　５０１人　１・２％
- 釜石市　１１４６人　２・９％
- 大槌町　１２７３人　８・３％
- 山田町　８３２人　４・５％

・宮古市	602人	1・0％
・岩泉町	10人	0・1％
・田野畑村	40人	1・0％
・普代村	5人	0・2％
・野田村	58人	1・3％
・久慈市	15人	0・0％
・洋野町	0人	0・0％

警報も避難指示もない明治三陸地震津波に比しては少ないものの、ありとあらゆる対策を講じてきたのになぜ6千人を超える犠牲を出したのか。後に詳述するが、筆者の思うところを掲げておく。

①高さ3メートルの津波予報

高さ10メートルと修正された時刻には、津波は既に到達していた。3メートルという情報で避難が遅れて犠牲になった方が何人いるか正確な調査は不可能であるが、生存者の証言から影響があったことは確実である。咎《とが》を問えるものではないが、気象庁長官には、せめて被災地で弔意を表してほしいと筆者は思ったものである。

②浸水予測を超える浸水

明治・昭和の津波などを想定した浸水予測域を超える津波の規模であった。特に陸前高田市では高田町法量で17・3メートルの津波が襲い、一次避難場所67カ所内33カ所が浸水、市民会館や市民体育館など9カ所で推計303人から411人が犠牲になったとされる。浸水予測図はある一定条件下での目安で絶対ではない。状況に応じてより高い所へと避難する心構えが改めて求められる。

③避難指示の不徹底と意識の低下

避難の勧告・指示が発せられなかった大槌町では、犠牲者は対人口比率8・3％と最も高くなった。一方で、今回の強い揺れは、警報や避難指示などの情報が伝わらなかったにしても、目の前で「避難しろ！」というピストルの号砲が鳴ったに等しい。にもかかわらずと、悔しい思いが募るのである。

県内の犠牲6千人余

釜石市を襲う津波をぼうぜんと見つめる住民
（岩手日報社刊、「平成の三陸大津波」から）

23 これまでの津波防災対策

究極の津波対策、すなわち「町をすべて高台に移転あるいは町を巨大な防潮堤で囲むこと」は不可能であるが、昭和三陸地震津波以降、ハード、ソフト共に考えられる津波対策はすべて手を打ってきたといっても過言ではない。

1998年に過去の津波浸水域を示した津波防災マップ、2004年にはコンピューター・シミュレーションによる浸水予測図が取りまとめられた。

ハード対策としては、湾口防波堤、防潮堤、河川堤防、水門・陸こう、避難道路、避難場所、避難タワー、避難ビル、防災行政無線、潮位計などの建設や整備。ソフト対策としては、情報伝達システムの構築、避難訓練の実施、自主防災組織の育成、津波防災意識の啓発（シンポジウムや勉強会の開催、記念誌・ビデオ・紙芝居・カルタなどの作成）、学校での防災教育、津波文化の醸成など多岐にわたる。

最も大規模な施設は、湾の入り口で津波の勢いを軽減するための湾口防波堤である。大船渡湾口防波堤は開口部２０２メートルを挟んで北堤２４４メートル、南堤２９１メートル、19億円の工費をかけて１９６３年に完成した。

釜石湾港防波堤は、最大水深63メートルの海底に捨石とケーソンを設置したもので北堤９９０メートル、南堤６７０メートル、最大水深の防波堤としてギネスブックによる世界記録に認定されている。１９７８年から30年の年月と１３００億円の費用をかけて建設された。

東日本大震災ではいずれの防波堤も津波に乗り越えられ破壊された。釜石湾口防波堤は、港に押し寄せる津波の高さを５メートル程度低減させ浸水を６分ほど遅れさせ、人的被害の軽減に役立ったとの試算もあるが、ハード面での防災には限界があることも示された。

また、万里の長城とも称された海面からの高さが10メートルの田老の巨大防潮堤も、高さ16・３メートルの津波に乗り超えられて、同地区だけで１８１人以上の犠牲者を出した。

一方、１９４７年から40年間普代村の村長を務めた和村幸得の尽力で１９６８年完成した太田名部防潮堤（高さ15・５メートル、長さ１５５メートル）は、到達高11・６メートルの津波から背後の１００戸余の集落を守り切った。同じく、１９８４年に完成した普代水門（高さ15・５メートル、長さ205メートル）は、津波に乗り越えられはしたものの勢いを弱め、普代村中心部は被害を免れた。構造物が一定の役割を果たした事例である。

ところで、筆者は岩手大学に赴任した1978年以降、津波防災に関わる新聞報道などはすべて切り抜き保存してきた。改めて見返すと実に膨大かつ多様な対策が行われ、報道機関も意識啓発に努めてきたことがわかる。以下に、明治の津波から100年目に当たる1996年の岩手日報の記事のいくつかを例示する。

「潮位の変化瞬時に　超音波センサー利用」（3月26日）釜石市で潮位観測システムが整備。

「自主防災組織が活躍　連携しお年寄り誘導」（5月27日）大船渡市のチリ地震津波を教訓とした避難訓練で、自主防が災害弱者誘導。

「地域防災住民の手で　陸前高田の沼田地区　避難場所に防寒対策」（5月28日）住民が避難場所に毛布を集めたりストーブを購入するなどの寒さ対策。

「津波避難場所を総点検　釜石市、安全性など問い直す」（6月3日）明治の津波から100年を契機に釜石市が避難場所を総点検。

「津波避難怠るまい　釜石の佐々木さん　手づくりの小屋建てる」（6月13日）住民が独自に避難小屋建設。

「明治大津波の浸水図作製　大船渡消防署三陸分署　古老を訪ねて聞き取り調査」（8月11日）三陸町の浸水域図を作製。

「貴重な体験記録集発刊　釜石両石老人クラブ」（10月22日）昭和の津波を体験したお年寄りが63年を経て体験を証言。

「津波の恐ろしさ知って　岩泉署　広報ビデオ独自制作」（11月2日）

ハード、ソフトの両面から、行政、住民がそれぞれに津波対策に力を入れてきたにもかかわらず、なぜ甚大な犠牲を出したのか、検証が求められる。

手はすべて打ったが

背後の集落を守り切った高さ15・5メートルの太田名部防潮堤（2019年4月4日、筆者撮影）

24 県災害対策本部支援室の対応

2011年3月11日午後2時46分、東日本大震災の発災と同時に、岩手県は「災害対策本部（本部長・達増知事）」と「災害対策本部支援室」を立ち上げた。

発災の1時間後の午後3時45分には、第1回災害対策本部会議が開催され、知事から「人命最優先で対応すること」等の指示が出された。

県庁4階の総合防災室の隣に設置された支援室で、災害対応の実務を取り仕切ったのは、小山雄士総合防災室長と越野修三防災危機管理監である。1998年岩手山の噴火危機以降、防災畑を歩んできた小山氏と、阪神淡路大震災時に自衛隊で作戦部長を務めた危機管理のプロである越野氏の二人がタッグを組み緊急時の対応をけん引したことは、不幸中の幸いであったと思う。

小山室長は1999年には、防災ヘリコプター「ひめかみ」の運行管理を担う防災航空センター長で、自らも35キロのバッテリーを担ぎ、黒倉山等の観測機器の電池交換作業にあたった。その後、県消防学校長などを歴任し、発災の2年前に総合防災室長に就任した。何事も前例に従い、慎重に審議し、玉虫色の結論を出す役人像とは正反対の、必要なことは大胆に判断し実行に移すことができる熱血漢で、非常時の指揮官としてはうってつけの人物であった。

越野管理監は、阪神淡路大震災以降に、発生の可能性が極めて高いとされた宮城県沖地震を見越して、2006年に自衛隊から県が招請した。普段の温厚な優しいまなざしが、危機管理に関しては形相が変わる。「実戦」経験のなせる業であろう。そして、被災者の救援に力を発揮した自衛隊と太いパイプを持っている。自衛隊の活動の調整役としても絶大な役割を果たした。

2008年岩手・宮城内陸地震の反省に基づいて、越野管理監を中心に災害対応システムの見直しが行われていた。そして、災害時には全救助組織の代表が災対本部に集結し全情報をみなで共有し、活動を一体的に指示する体制がつくられた。発災の半年前の2010年8月には本番さながらの大規模訓練も実施。その結果として、消防、警察、海上保安庁、自衛隊、医療関係者と行政関係者が一体で動く機能的な体制が4階会議室に展開できたのである。

ちなみに、二人は、岩手ネットワークシステム

（ＩＮＳ）の「地盤と防災研究会」（第１部８章参照）およびその分科会の「岩手山火山防災検討会」のメンバーでもある。小山室長は12年余にわたって岩手山の火山防災体制の構築を目指した研究会に参加し、関係者と酒も酌み交わし、地域防災とは何かを実践的に学んできた。越野管理監も県庁に赴任以後は研究会に参加し、筆者や小山室長とも防災、危機管理について共通の認識が醸成されていた。

自衛隊はもちろん、ＤＭＡＴ（災害派遣医療チーム）の秋冨慎司医師ら行政職員以外の者を抵抗なしに受け入れる岩手独特のスタイルは、ＩＮＳの血をひいているのかもと筆者には思われた。

しかし、役場をはじめ警察・消防等行政機能が壊滅的な被害を受け、情報伝達手段をも失った現場の状況は掌握できない。孤立して救助を待つ住民、患者の移送や医薬品を求める病院からの要請にも、ヘリコプターは足りない、悪天候で北上山地を越えられない。燃料は枯渇し、県庁の自家発電すら危うい。不眠不休で戦いに臨んだ支援室の奮戦にも関わらず、助けられなかった多くの命があったことは事実である。こうすれば、ああすればよかった…。が、できなかったことも多く、支援室のメンバーには悔しさがつのったであろう、と筆者は思う。

筆者が忘れられないことが一つ。余震が続き津波の恐れもある。自衛隊の指揮を執るために県庁に常駐した第９師団長に懇願した。「最前線で救助にあたる自衛官にも妻子、家族がいます。万一の場合にすぐ避難できるよう情報連絡の確保をぜひお願いします」

師団長は一呼吸おいて応えた。「ありがとうございます。できるだけの体制は取ります。でも、これは私たちの使命なのですから」。返す言葉が見つからず、ただ頭を下げて退くしかなかった。使命感により尽力した多くの戦友がいたことを今も実感する。

危機管理のプロがけん引
2011年3月11日夜の県災害対策本部支援室
(左端が小山雄士室長、中央は越野修三管理監)
=いわて震災津波アーカイブから

25 後方支援基地・遠野

今回の大津波災害で不幸中の幸いであったことは、前述した危機管理のプロが災対本部支援室の指揮を執ったこととともに、遠野市が後方支援基地の役割を果たしたことである。

三陸沿岸が津波に襲われると、縦貫する国道45号は海岸の低地部分でズタズタに分断され、被災地は孤立する。いわば肋骨《ろっこつ》道路により内陸から救援に入るしかない。

遠野市は、国道３４０号を通じて宮古市へ、県道26号を通じて大槌町へ、県道35号を通じて釜石市鵜住居へ、国道２８３号を通じて釜石市街地へ、国道１０７号を通じて大船渡市へ、さらに国道３４０号を通じて陸前高田市へ約50キロ圏内にあり、被災時に沿岸各地を支援できる、いわば扇のかなめに位置する。

実は、必ずや襲来する津波に備えて、遠野市が沿岸の防災拠点の役割を担うことの必要性を、県消防防災課長だった本田敏秋氏と話し合っていた。そして、本田氏は久慈振興局長を経て、はからずも2002年4月に出身地である遠野市長に就任。強力な指導力のもとに、防災拠点構想は現実的な施策として動き出すことになった。

2007年2月18日に遠野市民センター大ホールで開催された防災フォーラムイン遠野では、筆者が「遠野市における地震災害、その可能性と大きさ」と題して講演し、「『日本のふるさと』遠野は岩手の防災のかなめになる」と、防災拠点としての役割を訴えたことを記憶している。

市は、運動公園を中心とした拠点整備構想をまとめ、整備促進を図るために、2007年11月19日「三陸地域地震災害後方支援拠点整備推進協議会」が設立された。遠野市と釜石市・宮古市・大船渡市・陸前高田市・住田町・大槌町・山田町・川井村（現宮古市）の9市町村が参加し、連携体制が構築された。

2007年9月2日には、内陸部で初めて沿岸部の津波災害を想定した岩手県総合防災訓練が実施された。宮城県沖で発生したマグニチュード（M）8・1の地震で遠野市は震度5強で市庁舎が被災、沿岸には津波が襲来したとの想定である。

県内87機関、8749人が参加。県は市総合福祉センターに総合調整所を設置、中継基地設置運営訓練・派遣訓練・救援物資仕分け訓練を実施。市は同センター内に災害対策本部を設置し、本部機能の確認や関係機関との情報連携を行うための訓練を展開した。

さらに、2008年10月31日～11月1日には、東北6県所在の自衛隊全部隊から約1万8千人が参加し、後方支援を想定した「陸上自衛隊東北方面隊震災対処訓練～みちのくALERT2008」が行われ、岩手・宮城両県の25市町村が参加した。遠野市運動公園には自衛隊車両約2300台、航空機43機、隊員約900人が集結し、被害状況の把握、行方不明者の捜索・救助、民生支援訓練などが行われた。遠野市民による後方支援炊き出し訓練なども繰り広げられた。

その後2009年、2010年にも自衛隊の偵察訓練や岩手・秋田・青森県警の訓練が運動公園などで行われており、いわば「迎え撃つ体制」を準備して東日本大震災津波災害に対峙《たいじ》できたことに、筆者は深い感慨を覚える。


2011年3月11日の発災直後から、広さ29ヘクタールの遠野市運動公園は自衛隊をはじめ広域支援部隊の一次集結・ベースキャンプとなり、支援物資の集積・分配、災害医療支援、ボランティア活動支援などに遠野市は後方支援の拠点として大きな役割を果たした。

今回の災害が残念で不幸な出来事であることはいうまでもないが、遠野市の後方支援拠点構想と実施訓練が行われていなかったら、より多くの命が失われていたことは想像に難くない。

活動の記録は『遠野市後方支援活動検証記録誌』として2013年9月に刊行されている。また、運動公園に隣接して「遠野市総合防災センター」が2012年7月に落成し、後方支援基地としての機能はさらに強化されている。再び機能を発揮する機会は望みたくないが、心強く思うものである。

準備を整え本番へ
2011年3月12日の遠野市災対本部会議（中央が本田敏秋市長）

26 岩手大現地調査チーム派遣

地元の大学の研究者として、学術的な研究のために現地調査を希求する気持ちは強くあった。浸水域、津波の高さ、遡上《そじょう》高、被害の地域特性など実態を把握しなければならない。

そして、いずれ、地域の復興をどう進めるか、復興計画の立案に大学の知見を生かすためにも、研究者の視点で調査が必要である。しかし、まずは人命優先、県の災害対策本部で協議を続けながら時期を待った。

発災から1週間、救助活動も区切りを迎え、2週間を過ぎると被災者への支援体制も道筋が見え始めた。そこで、越野修三防災危機管理監に大学研究者による現地視察を打診した。越野氏は自衛隊に連絡し、「いつでもいいです。自衛隊がマイクロバスを出します。必要なメンバーを集めてください」と快諾を得た。

岩手山の火山防災に携わり、防災に知見を有する越谷信准教授（現教授・地域防災研究センター長）、土井宣夫教授（現同センター客員教授）は被災直後から現地調査の相棒と考えていた。壊滅的被害を受けた沿岸地域の復興には、街づくりの視点が必要になる。都市計画を専門とする南正昭教授は、工学部旧社会環境工学科の同僚で、旧田老町の地域づくりにも関わっている。

以前から都市環境関係の公的委員会で話し合うことが多かった地域計画を専門とする広田純一教授（農学部、現名誉教授）も欠かせない。また旧社会環境工学科で海岸工学を専門とする小笠原敏記准教授（現教授）には、若手として今後津波から命を守るために取り組んでもらわなければならない。岩手大学として公的には初めての現地入りになることから藤井克己学長や各学部長に教員派遣の了承を取り付けた。

3月28日午前8時、達増知事の激励を受け、県庁前から陸前高田市に向けて調査団は出発した。調査には県立中部病院災害医療科の真瀬智彦科長（県DMAT統括）も参加。また、岩手日報社とIBC岩手放送の記者に全コースの同行取材を依頼した。調査の様子は新聞紙上やニュース番組で詳しく報道されたが、これらの教員を今後、復興支援に全力を傾注することになる岩手大学の顔として、世間に広く認知してもらう意図もあった。

陸前高田市は市街地の木造の家屋はすべて流失し、鉄筋コンクリートのビルがまばらに点在。道の駅タピック45は特徴ある三角屋根は形をとどめているが内部は破壊し尽くされ、4階建ての県立高田病院は4階まで窓ガラスが割れ、津波高が十数メートルと巨大であったことを物語っている。

はるか遠くの海岸が見通せ、浜風はさやさや、暖かい日差しと青い空、見知っている明治および昭和三陸地震津波の被災映像とも重ならず、何か非現実的な空間に立っているような感覚にとらわれた。一つの町が喪失した、これが現実の津波災害なのだとわが身に言い聞かせた。

大船渡市は、比較的高い国道沿いは被害が少ないが、市街地は流された家屋が折り重なり、家財道具や生活用品が開削された道路両側に積み上げられている。釜石市の大町商店街は1階部分まで水につかり、建物は残っているものの個人商店の再建は困難であろうと推測された。

1階部分が水につかった宮古市役所脇を通って午後5時過ぎに田老地区に入った。万里の長城と称された高さ10メートルの防潮堤に囲まれた田老は、高さ16メートルを超える津波で町並みは破壊され、家屋が折り重なっていた。残された堤防の上に立って、自然の息吹に改めて畏怖と畏敬の念を持たねばならぬ、ひとは今までも生かされてきたし、これからも生かされていくとの思いを強くした。

被害は想像通り甚大である。それでなくても疲弊する地域が、これだけ広域に壊滅的ともいえるダメージを受けて、復興の姿をどう描けばいいのか、暗闇の106号を重苦しい思いでバスに揺られて帰途についた。

4月初旬には、土井教授、斎藤剛技術職員らと北三陸、宮城県沿岸に足を運び、被害が多岐にわたりまた広大であることを実感した。

被害の甚大さを実感

田老防潮堤の上で被害状況を調査する筆者（右）と南正昭教授
（IBC岩手放送のニュース画面から）

27 県復興委・総合企画専門委の立ち上げ

発災から10日を過ぎ、救援や医療などの直接活動に目途がつき、復旧・復興の在り方にも視点が向けられることになった。3月21日達増知事から県政策地域部に復興計画策定の指示が出された。

筆者は平山健一元岩手大学長と共に、発災直後から岩手ネットワークシステム（ＩＮＳ）で旧知の大平尚政策推進室政策監や県職員と、復興計画の立案に関して意見交換を行っていた。

すでに県土整備部ではハード、施設の被害状況や防災効果の検証を進めつつあり、防潮堤など海岸設備の整備に関する「津波防災技術専門委員会」を立ち上げることにしていた。また、各部局もそれぞれ独自の事業を目指しており、縦割りでの事業が走り始めると収拾がつかなくなる危惧が感じられた。

そこで、各界の代表からなり計画をオーソライズする役割を担う「岩手県東日本大震災津波復興委員会」（以下復興委と略称）の下に、各機関を束ねて全体の復興計画を起草する専門委員会が必要と考えられた。

大平政策監はその取りまとめを行う委員長への就任を筆者に打診した。筆者は発災以降、長年津波防災に取り組みながら多くの犠牲者が出たことに、「いったい何をやってきたのか」と忸怩《じくじ》たる思いを抱いていた。しかし、大学も定年で退職し第一線から退いており、長期にわたる復興事業は体力も気力もある若い人に担ってもらうべきと考えていた。一方で、このまま退いたら悔いが残るとの思いの逡巡《しゅんじゅん》の中で、委員長を引き受ける決断をした。

委員には、岩手大学の現役教員から南正昭、広田純一両教授を推薦した。二人はこれまで地域づくりの活動を広く展開し、行政とも関わりが深い。何よりも疲弊する地域をどう復興するか、住民目線で事業を進めるべきとの視点を共有している。実は、自衛隊の引率による現地調査のメンバーとして二人に加わってもらったのは、復興計画の策定・推進を委ねたいとの意味合いがあったのである。

県からは岩手経済研究所主席研究員でＩＮＳの仲間でもある谷藤邦基氏、岩手県立大学総合政策学部の豊島正幸教授、そして、水産関係に詳しく大船渡市三陸町に臨海教育研究センターを有する北里大学海洋生命科学部長の緒方武比古教授が推薦された。

さらに、筆者は既に親委員会の委員に決定していた元岩手大学学長の平山健一名誉教授に就任を依頼した。復興計画は実質的に起草委員会でもまれ、親委員会に上げることになるが、その趣旨、いわばこころを説明して理解をいただく手立てが必要である。筆者が副学長としてお仕えした学長さんに平委員として加わっていただくのは僭越《せんえつ》と思ったが、趣意を訴えてご理解を得た。こうして、総合企画専門委員会（以下専門委と略称）は7人の委員で構成された。

発災から1カ月後の4月11日に藤井克己岩手大学長を委員長とする復興委が、同30日には専門委がそれぞれ第1回会議を開催、復興への計画づくりがスタートした。迅速な計画策定の体制づくりには、INSのネットワークが生きたと筆者は振り返る。

筆者は、昭和三陸地震津波以降の復興の取り組みから、復興の柱は安全の確保となりわい（生業）の再生であることを確信していた。三陸沿岸では最近に限っても、明治、昭和、そして平成と、115年間に三度も大津波に襲われている。いつかは定かではないが、また沿岸を津波が襲うことは確実である。ハード、ソフトの複合対策で安全の確保が求められる。

一方、その地に人々が集うのはその地でなりわいを得ることができるからである。人が集わなければ、堤防も道路も、学校も商店もいらない。三陸沿岸の生業は、主に漁業、水産加工、工業などであり決してコンピューターによる株取引などではない。

壊滅的になった多くの地域にどんななりわいを再生させうるのか。安全の確保となりわいの再生のもとに人々の暮らしが再建できるのである。

INSの人脈生きる
県東日本大震災津波復興委員会・総合企画専門委員会の開催状況

28 短期間で県の復興計画を策定

総合企画専門委員会は、2011年8月4日まで5回の委員会で「いのちを守り　海と大地と共に生きる　ふるさと岩手・三陸の創造」をサブタイトルとする「岩手県東日本大震災津波復興計画・復興基本計画」を策定した。復興の3原則として「安全の確保」「暮らしの再建」「なりわいの再生」を掲げた。

「安全の確保」には、防災の街づくり、交通ネットワーク、「暮らしの再建」には生活・雇用、保健・医療・福祉、教育・文化、地域コミュニティ、市町村行政機能、「なりわいの再生」には、水産業、農林業、商工業、観光—の合計10の具体的な事業計画を掲げた。

２０１９年４月には新しい県総合計画がスタートすることに合わせて、復興期間は８年とし、第１期「基盤復興期間」、第２期「本格復興期間」、第３期「さらなる展開への連結期間」と位置づけて、具体的に取り組む施策や工程表などを示す「同・復興実施計画」も策定し、折々に親委員会に提案した。

専門委では、県の各部局から出てくる細かい計画案について激しい意見交換が行われた。県の縦割り行政の弊害を排除するために知事をトップとする復興局が立ち上げられたが、構成員は各部の代表であり、トータルな視点でとりまとめた提案は難しい。

また、従来の総合計画に掲げられて10年たってもできなかったような事案がこの際とばかりに提案される。「日常にもできない話を非常時に持ち出すな、全部落とせ！」「ごちゃごちゃ言うな、細かいことはたくさんあるが、今必要なことは安全となりわいの二つだ」と厳しい方針で、委員長は議論をけん引させていただいた。

正規の委員会の他に、事務局との忌憚のない意見交換の場も頻繁に持たれた。専門委の委員の半数以上がＩＮＳの会員であり、その活動の中で委員相互や県職員との間にふるさと岩手に対する熱い思いが共有されていたことが、スムーズな計画策定につながったのではないかと思う。

県民のパブリックコメントも取り入れ、８月５日の復興委でも了承され、同月11日に県議会での議決を経て復興計画は決定した。

復興委の立ち上げから３カ月余での復興計画の策定は異例の早さである。復興に求められることは、迅速さと実現性であり、高尚な理屈・議論に拘泥しすぎることなしに、実行できることを一歩ずつ前に踏み出すことである。復興局職員も委員も不休で作業を続けた成果であると言えよう。

しかし、当時国会は「菅おろし」の足の引っ張り合いの政争に明け暮れ、復興事業の財政的裏付けとなるはずの補正予算の審議は遅れ、復興基本計画と共に策定した実行計画も実行に移せない。計画の実行が遅れれば被災地から人口はどんどん流失し、復興はおぼつかなくなる。

「国の3次補正が遅れているなら、県が借金してでもやるぐらいの気概を示せ」「平常時には物事の秩序を守るために規則があり、それが組織を動かす。しかし、今は非常時。規則・法律のしがらみを撤廃し、組織の壁を排除し、規則は後で作ると、リーダーシップをとれ」と委員長は過激な？檄《げき》を飛ばしたものであった。

かつての行政には、計画を作れば役割は終わりという風潮があった。県は復興計画をつくり、国から財源を得たら、実施するのは市町村といった姿勢では岩手の復興はなし得ない。専門委では施行管理の重要性が指摘された。

県は各施策の体系や取り組み項目に基づく進捗《しんちょく》状況を公表し、また復興の度合いに関する県民の意識調査を定期的に実施し到達感を探るなどして、次年度の事業計画に反映させるなど、アセスメントにも取り組んできた。その姿勢は大いに評価されよう。

専門委は県の復興計画の区切りとなる2018年度末までに24回開催された。毎年、複数回の現地の視察や意見交換をも踏まえて、復興計画の推進や進捗管理に寄与できたものと筆者は自負している。

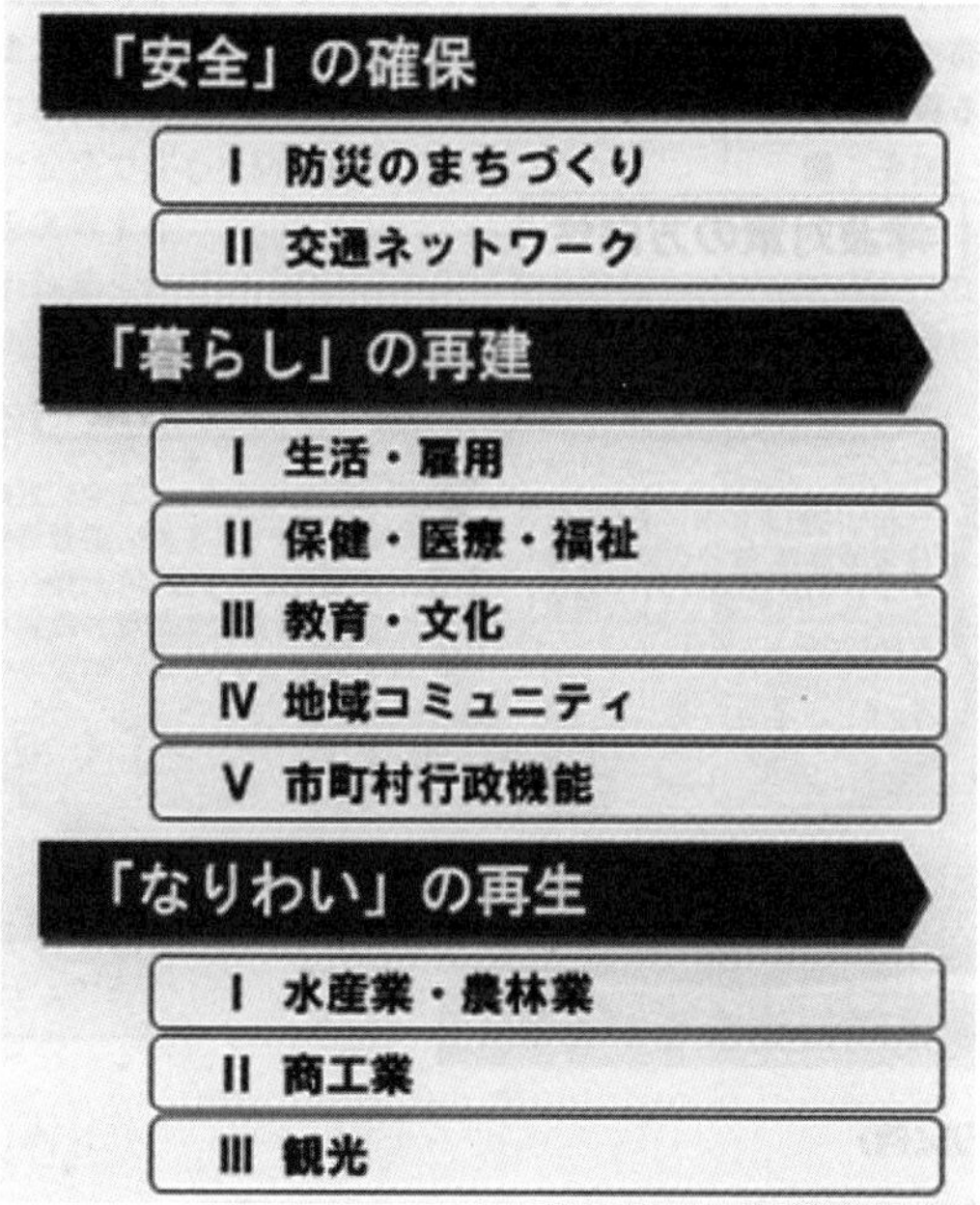

3原則と10計画示す

「安全」「暮らし」「なりわい」の復興3原則

29 鵜住居小児童・釜石東中生徒の率先避難

昭和三陸地震津波以降、考えうる多くの防災対策が講じられながら、東日本大震災では岩手県で6千人を超す犠牲者を出した。再び災禍を繰り返さないために、何がまずかったのかの検証が不可欠である。そのために、特徴的な3件の事例について私見を述べる。

一つは、「釜石の奇跡」として称賛された鵜住居小学校と釜石東中学校の事例である。

両校は大槌湾に注ぐ鵜住居川およびその支流の長内川の河岸に隣接してある。海抜約2メートルと低いにもかかわらず県の浸水域マップでは浸水区域外になっている。過去の浸水域にも描かれていないが、当時はアシの生い茂る湿地で浸水の事実が明確に把握されていないだけだったのではないかと推測される。現地に立てば即避難が必要な立地と誰しもが思う。

さまざまな報道や聞き取りから生徒の避難行動を要約すると以下のようである。より海岸に近い釜石東中では地震発生時は授業終了後で、多くの生徒は校庭や校内で部活動を行うなどさまざまな場所に点在していた。

副校長が校内放送で避難を呼びかけようとしたが停電でできない。生徒たちは揺れの収まった後、おのおのの判断で校庭に集合、副校長の「走れ！」との叫びで一斉に約800メートル先の避難場所のグループホーム「ございしょの里」（海抜4メートル）に向けて避難を始めた。

鵜住居小では、中学生が走って避難する様子を見た教員の指示で一斉に校外への避難を開始。約600名の児童・生徒は15分後に「ございしょの里」に到着した。しかし、裏山が崩れていることに気付いた生徒が余震で危険と教師に進言、さらに約300メートル先の介護施設（標高15メートル）まで避難。この時点で津波が堤防を越えるのが目撃され、生徒らはさらに先の国道45号恋の峠（海抜44メートル）の石材店まで避難した。

先生たちの適切な指示のもと、中学生は訓練通りに小学生の手を取り、また避難する鵜住居保育園の園児を抱きかかえたり、園児の乗る台車を押したりして、整然と「助ける人」の役割も果たしたとされる。10メートルを超える津波で校舎は3階まで浸水し、さらに介護施設まで到達したが、避難した生徒ら約600人は全員無事であった。

群馬大の片田敏孝教授が「想定にとらわれるな」

「率先避難者たれ」「最善をつくせ」との防災教育を行っており、その成果として、報道機関は「釜石の奇跡」と絶賛し「神話化」した。

ただし、鵜住居小では校舎に残った職員1人が犠牲になり、避難した生徒1人が保護者に引き渡されたのち亡くなっている。また、無事は地道な防災教育の成果であることを踏まえて、奇跡ではないとして釜石市はあえて「釜石の出来事」と呼称している。

筆者も生々しい実態の一端を見聞している。鵜住居小では校長・副校長が不在で、教務主任が避難を指示したが、児童は校舎3階に逃げたり、廊下や校庭に待機。避難を始めたのは立ち寄った消防団員の「強い」指示によるものと聞く。

釜石東中では生徒が自主的に避難を始めたが、小学生の避難を先導したわけではなく、危機意識の落差もあった。また、生徒の手を引こうともしない教員もいたし、避難途中の「ございしょの里」でも、危険だから早く避難した方がいいとの生徒の声にもかかわらず、先生たちの決断にはかなり時間がかかり、後方の生徒たちは襲いかかる津波に間一髪であったとも聞く。

避難行動に関して公的に検証がなされたわけではない。そのため、詳細な実態は不明であるが、すべて成功裏に行われたわけではなく、一歩間違ったら後述する大川小の事例と紙一重であったのではないか。改善が求められる課題は多く残されていると筆者は感じるのである。

ただし、学区のほとんどが浸水域にある釜石小では下校後にもかかわらず一人の犠牲者も出ていない。また、鵜住居小・釜石東中のみならず津波避難対象区域内1787人の児童・生徒の内で犠牲者が５人にとどまるという事実は、防災教育の重要性を示唆する事例であることは間違いないと筆者は思う。

ほぼ全員が生き抜く
高台に向かって避難する鵜住居小、釜石東中の児童生徒たち
（高村幸男氏撮影）

30　大川小学校84人が犠牲

石巻市の大川小学校では、地震発生後約50分間も避難行動の判断ができず、教職員10人、児童74人が津波にのみ込まれた。岩手県外での事例ではあるが、鵜住居小および釜石東中の避難と対極的に捉えられるので、触れておきたい。

大川小は石巻市釜谷山根地区、太平洋に注ぎ込む新北上川の河岸に位置する。河口まで約５キロ離れており、宮城県が２００４年３月に策定した津波浸水予測図では河川の遡上《そじょう》は３キロ（実際には約50キロ遡上）とされ、標高は１メートル程度と低いにもかかわらず、津波浸水域には含まれていなかった。小学校自体が周辺住民の避難場所に指定されていた。

新聞報道や書籍などから被災の経緯は以下のようである。地震発生直後、教員たちは在校中の児童を校庭に集め全員の安全を確認した。午後2時52分には防災行政無線が大津波警報の発表を知らせた。当日は校長が出張で不在のため、教頭を中心にどのような行動を取るべきか、その場で協議を始めた。

小学校の背後は山で、校庭からの緩やかな斜面は児童がシイタケ栽培に登り降りしており、有力な避難場所であった。しかし、地震で倒木がある、登って児童にけがなどあれば誰が責任をとるのか、ここまで津波は来ないなどさまざまな意見が飛び交う中、山に逃げようという児童の声もかき消されたようである。

最終的に約２００メートル西側の堤防より高くなっている新北上川橋脇の三角地帯（標高６・７メートル）に向かったが直後の午後3時36分頃に津波が襲った。後列にいた教員と児童数人が裏山に駆け上り助かったが、児童78人中74人と教職員11人中10人が犠牲になった。

なぜ多く犠牲者を出したか、事実の解明を求める遺族に、石巻市教育委員会は津波が校舎まで来ると想定していなかったこと、裏山は倒木など危険であったこと、保護者や住民への対応で避難が遅れたことなどを挙げ謝罪したが、責任には言及しなかった。

また、設置された第三者委員会も２０１４年３月1日に報告書をまとめたが、遺族の疑問に応える内容ではなく、児童23人の遺族が宮城県と石巻市に損害賠償を求める民事訴訟を仙台地裁に起こした。２０１６年10月26日に地裁は広報車の呼びかけなどから教員らは津波の襲来を予測できたはずと学校の過失を認めた。

双方が控訴した控訴審で、仙台高裁は、「避難先を近隣の空き地・公園等」とするなど学校の危機管理の不備に加え、指導する立場の市教育委員会にも責任があると行政責任を認定した。

市の報告会の記録や第三者委員会の議事録を読んで感じることは、市や教委になぜこのような犠牲を出したかを真摯《しんし》に解明する姿勢が見えないことである。遺族は教員の責任を追及したり、賠償金が欲しくて訴訟を起こしたわけではない。原因を明らかにし二度と同じ災禍を繰り返さないための施策を講ずること。それが子どもたちの御霊《みたま》に報いる道と考えたと筆者は受け止めている。

しかし、市教委は児童の聞き取りメモや唯一生き残った教員の証言記録を破棄するなど真実を隠匿し、自らの責任をあいまいにしようと疑われても仕方のない行動があった。第三者委員会にも真相解明の意欲が感じられない。

ことの本質は、たとえ予測浸水域外としても、海に近い河川そばの学校に宿命ともいえる津波災害に備える危機管理システムの構築や、現場で生徒の命を守る責務を有する教員に適切な研修を行うなど対応が不可欠ということである。それを怠ってきた市や教委に大きな責任がある。

2審で教員個人に責めを負わせるのではなく、市の組織的過失が認定されたのは当然であろう。市はさらに争う姿勢を見せたが最高裁が上告を却下した。市長や教育長らが遺族におわびし、給与を減額。2020年11月には新任校長90人の研修が初めて現地で行われた。遅きに失したが、ご遺族にとってせめてもの救いと筆者は思う。

市の組織的責任認定
津波に襲われた大川小校舎。右奥は避難すれば助かったであろう裏山
(2015年7月23日、筆者撮影)

31 役場庁舎前に災対本部、大槌町

大槌町旧役場庁舎は、海岸から約400メートル、明治・昭和三陸地震津波、さらにはチリ地震津波でも浸水した区域に位置する。

大津波警報が発表されているにもかかわらず、玄関前に机や椅子を並べて災害対策本部を設営しようとした。そして、約40分後に高さ10メートルを超える津波に襲われて、加藤宏暉町長をはじめ、庁舎周辺にいた役場職員28人(職員全体では38人)が犠牲になった。

町は災害対策基本法に基づく「避難勧告」あるいは「避難指示」を発令せず、沿岸12市町村のうちで対人口比率が最大の8・3%、1273人の町民が犠牲となった。住民の生命を守るのは行政の責務である。亡くなられた職員の方々へは、心から哀悼の意を表するが、行政として失態であることは疑いようがない。

なぜ行政にかくも危機管理の意識が欠如していたのか、二度と同じ轍《てつ》を踏まないために何をしなければならないのか。その検証と対応が不可欠であるにもかかわらず、大槌町をめぐる話題は旧庁舎解体の可否に偏在してしまった。

無残な姿となった旧庁舎はいわばその証しでもある。加藤町長を引き継いだ碇川豊町長は、旧庁舎正面部分の一部を震災遺構として保存する意向を示した。しかし、被災時に総務課主幹で危機管理と防災行政の担当者であった平野公三氏が2015年8月に町長に就任、「被災建物を見たくない住民感情に配慮する必要がある」として解体の方針を発表した。

町民の中には保存を求める声もあり、2015年12月には、大槌高校の生徒105人でつくる復興研究会が「旧役場庁舎の取り扱いの早期決定回避についての要望書」を町長に提出、全校で議論して町に提案する時間が欲しいと要望した。2018年2月には、住民団体「おおつちの未来と命を考える会」(代表、高橋英悟吉祥寺住職)が発足し、拙速な解体に疑義を呈した。

しかし、平野町長は2018年3月に解体予算に関する補正予算案を議会に上程、6対6と賛否同数と町議の意見も二分する中で、議長裁決で予算案は可決された。

町の監査委は「おおつちの未来と命を考える会」の解体執行停止を求める監査請求を却下。また2019年1月盛岡地裁は、高橋英悟氏らの解体工事差し止めを求める請求を棄却。町は判決前から着手していた解体工事を「粛々と」進め、同1月31日に旧庁舎は姿を消した。

町は、2014年に「大槌町東日本大震災検証報告書」、2017年に「東日本大震災津波における大槌町災害対策本部の活動に関する検証報告書」を公表し、2018年度に改訂した町地域防災計画に反映させた。さらに、2019年には岩手県大槌町震災記録誌『生きる証』を刊行。正職員を対象に、中央公民館での災対本部設置や防災行政無線の緊急放送手順を学ぶ防災研修会も開催している。

しかし、なぜ職員、町民に多くの犠牲を生じさせたかについての踏み込んだ検証は十分ではないように筆者には感じられる。岩手県が2020年に刊行した『東日本大震災津波からの復興〜岩手県からの提言』の市町村の取り組みにおいて、大槌町はこの事態へ一言も言及していないことに違和感を禁じ得ない。

復興の基本は、安全の確保となりわいの再生である。これからも必ずや津波は襲来するが、伝聞は薄れ、記憶は風化する。災禍を繰り返さないために被災遺構が有用であることは多くの災害で指摘されている。筆者は目にするのがつらいご遺族の方々に配慮して覆いをかける、一部を津波が到達したことを示すモニュメントとするなど第3の道も提案してきたが残念ながら議論の場にも上がらなかった。

町を二分したままでの旧庁舎の解体は、将来の町の安全と復興に大きな禍根を残したのではないかと気がかりである。

震災前には何度も岸壁に釣りに訪れ、定住したいと思ったこともある筆者は「大槌は絶対にいい町になります（大槌新聞）」ことを切望しながら、危惧の念をぬぐい切れないのである。

解体で「証し」消える

解体される旧大槌町役場庁舎（2019年1月21日、菊池由貴子氏撮影）

32 鵜住居地区防災センターで多くの犠牲者

鵜住居小、釜石東中の生徒が生還したのとは対照的な出来事が、すぐ近くの「釜石市鵜住居地区防災センター」（以下、防災センターと略称）で起きた。津波の一次避難場所ではない防災センターに住民が避難し、２階天井付近まで浸水した津波で多くの犠牲者を出した。

釜石市は、「鵜住居地区防災センターに関する被災者遺族の連絡会」（以下、遺族の会と略称）の求めに応じて、２０１３年４月23日に、岩手大教授、弁護士、全国紙記者ら７人で構成される「釜石市鵜住居地区防災センターにおける東日本大震災津波被災調査委員会」（以下、調査委と略称）を立ち上げ、原因の究明に乗り出した。

委員長就任を依頼された筆者は、調査の対象となる当事者側が真剣に真相を解明する強い意志を持ち、すべての公文書など資料を提示しなければ、どんな有能な組織、スタッフでも真相の究明は困難として、釜石市の山崎義勝危機管理監と三浦芳男遺族の連絡会会長が委員として加わることを求めた。第三者委員会としての公平性が担保できるかとの指摘があったが、検証を求める遺族側と検証される市が一つのテーブルで被災状況や原因を話し合う異例の形で進められた。

また、筆者は遺族の信頼感が得られなければ調査の進展も結果の受け入れも困難と考えた。調査委立ち上げの前の4月13日には、遺族の会のメンバー8人を放送大学岩手学習センター所長室に招き懇談し、信頼の絆の醸成に努めた。

調査委は、13日にわたる協議・委員会、11日80時間にわたる面談調査などを経て、2013年8月2日に中間報告書、2014年3月4日に最終報告書をまとめて野田武則釜石市長に提出した。なお、調査委が防災センターに避難した可能性があるとした住民は241人、生存が確認された住民は34人である。

防災センターは釜石市役所の支所として、地域生活支援と消防・救急体制の充実を目的としていたが、国の補助を受けられず、防災起債を活用することとなり「防災センター」の名称で整備された。

標高が低く、津波の一次避難場所に指定されていないため広報の避難場所には掲載されていないものの、津波の避難場所ではないとの周知が不十分であった。筆者は冗句ではなく、巨大な避難施設のマークに赤く太い×印をつけた大看板をセンターの壁面に表示、夜には赤いネオンサインが輝けば、誰しもが誤解しないで済んだと思う。

さらに、自主防災会が避難訓練で参加者を増やすべく防災センターを訓練会場にし、市危機管理課も「訓練だけですよ」と念を押しつつも使用を容認した。「訓練でできないことは本番では絶対できない」という防災の鉄則を認識していなかったのである。また、日頃から職員と住民との間に「防災センターができて（津波が来ても）安心だね」といった会話が交わされていたとの伝聞もある。

押し寄せる住民に対し、職員も「早く2階の避難室に上がって！」と呼びかけた。「ここは避難場所じゃない、鵜住神社に行って」と怒鳴る人がいたら多くの人は生き永らえたであろう。

調査委は「事態を回避することは可能であった」「住民の命を守ることは行政の責任である」ことからすると、「市の行政責任は重い」と指摘した。それを受けて野田市長は責任を認め、給与の一部を返上する措置をとった。

同様の犠牲を繰り返さないためには、抽出された要因が再び生ずる余地をなくすことが直接的な対応として求められる。すなわち▽浸水の可能性のある地区に防災施設を建設しない▽訓練のための訓練を絶対に行わない▽避難・誘導の在り方の周知—などである。

一方で今回は犠牲を防ぐはずの対応が機能しなかった現実を鑑みると、もっと根源的な問題が浮かび上がる。筆者は、報告書に加えて「従来と異なる発想」での取り組みを提案し、釜石市は真摯《しんし》に実行を図っているので、後述する。

「避難場所」と誤解

解体される前の鵜住居地区防災センター（2012年4月20日、筆者撮影）

33 釜石市の新たな取り組み

釜石市鵜住居地区防災センターの被災に関する報告書本編に加えて、「従来にない発想での具体的取り組み」として、筆者が提言した取り組みの一部を紹介する。

①住民避難に特化した避難訓練の実施

多くの犠牲者を出した要因の一つは、「適切な時間」に「適切な経路」で「適切な避難場所」へ避難できなかったことである。行政が主催する防災訓練は防災関係機関が計画されたプログラムに従って行動する官製の色彩が強く、参加する住民は対象者の一部にとどまっている。

釜石市に居住する住民は、自らの命は自らが守る責務を負うとの視点に立てば、避難は居住者の責務であり、条例で訓練への参加を義務付ける。参加者には報償として地域振興券などを配布する。年に一度、避難対象地域の住民は一定の時刻に避難場所に参集後、仕事に就く。そんなことが現実にできるかといわれそうだが、命を守ることを第一に考えたら、従来にない大胆な施策が必要ではないか。

②市職員は全員防災士の資格を取得

鵜住居地区防災センターで遭遇したように、市職員は危機管理専門でなくとも防災対応を迫られることがあり得る。防災士は国家資格ではないが、資格を取ることは危機管理能力の醸成につながる。

③危機管理部局体制の構築

市役所においても縦割り行政の弊害は顕著である。住民の安全を守る施策を統括する権限のある上位部局として、副市長をトップに危機管理監を実務責任者に据えての独立した「安全管理局」といった体制を構築する。

④モニュメントの建設

伝聞は薄れ記憶は風化する。鵜住居地区防災センターは遺族の会の要望で解体されたが、被災者を慰霊し、災禍を繰り返さないためのモニュメントを建設する。

これらを受けて釜石市は、２０１６年7月、市の防災会議に「命を守る避難訓練検討委員会」を立ち上げ、避難訓練の在り方を検討するとともに、住民避難に特化した訓練も実施した。

しかし、住民の参加は思わしくなく、日常からの啓発と非常時にリーダーシップを発揮するリーダーの育成が必要であることを改めて痛感した。そこで、一町内会（集落）に一防災士、一事業所に一防災士、一学校に一防災士を目指して防災士の育成研修を続けている。市職員については、筆者が釜石市の防災危機管理アドバイザーに就任し防災研修会を開催、これまでに半数以上の職員が受講している。

また、市は住民の意識啓発のため2018年2月に「釜石市防災市民憲章制定市民会議」を立ち上げ、2019年3月に▽備える▽逃げる▽戻らない▽語り継ぐ―を柱とした防災憲章を制定した。この間、「釜石市東日本大震災検証委員会」の検証結果に基づく釜石市証言・記録集『伝えたい　3・11の記録』、釜石市教訓集『未来の命を守るために』を作製し全世帯に配布している。

三陸鉄道リアス線が全線運行開始した2019年3月23日に、鵜住居駅前に防災学習拠点「いのちをつなぐ未来館」、犠牲者を悼む「釜石祈りのパーク」、観光交流拠点「鵜《う》の郷《さと》交流館」からなる「うのすまい・トモス」が開設された。トモスは復興の明りを「灯《と》す《も》」「共に」「友」をイメージしたとされる。未来館は、釜石の出来事、鵜住居地区防災センターの悲劇などの教訓や命を守るために必要なことを学ぶ拠点であり、祈りのパークには犠牲者の芳名板とともに、ここ（海抜11メートル）まで津波が来たことを示すモニュメントも設置されている。

ちなみに、鵜住居地区防災センターの犠牲者が市に損害賠償を求めた裁判は、市が非を認め防災の対策を進めていることや犠牲者の職務への尽力に謝意を示していることを評価し、訴訟費用を市が負担することで和解が成立した。

筆者は行政責任とは、不備な点を率直に反省し、二度と災禍を繰り返さないための施策を講ずるいわば「未来責任」と考える。行政と住民が手を携えて防災の取り組みを進めることが可能になったことを喜び、釜石市が津波防災モデル都市になることを期待する。

津波の高さを示す
うのすまい・トモスの震災犠牲者慰霊追悼施設、釜石祈りのパーク

34 防災士の育成と活用

「防災士」は「日本防災士機構」が認定する資格で、国家資格ではないものの、東日本大震災さらには頻発する豪雨災害においてその役割が再認識され、自治体が受講費用などを補助しての育成が行われている。

前述した、大川小学校の教職員に一人でも防災士がいたら、「すぐ裏山に避難を」の号令がかかり、50分も校庭でうろうろすることなく全員が生還したであろう。

大槌町役場職員に防災士がいたら、「城山へ避難して災対本部を」と怒鳴り、庁舎での職員の犠牲も避けられ、多くの町民が犠牲になることもなかったであろう。大失態は避けられたのである。

釜石・鵜住居の自主防災組織に防災士がいたら、鵜住居地区防災センターで避難訓練を行うことはなかった。釜石市の危機管理課に防災士がいたら、訓練にセンターを使用することを許可しなかったであろう。センター職員に防災士がいて、殺到する住民に「ここは避難場所じゃありません。鵜住神社へ行って」と怒鳴ったら、多くの住民の命は助かったかもしれない。「たら」「れば」の仮定の世界かも知れないが、筆者には悔やんでも悔やみきれない思いが湧き上がるのである。

資格の取得には、まず370ページと分厚い「防災士教本」を自習して所定のレポートを提出する。「災害発生の仕組み」「災害に関する情報」「公的機関や企業等の災害対策」「自助」「共助」「防災士制度」の6分野21講のうち主要な12講義を2日間にわたって受講し、試験に合格すると資格が認定される（ただし、カリキュラム内、または消防署や日本赤十字社が行う救急救命の実技講習の受講が必要）。

2021年1月現在、全国で20万人余、岩手県でも約2778人が取得しており、県をはじめ釜石市、宮古市、二戸市、奥州市、岩泉町、矢巾町などが育成を図っている。

東北地方での防災士の育成研修は、仙台の東北福祉大が主にその役割を担っている。年に数回は大学内の会場で研修が開かれるので、個人として同大地域創生推進センター生涯学習ボランティア支援課に直接申し込んで受講することができる。50人程度の受講生が集まれば、現地に講師を派遣しての講座開催が可能である。自治体が主催する研修は、受講費用を自治体が支援しているので自治体の広報などで情報を得ていただきたい。

岩手県では、県議会議員全員が取得を目指して2018年に受講している。筆者は県の防災行政の施策について建設的提言を行うのは県議の責務として資格取得を訴え、当時の消防防災議員連盟（全議員所属）の関根敏伸会長の強力な働きかけで実現した。

全員が取得すれば全国初の快挙？であった。残念ながら達成はできなかったようであるが、災害の頻発が予想される中で住民の安全を守るための象徴的な取り組みと評価されよう。取得でおしまいではなく、施策に反映されることを期待している。

筆者は防災士の集まりである日本防災士会岩手県支部の顧問を務める縁で、2012年から地震・津波・火山噴火のメカニズムや備えなどについての講義を担当している。茨城県高萩市、福島県いわき市、山形市、宮城県石巻市など県外も含めて年間15回ほど、1998年岩手山噴火危機、2008年岩手・宮城内陸地震、2011年東日本大震災の経験に基づく防災のツボを講じている。自ら参加した受講者の多くは、学びへの熱意がほとばしり、居眠りする者は皆無で頼もしい。一般の大学生とは雲泥の差で、筆者も意気に感じている。

せっかく資格を取得しながら、何をしたらよいのかと戸惑う声も聞く。自治体の数少ない危機管理の担当者だけでは対応に限度がある。行政は各地の防災士を組織化して、行政の実務的対応を連携して支援する体制を構築してほしい。防災士会岩手県支部には多くの会員の結集をはかり、会員のスキルアップや住民への啓発活動の展開を一層進めることを期待している。

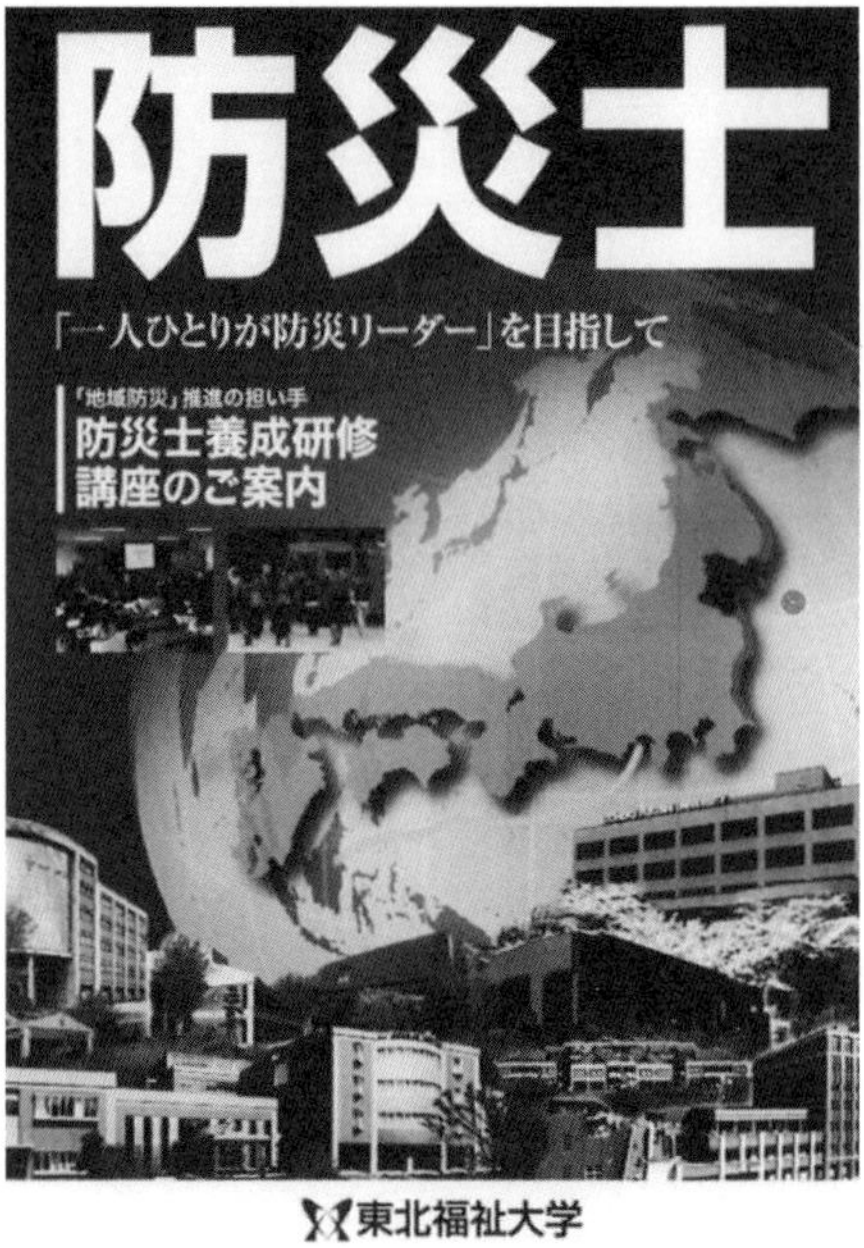
防災士
「一人ひとりが防災リーダー」を目指して
「地域防災」推進の担い手
防災士養成研修
講座のご案内
東北福祉大学

県内で3千人に迫る
東北福祉大学の防災士育成研修のポスター

35 震災遺構と伝承施設の役割

伝聞は薄れ、記憶は風化する。神様はあえて私たちに「忘れる」という能力を与えてくれたのだと思う（人が人なり生きて罪なき者はなし。筆者も76年間のつらい出来事をすべて記憶し積み重ねてきたら、とても生きてはこられなかったと、今つくづく思う）。よって、忘れずに、二度と災禍に見舞われないためには、形のあるものを残すことが不可欠なのである。

三陸沿岸には、過去の津波の犠牲者を弔うとともに、犠牲を繰り返さないようにと建てられた記念碑が225基ほども知られている。津波災害第9章で紹介した宮古市姉吉の「此処より下に家を建てるな」の碑のように、被害を免れるのに役立ったものもあるが、草に隠れ存在すら忘れられていたものも少なくない。

東日本大震災後には、震災遺構、すなわち震災によって破壊された建物など災害の記憶や教訓を後世に伝える構造物を残そうとする機運が高まった。遺構は、震災で失われた命を鎮魂し、津波の脅威から命を守るために何をなすべきか、災害文化の醸成を図る上で大きな役割を果たすことは言をまたない。

国も、自治体ごとに1件に限定するものではあるが、保存のための初期費用を補助することとした。一方で被災者の遺族には、家族や縁者を失ったつらい思いをよみがえらせたくないとの思いもあり配慮も必要である。

第31章で述べた大槌町旧庁舎は賛否拮抗《きっこう》する中で解体。同町で民宿の2階の屋根の上に取り残された観光船「はまゆり」は全国から寄付を募ったものの保存費用の不足などから解体となった。宮城県気仙沼市で海から約800メートルも内陸の県道まで流された長さ60メートルの大型漁船「第18共徳丸」は津波の猛威を示す象徴として注目されたが、7割の住民が被災体験を思い出すとして撤去を求め、解体された。

県内で遺構として保存された第1号は宮古市田老地区の「たろう観光ホテル」である。6階建ての同ホテルは高さ17メートルの津波に4階まで浸水し、2階までは鉄骨がむき出しになっていた。6階の客室からホテルのオーナーが撮影した津波映像を公開し、見学者を受け入れていたが、宮古市が建物を無償で譲り受け、土地を購入し、2億1千万円の補助を受けて保全工事を実施、2016

年4月から一般公開を始めている。

陸前高田市の高田松原でただ1本生き残った「奇跡の一本松」はその後枯死したが、レプリカを制作し、復興のシンボルとして現地に保存されている。費用約1億5千万円は保存のための基金として全国から寄せられた。

遺構の保存に関して思い浮かぶのは、広島の原爆ドームである。被爆の悲惨な思い出につながると反対意見が多かったが、20年を要して1966年に保存が決まり、核兵器廃絶のシンボルとして、多くの国民が訪れているのは周知の通りである。

宮城県南三陸町の防災庁舎は、解体の結論を先送りし、2031年まで県が保有することになったが、多くの構造物が解体されたことは残念である。

一方、東日本大震災まで皆無であった津波伝承施設も各地で整備された。高田松原津波復興祈念公園には、日本でも最大の津波伝承館「いわてTSUNAMIメモリアル」が2019年9月22日にオープンした。山下文男氏と共に筆者も切望した津波伝承館は、多くの犠牲の上にようやく建設された。1155平方メートルの広大な展示場には▽歴史をひもとく▽事実を知る▽教訓を学ぶ▽復興を共に進める、─の四つのゾーンで、津波の脅威と復興への取り組みが展示されている。

なぜこのような大きな被害が生じたのか、二度と災禍を繰り返さないために何をなすべきか。遺構も伝承施設も、目的はそれらを問うことで、展示の単なる箱モノにとどまってはいけない。

岩手県民が次の津波に備える教訓を学び、またこれから津波に遭遇するかもしれない他地域の教訓にすべく、防災への取り組みの「進化」を目指す拠点として有効に機能してほしいと願うものである。

津波伝承館オープン

高田松原津波復興祈念公園。
建物の右側が東日本大震災津波伝承館「いわてTSUNAMIメモリアル」

36 岩手大の震災復興の取り組み

「『岩手の復興と再生に』オール岩大パワーを」とのスローガンで、岩手大は岩手の知の府として震災復興に尽力した。その源流は、国立大学法人岩手大学に移行するに際して、筆者らが提唱し、その後正式に校是となった「岩手の大地と人と共に」にある。

2004年4月に、岩手大も「国立大学法人」に移行し、国からの運営交付金はあるものの財政的にも、組織的にも自立の道を歩まなければならなくなった。

当時の平山健一学長は、筆者が所属する工学部建設環境工学科の出身であり、筆者は「法人化のための組織改編に携わるように」との命に、学長特別補佐として本部事務局に出向くことになった。

大学として生き延びる戦略も立てなければならない。地方大学には人も金も潤沢ではなく、旧帝大のように世界最先端の研究で勝負できる領域は多くない。岩手の地域と連携し地域に役立つ研究と人材の育成が岩手大の目指す姿として、前述の校是が掲げられたのである。なお筆者は結局、理事・副学長として定年まで6年余、法人化後の組織運営に携わることになった。

東日本大震災という未曽有ともいえる危機に、その岩手大が貢献し得なければ地域の大学として存否を問われかねない。筆者は、震災の9カ月前に定年で大学を離れていたので、組織的な対応には直接関わってはいないが、藤井克己、堺茂樹、岩渕明各学長のもとでの震災復興の取り組みの概略を、限られた紙面であるが紹介したい。

発災直後には危機対策本部を設置し、学生・児童・教職員の安否確認（犠牲者、学部学生１人、被災学生３７７人、被災教職員14人）、建物・設備の被害状況の確認を行い、一般入試後期日程試験を中止、卒業式を中止するなど学内措置を決定した。

２０１１年4月1日には「岩手大学東日本大震災復興対策本部」を設置。①情報・連絡調整②学生支援③施設・整備④地域復興支援⑤健康管理－の5部門を立ち上げ、全学的な復興支援活動を開始した。

同年10月1日には「岩手大学三陸復興推進本部」を立ち上げ、①教育支援②生活支援③水産業復興推進④ものづくり産業復興推進⑤農林畜産業復興推進⑥地域防災教育研究－の各事業を展開。２０

12年4月1日には学則に基づく「岩手大学三陸復興支援機構」に格上げし、支援に携わる教職員を拡充した。また、工学部付属地域防災研究センターを文理融合型の全学施設として強化、充実を図った。

三陸沿岸での活動拠点として釜石サテライト、久慈市、宮古市、大船渡市に各エクステンションセンターを設置。2013年4月1日には釜石市平田に移転した釜石サテライト内に「岩手大学三陸水産研究センター」を設置して三陸水産業の復興活動を支援した。

この間、震災復興に関する政府、県、被災市町村の委員会などには25人の教員が参画。多数の教員・学生が清掃活動、地域イベント運営支援、学習支援、心理カウンセリング、ペットの診察などさまざまな分野でボランティア活動に参加した。

さらには「地域防災フォーラム」「三陸復興推進シンポジウム」「全国水産系研究フォーラム」などを開催し、岩手大学の取り組みを広く紹介するとともに、防災、復興の在り方について考究してきた。

岩手大が校是として追及してきた地域創生の取り組みは被災地の復興と表裏一体にある。そこで、2016年4月には「三陸復興部門」「地域創生部門」「生涯学習部門」の実践領域と「ものづくり技術」「三陸水産」「地域防災」「平泉文化」の教育研究部門の教育研究領域で構成される「三陸復興・地域創生推進機構」を設置した。

それぞれの領域の成果を大学院総合科学研究科地域創生専攻等における学生の教育・研究に反映、地域創生を先導する人材の育成や持続可能な地域社会づくりに貢献することを期待し、筆者は熱いエール送りたいと思う。

オール岩大パワーを

岩手大正門前に掲げられた「『岩手の復興と再生に』オール岩大パワーを」の看板。中央は元学長の故・藤井克己氏

37 復興施策は成功だったのか

国は2020年までの10年間の復興期間に30兆円を超える国費（といっても私たちの税金で、特に所得税の2・1％を25年間復興特別税として支払い続けることを忘れてはならない）を投入した。新型コロナ対応での巨額な財政措置の前にかすんでしまったようにさえ思えるが、大金をつぎ込んだ国の復興施策は成功であったのか。その検証は、いずれ襲うであろう次の大災害での復興の在り方を模索する上でも不可欠である。

「安全の確保」のためのハード事業には特に膨大な資金が投入された。例えば、破壊された釜石港の湾口防波堤は、657億円をかけて補修、20

18年3月に完成した。

また、今回のような千年に一度の津波（レベル2）には対応できないが、数十年から百数十年に一度の津波（レベル1）を防御するとの全国統一基準で海岸の防潮堤が整備されている（ただし、三陸沿岸では今回の津波よりも高い津波が、慶長あるいは明治三陸地震津波で襲来している湾もあり、短い周期で襲う津波にも建設している防潮堤では防御できないことに留意する必要がある）。

陸前高田市では、「希望の架け橋」と称する巨大なベルトコンベヤーが張り巡らされ、山を崩した膨大な土砂で市街地を12メートルかさ上げした。その上に商業・図書館複合施設「アバッセたかた」や個人商店が店舗を構え始めている。津波の襲来しない山地を造成しての住宅の集団移転事業も各地で進められた。


三陸沿岸を縦貫する高速道路の建設も進み、陸前高田市から洋野町までの県内213キロは2021年度に完成予定である。花巻市から釜石市に至る釜石道、盛岡市から宮古市への宮古盛岡横断道路は既に全通し、内陸から沿岸への時間距離は飛躍的に短縮された。

「なりわいの再生」では、すべての漁港の復旧が完了し、漁船や工場も復活している。「暮らしの再建」では災害公営住宅も全戸が完成し、住宅の高台移転なども進んでいる。一方で、漁業の不振の追い打ちもあり、休業中に販路を失うなどしてなりわいの再生は厳しい状況にある。

ハードの整備は目につくものの、かさ上げをした土地には空き地が目立ち、仮設で営業してきた個人商店は本格営業に移れず廃業する店も少なくない。災害公営住宅に住む高齢者は生きがいの喪失、孤立が危惧されコミュニティの喪失は地域社会の存亡にかかわる重要な課題である。

避難の大切さを訴える場で、「サイトーさん、もう私は逃げないよ。生きていたって何にもいいことない」との高齢者の言葉を聞き、無力感に襲われたこともある。

安全の確保を目的に、ハード事業を行ってきた10年という年月は、この地でなりわいを営んできた人々の暮らしの再建を妨げてはいなかったのか。特に高齢者にとっては、この年月は取り返しのできない時間である。

筆者には1990年代以降の「脱公共事業」「上意下達から官民共同・住民参加の政策形成」への転換が先祖帰りしてしまったのではないかとの疑念をぬぐい切れない。

振り返れば、2011年の第3次補正予算で創設された約9兆円の復興事業は、国土交通省など国の5省の40事業に限られ、地域が復興街づくりに自由な発想で使える資金がほとんどなかったことは、県の復興計画の立案と進捗《しんちょく》管理にかかわった専門委員会の委員長として大変残念であった。

壊滅的被害を受けたが故に、かさ上げした地域の中心部に、機能を集約したコンパクトな街づくりが発想できないか。1階は役場・警察・消防、2階に漁業・水産加工施設、3階に商業施設、4階に学校、5階に老人福祉施設・病院・コミュニティセンター…などと筆者はあらぬ夢を描いたこともあったが、1階は総務省、2階は農水省、3階は経産省、4階は文科省、5階は厚労省の所轄になり、省庁をまたぐ事業はないと一蹴されたこともあったとほろ苦く思いだされる。

10年間の検証不可欠
市街地かさ上げの土砂運搬に張り巡らされた巨大なベルトコンベヤー「希望の架け橋」＝陸前高田市

38 復興と地域創生は表裏一体

震災以降、被災市町村の人口減少は特に著しく、高齢化も進む。2021年3月末時点で沿岸12市町村の推計人口は約22万7千人で震災前に比べて約16・8％の減少。一方、65歳以上の割合（高齢化率）は上昇し、岩泉町など4町村は40％を越える。

震災がなかったにしても人口減で疲弊する「地方」を、右肩下がりのカーブの上に復旧させても先はないのである。すなわち、復興の課題は地域創生の課題であり、復興と地方創生は表裏一体といえる。

鑑《かんが》みると、繁栄する首都圏で使っている電気をはじめとするエネルギーはほとんど地方から送られ、住む人の命のエネルギーである米・肉・魚・野菜等の食料は地方で生産されている。地方なかりせば首都圏成り立たず、首都圏なかりせば日本成り立たず。すなわち地方なかりせば日本成り立たず。地方創生は日本創生と同義なのではないか。

本来復興の資金は被災地のなりわいを創り出すべく、地方が自由に使えるものであるべきではなかったか。住民の自治を国が支える、被災地域から未来地域へ国と地方との新しい関係を築くチャンスではなかったかと、筆者は残念に思うものである。

振り返ってみると、昭和の三陸地震津波以降の地域振興をも視野に入れて、岩手県には小水力発電所が多数造られた。しかし、電力は送電線で京浜工業地帯に送電された。さらに、大規模なダム開発が進められ、電源三法で補助金や交付金を支給する代わりに地域の農業や漁業は衰退した。

さらに、地方で育てあげた子どもたちは、首都圏に就職し、地方は高齢化と人口減に拍車がかかることとなった。今回の復興事業でも、ハード事業対策などに膨大な資金がつぎ込まれているが、多くは首都圏の大企業が利潤を得て、地方の活性化にはつながらないのではとの危惧は消えない。

そうはいっても、地元の私たちは自らが労をとり、三陸の未来像を描かねばならないのはいうまでもない。

リアス式海岸の三陸では、かつては隣の集落に行くのに船で岬を回らなければならなかった。しかし2019年3月三陸鉄道(三鉄)は、宮古―釜石間のJR山田線を移管し、久慈市久慈駅から大船渡市盛駅までの163キロを一貫経営する日本一の第三セクターの鉄道としてスタートした。

三鉄はこれまでも沿線のなりわいの創生や地域コミュニティの維持に大きな役割を担い地域に貢献してきたが、沿岸12市町村は三鉄でつながる一つの地域を形成することになり、地域創生の新たな展開が期待できる。かつての独立独歩から、地域が一体となったビジョンづくりが求められる。

筆者は「三鉄を動脈として、インフラを共有し、金平糖《こんぺいとー》の角のように特徴あるなりわいを有するコンパクトタウンの連なる三陸」を未来像として提唱する。復興の柱の一つは「なりわいの創生」である。その地に人が住むにはなりわいが成り立たねばならない。その創生の工夫、努力は不可欠である。

気仙沼市の「ふかひれ」は、たかが魚のシッポといっては失礼だが、高級食材のブランドである。それほどではないが、種市町の「キタムラサキウニ」は定評を得、釜石市の「泳ぐホタテ」は生きて首都圏に供給することによって大きな付加価値を付けた。野田村の「荒海ホタテ」も好評である。釜石市の調理済みの魚パック「海のごちそう」も贈答品として好評である。工夫次第でなりわいの源となる題材はいくらでも掘り起こせるのではないか。

いまだNHKの連続テレビ小説・あまちゃん人気はすたれていない。地元にいると濃密すぎる人間関係は善しあしにも感じる時がある一方で、高齢化を踏まえて人がどう集うかの新しい形、生きざまの未来像もいわてブランドになりはしないか。それはもしかしたら宮沢賢治が描いた理想郷「イーハトーブ」に通ずるのかもしれないと、筆者は思うのである。

三鉄を動脈に展望を

三陸鉄道リアス線の開通を祝う中学生たち＝2019年３月24日、釜石市・鵜住居駅（筆者撮影）

39 首都圏と連携する北岩手循環共生圏

前章で、震災復興と地方創生は表裏一体と述べたが、地方創生の取り組みはこれまでも模索を続けられながら成果は上げられていないのが現実である。地方創生、ひいては日本創生につながるのではないかと筆者が期待している取り組みを紹介したい。

筆者は、連載に何度か登場した産学官の連携組織である岩手ネットワークシステム（ＩＮＳ）や、岩手大学の地域連携担当理事として、これまでも岩手の地域活性化の道筋を探ってきた。岩手大学に産学官連携のプラットホームとなる「地域連携推進センター」を立ち上げ、県内自治体と相互友好協定を締結し地域活性化に関わる事業を共に推進してきた。

二戸市の雑穀、八幡平市のリンドウ、西和賀町の山菜、一関市の桑、遠野市のわさび、釜石市の甲子柿、葛巻町の山ぶどうなど特産品の加工・販売のネットワークを構築する「岩手バイオリング」構想などにも力を注いだ。

また、民間企業との包括協定や共同研究で大学の知的資源を活用しての産業技術基盤の強化や地元への就業機会の増加を図った。ひとの交流を主とするINSに対して、産学官の50余の団体が組織的に連携して地域の自立と活性化を目指す「いわて未来づくり機構」も設立した。

一方で、NPO法人「仕事人倶楽部」の強力な支援の下に、国の補助金を有効に活用した街づくり、地域産業創出事業などにも関わった。北岩手の雑穀は、かつては米の代用食として貧困の象徴であったが、シリアルとしてホテルニューオータニでも多用される高級健康食材に変身した。野田村のハマナス、旧山形村の白樺《しらかば》など多くの特産品も生まれ、地域には自らが事業の展開を図ろうとする意欲ある人材、「とんがり者」も育まれた。

しかし、地域内での事業展開のみでは地域創生に限界があることも思い知らされた。発想の転換契機となったのは、環境省の地域循環共生圏づくりの事業である。地域が持つ再生可能エネルギーなどの資源を活用し、脱炭素や地域経済循環を進める取り組みで、国連の「持続可能な開発目標」(SDGs)を踏まえた「ローカルSDGs」とも称される。

県北9市町村(久慈市・二戸市・葛巻町・洋野町・一戸町・軽米町・野田村・九戸村・普代村)

は、2020年2月に「北岩手循環共生圏」を結成して、2050年までに二酸化炭素排出量「実質ゼロ」を宣言。そして、首都圏の横浜市に再生可能エネルギーを供給するとともに、地域資源を活用して大都市との交流を広域で進めることになったのである。

4月には、地域電力会社の御所野縄文電力(一戸町)が横浜市の民間企業や一般家庭への電力の供給を開始した。いわば「北岩手」の商標のついた電力が購入されるのである。

9市町村の人口は合わせても11万人余、生産する特産品はあっても単独では人口374万人の横浜市の要望には応えがたい。しかし9市町村が連携すると農林漁業、畜産業、製造業から観光業までの広い分野を包括できる。

大都市は再生可能エネルギーの転換、カーボンゼロを目指す責務を負い、また食料は地方に依存せざるを得ない。「地方なかりせば首都圏成り立たず」。首都圏の一翼を担う横浜市はその認識のもとに地方との連携に踏み出したのである。北岩手で生み出される地域電力や食料を横浜市や横浜の企業が北岩手のブランドとして恒常的に購入することで地方の産業を育成する。すなわち、首都圏と地方との具体的な相互支援体制、いわばウインウインの関係が構築されることになる。これは地方創生、さらには日本創生の取り組みへの一つの答えになりはしないかと筆者は思うのである。

横浜市は二酸化炭素の削減の代価として、北東北の森林や海藻の育成にも支援する。地球温暖化を抑える具体的かつ実践的な取り組みは、「日本創生」から「地球創成」へもつながる一歩になると筆者は夢を広げ事業の推進に微力を尽くしている。

地方創生の切り札に

約300人が参加した「北岩手循環共生圏結成式」＝2020年2月18日、久慈市

40 復興とは何か、山古志村からの教訓

東日本大震災の復興に携わって問い続けてきたことは、復興とは何かということであった。

復興計画に掲げた目標は安全の確保、なりわいの再生、そして暮らしの再建であった。その計画の数値目標が達成されれば、復興は終ったといえるのか。地域が疲弊していく右肩下がりのラインに戻しても、限界集落などと酷な呼び方をされる地域はいずれ消滅に向かうのではないか。復興が地方創生と表裏一体なら、地方の創生とは何なのか。

２０１９年９月、新潟県災対連（災害被災者支援と災害対策改善を求める新潟県連絡会）から、新潟県中越地震から15周年を迎えての記念学習会に講演を依頼された。

新潟県中越地震は2004年10月23日午後5時56分、中越地方を震源として発生。川口町（現長岡市）で震度7を観測、新潟県で死者68人全壊家屋3174棟という大きな被害を出した。震源の深さは約13キロ、マグニチュード（M）は6・8であった。この地震で上越新幹線が脱線、国道の崖崩れに巻き込まれた乗用車の中から子どもが救出される感動的シーンがテレビで流されたりしたので、記憶にある方も多いであろう。

この地震で、人口約2千人の山古志村は村に通ずるすべての道路が寸断され孤立し、ヘリコプターで救出されるなど、村民全員が長岡市に避難した。山古志村は、美しい棚田が整備され、闘牛とニシキゴイの養殖が村の特徴であった。しかし、激しい揺れで棚田や養殖池はすべて崩壊し、せき止められたダム湖で多くの住宅が水没し、村は壊滅的な被害を受けた。

それから15年、村はどのように復興したのか、人々の暮らしはどうなっているのか。「やまこし復興交流館・おらたる」での筆者の役割は、「岩手三陸復興・創生の課題」と題して東日本大震災での取り組みを紹介することであったが、ぜひとも山古志の復興の実態を見て、住民の方々に復興とは何かを問うてみたいというのが訪問の目的でもあった。

学習会では、山古志肉用牛生産組合の関克史さんの「肉牛の未来を拓く、伝統の闘牛も守る」、民宿を営む長島忠史さんの「民宿を再開して、山古志の今を発信する」、養鯉《ようり》業の斎藤勝さんの「山古志主要産業の養鯉業の復活とこれから」と題した体験の発表を聞いた。

芋川がせき止められて震災ダムとなり水没した

木籠《こごも》集落では、2軒の家屋が震災遺構として保存されているが、崩壊した棚田も整備され当時の被災の傷跡はほとんどない。山古志の伝統の闘牛も復活して、年2回の闘牛大会も実施されている。泳ぐ宝石として世界中の愛好家に親しまれているニシキゴイも見事な姿を見せている。

さらに、2017年には山古志を含む一帯地域の棚田やため池が、豪雪や地すべりという厳しい環境を、住民の知恵と巧みな技術によって恩恵に転換したとして「雪の恵みを活かした稲作・養鯉《い》システム」として日本農業遺産第1号に認定されている。

こうしてみると、山古志村は長岡市に吸収合併されたものの見事な復興を遂げたように見える。一方で、2004年に2167人の区域の人口は2019年には984人と実に約45％にまで減少し、三陸沿岸地域以上に地域の衰退は著しいのではないかとも思われた。

それにもかかわらず住民の顔は明るく生き生きとし、穏やかである。復興を祈念して米国コロラド州から贈られたアルパカの牧場を営む前山古志支所長の青木勝さんは「この地域には自分の意志で住もうという人が住んでいる。お互いが生活をフォローしながら生きている」と語る。復興とは何でしょうとの筆者の問いかけに、躊躇《ちゅうちょ》することなく「復興とはこの地で幸せに死ねると思えるようになった時です」。

その言葉はすんなりと筆者の胸にしみ込んだ。目からうろこであった。

人口減にあくせくするのではなく、たとえ1万人の町が5千人に半減しても、5千人が幸せと思える街づくりを目指す、発想の転換も必要かもしれないと気付かされたのである。

「幸せに死ねる」時
アルパカ牧場で「復興とは何か」を語る青木勝氏（2019年9月7日）

41 福島原発事故から学ぶこと

東日本大震災を振り返るにあたり、福島第1原発での事故に触れないわけにはいかない。廃炉のための技術も費用も目途がたたず、そして、住処《すみか》を失った住民の損失は金銭で償えるものではない。何よりも、今回のような制御不能の事態が発生したら、再び国土存亡の危機に陥りかねない。

第1部で述べたように、日本は四つのプレートがひしめき合う世界でも有数の「変動帯」に位置し、地震が頻発するとともに111もの活火山が存在し、破局的噴火も繰り返す。陸地が世界の400分の1しかない小さな島国の周辺で、世界の1割近い地震・火山噴火のエネルギーが放出されているのである。

筆者はたった40年余の短い研究者生活中に、狭い岩手県で二度も未知の活断層に遭遇した。内陸で発生している地震の多くは掌握されていない活断層で発生している。

岩手山の噴火危機、雲仙普賢岳、有珠山、三宅島、御嶽山の噴火もつい先日のことである。地震・火山国日本が原発不適地であることは火を見るよりも明らかである。工場の火災は燃え尽きてもゼロになるだけであるが、原発の事故は底知れぬ負の連鎖を引き起こすのである。

現在停止している原発もまた安全ではない。使用済み燃料の処理方法はいまだ目途がたたず、各原発のプールに保管されたままである。地震などでプールが損壊、燃料棒が飛散し冷却不能となったら、発熱し放射性物質をまき散らす。核の連鎖で日本列島が放射能に汚染されつくす悪夢のシナリオもありえないことではない。

使用済燃料、いわば核のごみが無害になるには10万年という気の遠くなるような年月を要する。われわれの暦は２０２１年、ピラミッドですら数千年前のこと、誰がこの長い年月に責任を持てるのか。国はガラス固体化として地下３００メートルに埋設するとしているが、変動帯の日本で10万年も安定な場所などありはしない。

２００６年、日本原子力研究開発機構から遠野市での岩盤の調査に協力要請を受けた。筆者は、例え地下埋設しか手がないとしても、補助金・交付金で処分を地方に押し付けるのではなく、国が天領いわば直轄地として管理すべしとの論を持っていたので拒否。当時の増田知事や本田敏秋遠野市長とも連携して計画は撤回させた。

その後国は方針を変え、２０１７年に「学識者」の検討によるとして国内の処分適地マップを提示した。国策として埋設の場所を選定しようということであろう。地域住民の反対を押し切って基地建設を強行する沖縄の辺野古が目に浮かぶ。国際リニアコライダーの誘致を図る比較的岩盤の良い岩手は候補になりかねない。

　私たちも、原発の恩恵にあずかってきた。後始末に責任の一端は担わなければならないと自覚する。しかし、そのためには、まず、原発政策を進めてきた国会、電力消費地の東京都庁、東京電力の地下にも一部を埋設し、過ちの責任と管理の徹底を忘れ去らぬよう墓碑銘を刻み残すべきである。国会議員は碑文を復唱してから議場に入るべし。それなしに、地方にごみを押し付けるなら、断固として抵抗する。

　私たちは次代の子孫により良い環境を引き継ぐ「未来責任」を有する。もし岩手に核のごみを押し付けるなら、体を張って阻止しようと２０１４年に県老人クラブ連合会50周年記念大会で訴えた。「まだ死ねないぞ、生きがいとして体を鍛えて釜石港（核のごみは船で輸送とのこと）にバリケードを築いて共に闘おう」との呼びかけに、多くの高齢者がこぶしを挙げてくれたが、あれから6年余、何人が壮健でいてくれているであろうか。

　学生時代に、人間が手を染めてはいけない科学技術・「核」と「遺伝子操作」、それは神の手に委ねられるべきと青臭く語った記憶があるが、今こそ正しいと思う。

　真摯《しんし》な地球科学者に原発再稼働に賛同する者はいない。原発からの脱却は東日本大震災津波、原発事故の最大の教訓であるはずと筆者は確信する。

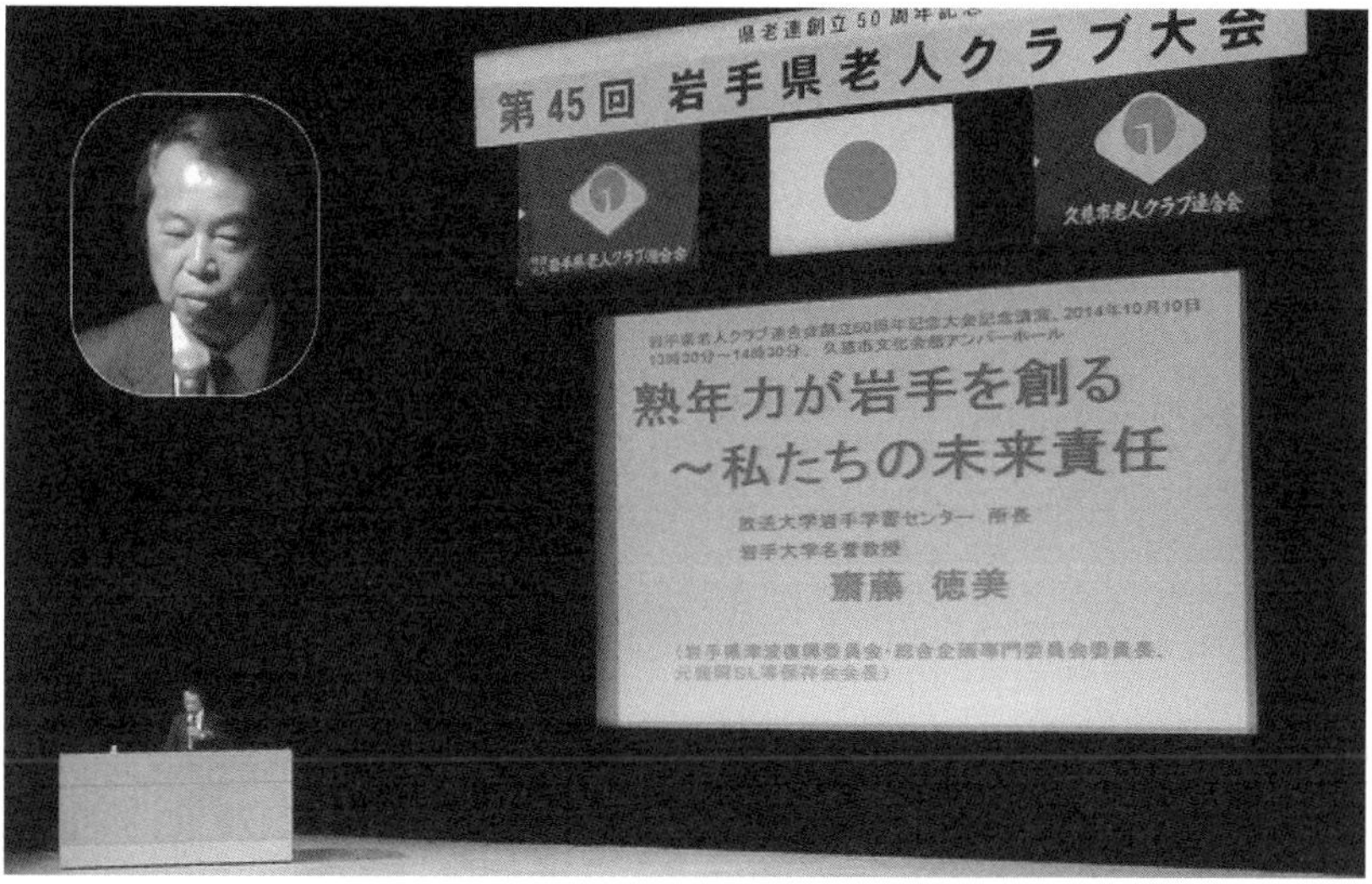

「脱原発」の道筋を
県老人クラブ連合会創立50周年記念大会で「未来責任」を訴える筆者
（2014年10月10日、久慈市文化会館・アンバーホール）

42　千島海溝・日本海溝での巨大津波の予測

２０２０年4月21日、内閣府は千島海溝・日本海溝沿いでマグニチュード（Ｍ９）クラスの巨大地震が起きた場合、本県沿岸北部には東日本大震災よりも大きな津波が襲来するとの予測を公表した。これに対して久慈・宮古・釜石の３市長は一時浸水域想定の非公表を求めた。

日本海溝北部での巨大地震の発生は、専門家からも危惧されていたことでもある。避難や街づくりの基礎となる情報は、公開されるべきものであることは言をまたない。

一方で、２０１１年の東日本大震災での水門、防潮堤の整備や土地のかさ上げなど安全確保のための事業はなお進行中である。その基本にある考え方は、内閣府が「中央防災会議」の提言に基づき、数十年から百数十年に一度の頻度で襲来する津波をレベル1（L1）、千年に一度の津波をレベル2（L2）と統一的に規定し、L1の高さの防潮堤を整備するというものである。L2の津波は、防潮堤で防御できず、避難など複合的な防災対策を行うことになるが、その襲来の頻度は極めて低いと受け止められている。この基準に従って、三陸沿岸のすべての防潮堤は「千年に一度」とされる東日本大震災の津波高さより低い。

今回の想定は、L2に相当する高さの津波が300～400年の周期で襲来し、しかも今切迫した状況にあるという。短期間にL2相当の津波が襲来し、国が10年余の歳月と膨大な国費をかけて建設、なお整備途上の防潮堤がすべて破壊されるという試算は、これまでの安全な街づくりの施策と矛盾しないか。住民の理解が得る説明がし難いとの首長の困惑は当然と思える。地元で防災実務に携わる研究者の一人としても違和感を禁じ得ない。

たとえ、日本海溝北部を震源とする地震は別物だとしても、国策としての東日本大震災の復興街づくりとの整合性を図り地域に丁寧に説明することが必要ではないか。街づくりの基本方針の変更も検討されるべきではないか。

鑑みれば、これまでも内閣府は、一方的に上から目線で、津波浸水予測を公表してきた。2012年の南海トラフの津波予測では、東南海から四国に数分で巨大津波が襲う、例えば和歌山県串本町には2分で18メートル、四国の高知県黒潮町には8分で34メートルと発表。黒潮町の町長によると、翌日は町民から問い合わせが殺到すると職員を待機させたが、一本の電話もない。住民には逃げるすべもないとあきらめの空気が漂ったという。国は、対策を今後検討するとしたが、本来、専門家と英知を絞り防災の具体策と必要な財政措置がセットで示されるべきではないか。

「津波の規模は示した、対策は現地の責任で」とするなら、それは霞が関の官僚の究極の責任転嫁である。住民の命を守るのは自治体の責任であるが、国民の命を守るのは国の責任である。有識者からの非難の嵐に、内閣府の当時の担当者は「針のむしろに座すがごとし」と反省の弁を述べた。しかし、担当者は変わり、今回もまた浸水予測のみが一方的に公表され、国がなすべき対策は一切示されていない。せめて、避難場所整備の支援策ぐらいも掲げられないものか。

内閣府の想定では、主要な港などに近い地点での最大波高は、洋野15・8メートル、久慈13・5メートル、野田13・4メートル、普代14・2メートル、田野畑14・5メートル、岩泉12・8メートル、宮古9・9メートルと予測され、震災の津波の高さを越える地点もある。防潮堤が破壊されるとの条件下では、市庁舎や役場の浸水深が、野田8・2メートル、久慈5・3メートル、釜石6・7メートル、宮古2・1メートル、洋野1・3メートルと厳しい。

これらの地域では、最悪の場合だとしても、震災よりも広域での被災の可能性が示されている。新たに防潮堤のかさ上げなど現実的でない以上、地元自治体は避難場所や経路の見直し、防災士の育成や組織化を行い、住民の避難意識の啓発や訓練への参加を促すなど「津波防災は避難に尽きる」

との災害文化を地道に醸成するしかない。

第2部の終わりに、筆者は今なお「花は咲く」を聞くと涙があふれるのを禁じ得ない。いつか恋する君のために、ヒトはそうして命をつないでいく。

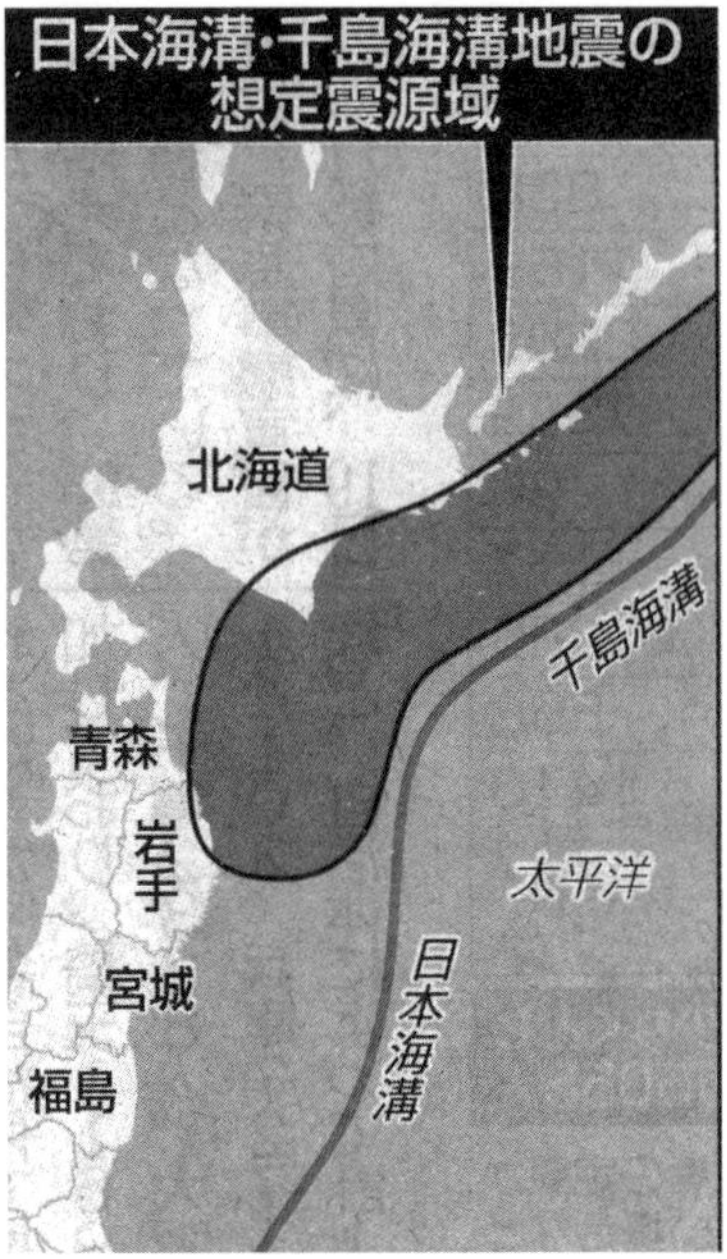

県北は3・11をしのぐ

第3部
火山災害

1　本県の火山噴火記録を見る

火山は、地下数キロ~数十キロに存在するマグマが地表あるいは海底近くに上昇、水蒸気爆発やマグマの噴出などにより形成される。文字通り山地形のみならずカルデラと呼ばれる凹地形（例えば十和田湖）も火山である。

火山は、肥沃な土壌、風光明媚な地形、温泉などの恵みをもたらすとともに、噴火により大きな災害を発生させる。

岩手県内の火山については、岩手山、秋田駒ケ岳、栗駒山で17世紀以降、繰り返し噴火が発生した記録が残されている。『岩手県災異年表』の記載を主に、火山噴火、噴火に至らないものの火山活動が活発化した事例を以下に掲げる。

◆１６２５年　奥州の山鳴動す。

◆１６６３年８月19日　異常鳴響。盛岡北方天鳴御城初め人家の戸障子夥《おびただ》しく震動す。北海道烏珠岳の爆発鳴動が伝播せるものと思わるべく、と記載されているが、筆者は疑問に思う。

◆１６８６年３月25日　岩手山で噴火。盛岡地方天暗黒となり、夜灰色の降雪あり。同24日時々地震鳴動あり、北上川洪水、水流混濁して魚類及び木材の浮流するを見る。同25日岩手山の噴火其勢猛烈を極め、夥しき砂礫《されき》を飛し降灰多量熔岩及び泥流ありしが如し。盛岡中往来のもの降灰のため眼を不得明。11月15日、この節まで岩鷲山煙立つ。

◆1687年4月14日　岩手山噴火し泥流の噴流もありしが如し。7月9日噴火尚不止。

◆1732年1月　東岩手山北東山腹に開いた噴火割れ目から溶岩流出（焼走り熔岩流）。なお、岩手県災異年表には、「1719年正月、岩手山噴火す。東北麓へ熔岩を噴流す。土地の人之を「焼走り」又は「焼崩れ」或は「虎形」又は「鐘鬼形」と称す。」と記載されているが、1990年代以降に古文書の精査で1732年が正しいとされた。

◆1744年2月3日　栗駒山（須川岳）現昭和湖付近で水蒸気噴火、磐井川に泥水と大木が流下。（奥州里諺集《りげんしゅう》）

◆1919年7月初め頃？　岩手山大地獄谷で水蒸気噴火。同16日に松尾鉱山事務所から盛んに白煙が噴出しているとの報告。

◆1932年7月20日～25日　秋田駒ケ岳火口原（俗称石ボラ）で水蒸気噴火。9個の爆裂口から火山灰や泥流が噴出。周辺200ヘクタールの範囲に泥が飛散。

◆1933年3月下旬　秋田駒ケ岳で大砲の音のような大鳴動、女岳山頂から白煙、約5ヘクタール融雪。国見温泉で湧出量増加し湯温上昇。

◆1933年8月～11月　七時雨山鳴動。8月27日16時25分頃奥中山付近で大鳴動、9月6日には竜ケ森付近で大鳴動（火山活動と関係する否かは不明）

◆1934年9月　東岩手山の噴気異常。薬師岳火口で噴気が強まる。

◆1935年3月下旬　岩手山の噴気異常。3月23日、同31日薬師岳火口で噴気が強まる。

◆1944年11月20日　栗駒山（須川岳）現昭和湖

付近で水蒸気噴火。磐井川に酸性水が流下し魚類がへい死、水田数百ヘクタールに被害。

◆1950年1月18日、栗駒山(須川岳)で鳴動。

◆1957年8月11~15日　栗駒山(須川岳)で鳴動、有感の火山性地震多発。

◆1959年東岩手山の噴気異常。薬師岳火口で噴気が強まる。盛岡市内からも噴気が目視された。

◆1970年9月~1971年1月　秋田駒ケ岳女岳でマグマ噴火。有史以来初めて爆発的に新溶岩を噴出。爆発は約3万回で約200万トンと推定される溶岩が流出したが、噴出物はカルデラ内にとどまったため、人畜には全く被害を生じなかった。

◆1972年東岩手山の噴気異常。薬師岳火口で噴気が強まる。

◆1998年岩手山噴火危機　1995年9月15日、初めて火山性微動を観測。1998年2月頃から火山性地震急増し、同4月29日臨時火山情報第1号発表。有感地震も多発し、山体が南北に伸長、同7月1日全山に入山規制。1999年5月以降に西岩手山で噴気活動活発化したが噴火には至らず、2004年7月1日入山規制解除。

◆2009年以降、秋田駒ケ岳女岳北東斜面で地温上昇し噴気の区域拡大、火山性地震増加。

３火山繰り返し噴火

火を噴く岩手山が描かれた江戸時代の古地図（盛岡市中央公民館所蔵）

2　火山噴火の仕組みと形態

東北日本では太平洋プレートが日本列島の下に潜り込んでいる。私たちが接している岩石の層（地殻）の下のマントルは1千度以上の高温であるが固体である。潜り込むプレートと一緒に沈み込んだ水の影響で融点が下がり、上部のマントルがドロドロに溶けてマグマが生成される。

マグマは液体で周辺より軽いため上昇し、重力と浮力が釣り合うところで止まりマグマだまりを形成する。地表近くに上昇したマグマは周辺の圧力が低くなるために溶け込んでいた火山ガスが発泡し地表から噴出する。ビールの栓を抜いて圧力が下がると炭酸ガスが発泡して勢いよく噴出するのと原理は類似している。

地表近くまでマグマが上昇すると地下水が熱せられて沸騰する。常圧でも水は水蒸気になると体積は約1700倍にもなるが、地下に閉じ込められた状態では爆発の圧力はさらに高く、火山灰や岩石を吹き飛ばす。水蒸気噴火である。

地下水と高温のマグマが直接接するとさらに強い水蒸気爆発を引き起こす。マグマ水蒸気噴火である。マグマが直接地表から噴き出すとマグマ噴火となる。噴火による災害の主なものを以下に掲げる。

【噴石】火口から噴き上げられた高温の岩石。直径64ミリ以上を火山岩塊、2~64ミリを火山礫《れき》と称する。当たると生物は死傷し建物は破壊される。多くは火口から数キロ以内に落下するので火口から遠ざかることが肝要。

【火山灰などの降下】直径2ミリ以下の火山灰・スコリア(黒い軽石のようなもの)は上空の風で運ばれ降下。健康障害、交通障害、農作物の被害等を起こす。50センチ以上灰が積もると木造家屋の半数以上が倒壊。小規模噴火では上空の風向きで降灰域が左右されるが、大規模噴火では偏西風で東側に遠方まで到達。阿蘇山の噴火による火山灰は北海道までも分布する。

【溶岩流】900~1200度と高温の溶岩が流れ下り、樹木・家屋等を焼失、埋没させる。速度は遅く徒歩でも逃げることが可能。

【火砕流】高温の岩片や熱風が高速で流れ下る現象で、温度は数百度、速度は時速100キロ以上のことがあり、動植物や建物を焼き尽くす最も危険な現象。溶岩ドームや噴煙柱の崩壊で発生。1991年雲仙普賢岳で43人が犠牲に。発生後の避難では間に合わず。

【火砕サージ】噴火による爆風。火砕流ほど高温・高速ではないが、発生後の避難では間に合わず。

【融雪型火山泥流】冬期に積雪する火山では、火砕流などにより雪が解け大量の水が土砂を巻き込んで流下し、下流で広範囲に氾濫。噴火による被害の範囲としては最も広範囲に及ぶ可能性がある。時速数十キロ程度にもなり速やかな避難が必要。逃げ遅れた場合は少しでも高い所に避難するしかない。

【土石流】火山灰が降り積もったところに降雨があると発生。噴火が収まった後も長期にわたり広範囲で発生するため警戒が必要。時速数十キロで流下するので、大雨の可能性のある時は事前避難が必要。少量の降雨で発生した例もあり、どの程度の降雨予測で避難行動をとるべきかなど、困難な課題を抱える。

【岩屑《がんせつ》なだれ（山体崩壊）】火山は噴火による降下物などによって、稜線《りょうせん》がぎりぎり不安定なバランスのもとにあり、山体内部にも変質によりもろい部分が内在する。地震や噴火などの衝撃で山体が崩壊することがまれではない。岩手山では過去7回の発生が知られ、最大の火山災害であるが予測も対策も定かでない。

【火山ガス】マグマから放出される二酸化硫黄・硫化水素・炭酸ガスなど有害な火山ガスは人間はもちろん動植物に被害をもたらす。噴出したり停留する場所には近づかないことが肝要。

なお、噴火の激しさはマグマの破砕の程度や噴煙の高さで区分される。ハワイ式は粘性の低い溶岩の噴火で噴煙の高さが2キロ以下。ストロンボリ式は粘性が低～中程度で10キロ程度まで。ブルカノ式は粘性中程度以上で20キロ程度まで。準プリニー式は粘性が高く30キロ程度まで。プリニー式は粘性が高く55キロ程度までと最も激しい噴火である。

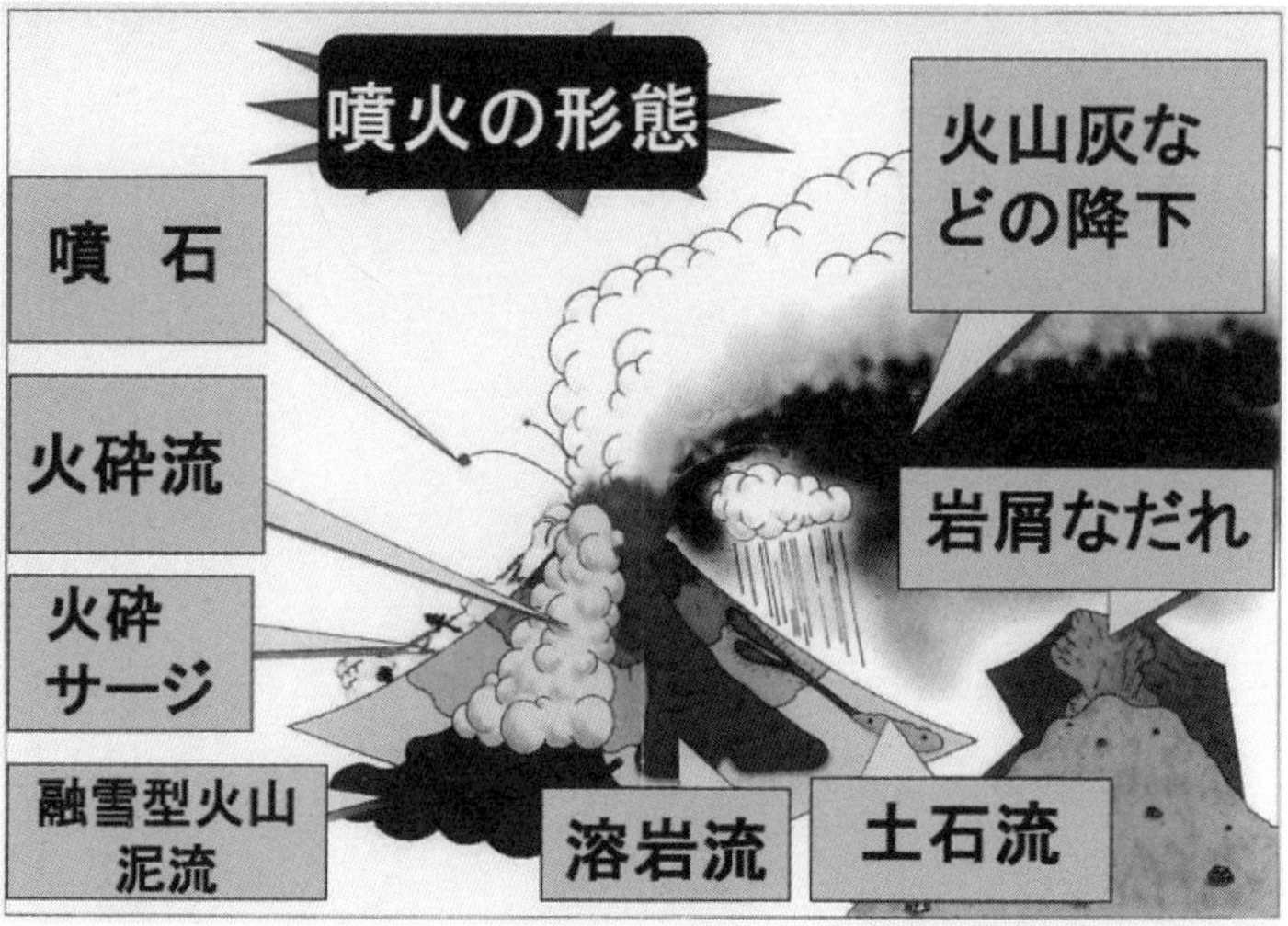

噴火災害の形は多様

噴火の形態

3 噴火の予知は可能か

噴火が発生してからでは避難が間に合わないこともある火山災害において、事前に予知ができることが望ましいのは言うまでもない。しかし、火山災害の特徴はその多様性にある。

◆火口はどこになるか
◆いつ噴火するか
◆噴火の形態はどのようになるか
◆規模はどの程度か
◆いつまで続くのか

これらの要素を正確に予測するのは容易ではない。

マグマ噴火は、火山の下のマグマだまりからマグマが上昇し、地表から噴出するもので、マグマの上昇と集積が前兆現象を引き起こす。マグマが岩盤を割って貫入すると火山性地震が発生する。震源が浅くに移動し、地震規模が大きくなることは噴火が近づいていることを意味し、地震が集中する場所で噴火が発生する可能性が高い。

火山性微動は火山性地震より周期の長い(低周波)連続的な振動で、マグマや熱水の流動などによって引き起こされると考えられている。火山活動の活発化を表す。

マグマが浅部にまで上昇すると、山体が膨張したり、傾斜や岩盤の歪《ひずみ》が変化するなどの地殻変動を生じる。最近は、GNSS(全地球測位衛星システム、人工衛星からの電波や光などの信号を利用して地球上の位置を精密に測定、GPSはアメリカの軍事衛星を利用するもの)などでミリメートル単位で山体の伸長を捉えることが可能になっている。

高温のマグマによる熱で岩石が温められると、岩石の磁気が失われて磁場に変化を生じる。

火山では常に噴気孔《ふんきこう》から火山ガス(水蒸気・二酸化硫黄・硫化水素・二酸化炭素・一酸化炭素・塩化水素・水素・フッ化水素・ヘリウム等)が噴出している場合が多いが、火山活動が活発化すると、ガス温度の上昇や成分が変化する。噴火口等に水がたまった火山湖では噴火前に水が濁ったり、溶け込んでいる化学成分が変化することがある。新たな噴気孔が出現したり地温が上昇して植生が枯れるなどの変化を生じることもある。また、温泉や火山の周辺からの湧水に水量、水温、水質の変化をもたらすこともある。

このようにマグマ噴火には、何らかの事前兆候が観測されることが多く、火山活動が活発化して噴火の恐れがあるとの注意喚起は可能である。しかし前述の5要素を正確に予測することは難しい。火砕流や融雪型火山泥流など噴火後の避難で命を守ることが困難な現象には事前避難しかないが、避難して1週間噴火が発生しなかったら社会的・経済的責任を問われかねないし、逆に避難指示が遅れて人柱が立つことになったら、非難ごうごうであろう。

特に東北の火山は噴火の周期が長く、噴火の際に観測が行われた経験のない火山が多い。日本で地震観測が行われるようになって140年余しかたっていないのである。

2000年の噴火で噴火前に住民の避難が行われて人的被害を回避できた有珠山は1910年、1943年、1977年と約30年周期で噴火が発生し、噴火前の火山性地震の特徴が類似している。「有珠は嘘《うそ》つかない」といわれるが、このような火山は例外的で、何がどう起きたら噴火するのか見極めることは難しい。

1998年岩手山噴火危機では、火山性地震の増加と浅部への震源の移動、火山性微動の頻発、山体の南北への伸長、噴気活動の活発化などにより、マグマの動きが推定でき、火山学者の多くは確実に噴火すると覚悟をした。しかし、6年余を経て火山活動は低下し、いわば噴火未遂に終わった。急激なマグマの上昇を伴わない水蒸気噴火は、事前に顕著な兆候を捉えがたく、噴火の予測はより難しいとされる。

2014年9月27日11時52分、御嶽山で水蒸気噴火が発生し、登山者63人が犠牲になった。注意深く活動の経緯を注視すれば、前兆と取るべき現象があったのではないかと筆者には思えるが、現在の気象庁の噴火警戒レベルに基づく噴火予測の問題点については、後述する。

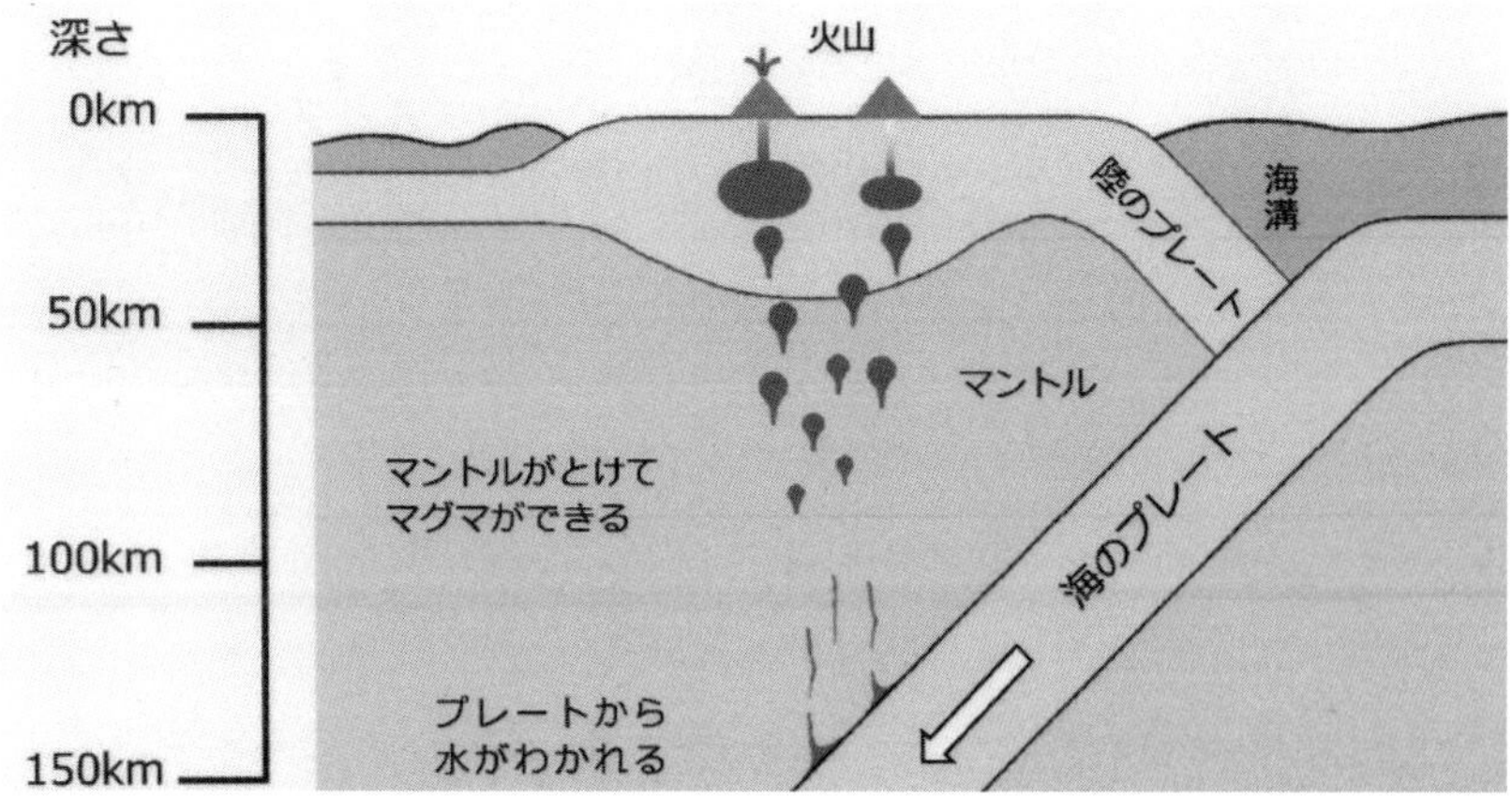

正確な予測は困難
マグマの生成と上昇（気象庁パンフレットから）

4　岩手には四つの活火山

年配の読者の中には休火山・死火山という言葉を覚えている方もおられると思う。かつては、歴史時代に噴火の記録があるが現在休んでいる火山を休火山、噴火記録のない火山を死火山と称していた。しかし、長い休止期間の後に活動を再開した事例もあることから、２００３年以降気象庁は、「おおむね１万年以内に噴火した火山および現在活発な噴気活動のある火山」を活火山と定義している。

現在、日本には１１１の火山が活火山に選定されている。世界には１５００余の活火山が存在するが、そのうちの約７％が陸地面積でいうと４００分の１に満たない日本に存在しており、世界でも有数の火山国なのである。このうち、50火山については、気象庁が火山活動を24時間体制で常時観測・監視している。

活火山は、日本列島を縦断して、海溝に沿って大陸側にほぼ平行に分布する。これは、第2章で述べたように、海溝から沈み込む海洋プレートが一定の深さになってマグマが生成されるためで、このラインは火山フロントといわれる。これより海溝側では火山はできず、四国や近畿地方に活火山はない。なお、伊豆諸島、小笠原諸島や南西諸島に連なる火山島は海底火山の山頂部が海面から頭を出しているものである。

岩手県には、八幡平（標高1613メートル）、岩手山（2038メートル）、秋田駒ケ岳（1637メートル）、栗駒山（須川岳）（1626メートル）の四つの活火山がある。このうち、八幡平以外の3火山は常時観測火山に指定されている。また稲庭岳、七時雨山、荒木田山、高倉・黒森、青ノ木森、松倉山、川尻三森山、焼石岳も過去1万年以内に活動した痕跡はないが火山である。なお、日本百名山の一つで、登山愛好家に人気の高い早池峰山（1917メートル）は火山ではない。

岩手山は岩手県のシンボルであり、県民にとっては父なる山である。宮沢賢治が何度も登り、育んだ畏怖と畏敬の念が彼の文学の原点ではなかったか。望郷の詩人、石川啄木の原風景にはいつも岩手山が鎮座しているように筆者には思えるのである。

この地が生まれ故郷でない筆者にしても、出張して新幹線が盛岡に近づき「間もなく盛岡に到着しま～す」との案内とともに左手の車窓に岩手山が迎えてくれると、帰ってきたのだという安堵《あんど》感に包まれる。岩手山の懐が私たちの「住処《すみか》」なのである。

その岩手山が活火山であることを重々承知していても、噴火するかもしれないとの場面に遭遇するとは夢にも考えていなかった。１９９８年岩手山噴火危機である。ゼロからの「岩手方式」の火山防災体制の構築の経緯は、今後の岩手県の火山防災にとって忘れてはならない財産であることから、第３部の後半で詳説する。

標高２０３８メートル、直径約５００メートルの大きな火口を抱く東側の薬師岳を指して岩手山と呼称することもあるが、山頂は山体のごく一部で、東西約13キロにわたって連なる25以上の火山を総称して岩手火山群と呼ぶ。薬師岳は東岩手山に区分され、過去約６７００年前以降に成長した新しい火山で、浸食も進んでおらず美しい稜線《りょうせん》を保っている。

その西側一帯の西岩手山（黒倉山・姥倉山・犬倉山・大松倉山・三ツ石山・小畚《こもっこ》山等）の活動が始まったのは約70万年前とされ、多くの険しい沢が山肌を削って荒々しい姿を見せている。東側の玉山地区から望むと富士山同様美しい円錐形《えんすいけい》に見えるが、南側の雫石町や北側の八幡平市から望むと新旧の火山が対照的で、それ故「南部片富士」と称されるのである。

盛岡市側から見ると、融雪が進む4月から5月にかけて薬師岳の南東側火口に翼を大きく広げた鷲《わし》の模様が浮き上がる。岩手山が別名岩鷲山と呼ばれるゆえんで、農作業の開始の指標ともされた。

薬師岳の西側には、東西約2キロ、南北約１・３キロの西岩手カルデラが広がり、その中には約６・５万年前のマグマ噴火で形成された火口湖、御苗代湖、御釜湖が静かに水をためている。その西側には水蒸気噴火を繰り返し噴気活動が活発な大地獄谷がある。黒倉山から姥倉山にかけての稜線部は、今なお地温が高く、裸地が連なっている。

県民の父なる岩手山

さんさこみち（盛岡駅東西自由通路）から望む岩手山
（2016年5月1日、筆者撮影）

5　岩手山の噴火史

長期にわたる火山の噴火の歴史はどのようにしてひもとくのか。手掛かりは地層として残された火山灰などの噴出物や火山地形、それに古文書や絵図などである。

有史以降の噴火に関しては残されている古文書や絵図などから、噴火の形態や年月日、時間など詳細に推定できることもある。岩手山の1686年貞享の噴火に関しては、噴火を見聞した代官の記録である『岩鷲山御山御炎焼書留』と題する薄い古文書の写しが県立図書館に所蔵されており、噴火の様子を知る貴重な資料となっている。

一方、1732年享保の噴火については、古文書によって記載が異なり、精査の結果、噴火の年月は1990年以降に変更修正された。文字の判読、時代背景の検証などには専門家を交えた検討が必要なのである。

記録に残らない過去の噴火については、火山体の周辺に分布する過去の噴出物を緻密に調べ上げていくしかない。噴火ごとの火山灰の特徴を分析し、堆積の状況が見える「露頭」を探し、噴火の歴史を組み立てていく。

噴火が繰り返すと過去の堆積物も吹き飛ばされ、火山の形も変化する。それを復元するには、火山地質学者の気の遠くなるような息の長い調査研究が必要となるのである。

岩手山の噴火史の概要が明らかになったのは、何度か登場した土井宣夫氏の尽力による。1998年岩手山噴火危機で迅速な火山防災体制の構築が可能になったのは、氏の二十余年にわたる調査の結果がまとまり『岩手山の地質—火山灰が語る噴火史—』(2000年3月、滝沢村教育委員会)として刊行される準備が整っていたが故による。なお、本稿での岩手山の噴火史に関る事柄は、土井氏による当該冊子や研究論文から引用あるいは参考にさせていただいていることを特記しておく。

土井氏は、静岡市出身、東北大理学部地質学科を卒業後、日本重化学工業㈱に入社して1975年5月盛岡に赴任した。本務の地熱開発の技術者の職務とは別に、個人のライフワークとして、岩手山の噴火史の解明を目指した。休日はロックハンマーとクリノメーターを武器に岩手山の本体はもちろん周辺地域の火山噴出物の調査に専念したのである。

何ゆえに岩手山を?との筆者の問いに、「古い木造の盛岡駅を降りたら、北に雄大な岩手山がそびえて見えた。よし、この火山の噴火史をライフワークとして取り組もうと奮い立った」とのこと。「男のロマン」、その意欲的な姿勢に研究者の端くれの筆者はただこうべを垂れるのみである。

今は、地域の安全を守る公的機関の研究者として堂々と現地の調査に赴けるが、当時土井氏は一民間人、研究のための試料の採取もままならず、自然保護監視員のあらぬ疑いの目を避けてあえて悪天候時を選んで山に登ったともいう。

岩手火山群の活動は約70万年前から始まったと推定される。約30～27万年前から大型成層火山である西岩手山が成長、スコリアを爆発的に噴出するなど噴火を繰り返した。約15万年前には青山町岩屑《がんせつ》なだれ、約12万年前には小岩井岩屑なだれなど4回の山体崩壊を生じた。大松倉山、犬倉山など網張火山列からも溶岩が流出した。陥没あるいは爆発的噴火で山頂部が消失し西岩手カルデラが形成され、カルデラ内に大地獄谷、御苗代湖、御釜湖の各中央火口が形成され、その溶岩は焼切沢を流下した。鬼ケ城や屏風《びょうぶ》尾根の急峻な地形は失われた山体のへりにあたる。その後約3・5～3万年前から活動は東に移動し、約6700年前には平笠岩屑なだれが発生し、崩壊した馬蹄形カルデラ内に円錐形《えんすいけい》の薬師岳火山が成長した。

縄文時代以降、東岩手山では準プリニー式とブルカノ式噴火が多く発生、マグマ水蒸気噴火、水蒸気噴火も発生した。1686年の噴火は薬師火口内の御室火口で発生、1732年には東側山腹から「焼走り熔岩流」が噴出した。

西岩手山では、約7400年前以降大地獄谷で8回の水蒸気噴火を繰り返し、最新の噴火は1919年である。

約70万年前から活動

三ツ石山から薬師岳に連なる岩手火山群
（2003年2月18日、県防災ヘリ「ひめかみ」から筆者撮影）

6 岩手山、山体崩壊と薬師岳の成長

岩手山ではこれまでに7回もの山体崩壊を生じていることが、土井宣夫氏の調査で明らかにされている。大型の成層火山では世界的にも多い回数である。岩屑《がんせつ》なだれの流下は、山体の北東部、東部さらに南東部におよび、すそ野はその堆積物で覆われている。

古い時代の堆積物は埋没しているものが多く、詳細が不明なものがあるが、以降に概略を記す。

◆五百森岩屑なだれ堆積物　約19万年前で、掌握されているもののうちで最古。

◆雫石岩屑なだれ堆積物　年代不確定だが青山町岩屑なだれより古い。

◆青山町岩屑なだれ堆積物　約15万年前。盛岡市青山町を中心に滝沢市に広く分布し、最大層厚は60～70メートル。第1部地震災害第6章盛岡市域の震度分布で述べた地震時の揺れが大きな地域は、本堆積物の分布地域に対応している。

◆小岩井―大石渡岩屑なだれ堆積物　約12万年前。岩手山の最大の山体崩壊で、滝沢市小岩井から大石渡など岩手山の南麓に広範囲に分布。広大な小岩井農場はこの岩屑なだれ堆積物の上に開墾された。上部が火山灰で覆われているため地形はなだらかである。観光スポット「一本桜」付近のゆるやかに凹凸を繰り返す丘陵地形を思い起こしていただきたい。

◆山子沢岩屑なだれ堆積物　約3万年前。平笠岩屑なだれに覆われているが規模は大。

◆平笠岩屑なだれ堆積物　約6700年前。東岩手の山頂部が北東側に崩壊、八幡平市寄木、平舘、大更、滝沢市一本木など北東山麓を広範囲に埋め尽くした。縄文人も被災したと推測される。土砂の一部は北上川に流れ込み、盛岡市の市街地にまで到達した。岩手大構内のボーリングでは厚さ約6メートルの堆積物が確認されている。

◆一本木原岩屑なだれ堆積物　15世紀後半。東岩手山薬師岳山頂部の東～北東斜面の表層部が崩壊し、東部の山麓に堆積した最新の小さな山体崩壊。

なぜ岩手山は山体崩壊を繰り返すのか。崩壊の詳細が最も詳しく解明されている平笠岩屑なだれでは、崩壊の直前にはマグマ噴火も水蒸気噴火も発生していない。

土井氏は、岩手山麓南西側の雫石盆地西縁断層帯、南東側の小岩井山地東縁の断層、北西側の八幡平市平舘盆地西縁断層の存在を注視し、これらの活断層の活動が繰り返し山体崩壊を生ぜしめた可能性があると指摘している。

地震がトリガーとなる山体崩壊であれば、事前の予測も避難も不可能である。人生80年と岩手山の70万年の歴史とはタイムスケール違いすぎるものの、岩手山の懐に抱かれて生きる私たちは、岩手山と運命共同体なのだと、改めて畏怖の念を抱かざるを得ない。

約６７００年前の東岩手山の山体崩壊（平笠岩屑なだれ）は、火山内部のもろい熱水変質帯を境に山頂部が北東側に滑り落ちたものと考えられる。崩壊の後には、長径約１・７キロ、短径約１・３キロの北東に傾く深い凹地（馬蹄形カルデラ）が形成された。

薬師岳火山はこの凹地でのマグマ噴火の繰り返しによって成長した。短い間隔で噴火を繰り返した活動期は4回あるが、約３６００年前以前の第1、第2活動期において山頂火口から多くの溶岩を噴出し、北東側に流下しカルデラを埋めた。さらに、カルデラの縁（外輪山）を越えて標高の低い北側に流下し山体が形成された。

第3活動期に入ると小規模なスコリア噴火が繰り返され、火砕サージも頻繁に発生したものとみられる。約３６００年前には比較的規模の大きな「生出スコリア噴火」が発生し、その後も山頂火口から溶岩が流出し、薬師火山は現在の標高（２０３８メートル）に匹敵する２０００メートル高さに成長した。

平安時代から現在に至る第4活動期では、噴火は爆発的になり、13～15世紀の一時期に発生したと推測される「尻志田スコリア噴火」によって直径約500メートルの薬師火口が形成された。その後も噴火が続き、火口の中に妙高岳が形成された。

そして、1686年に東岩手山における最大規模のマグマ噴火が発生するが、その詳細は後述する。

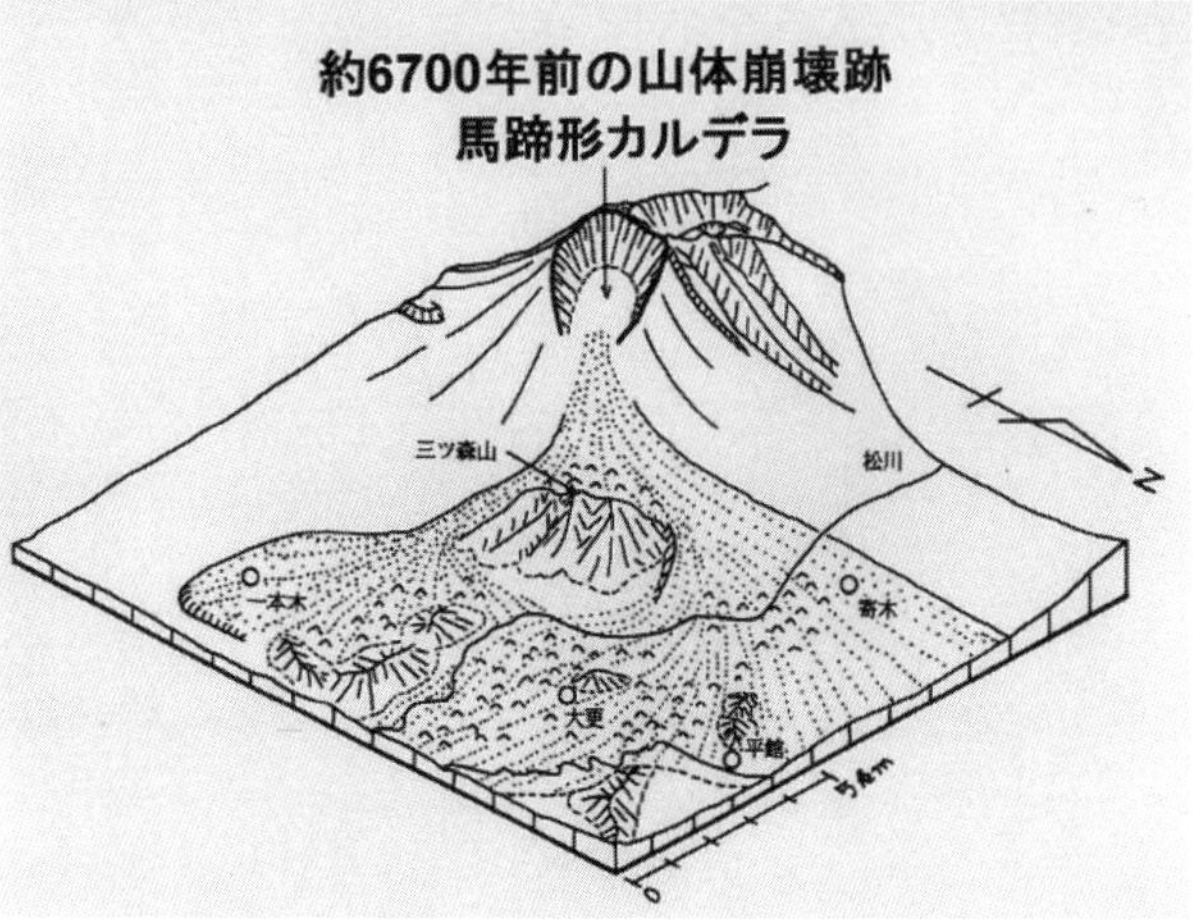

旧西根町域の埋没も

平笠岩屑なだれ堆積物の分布区域（土井宣夫氏による）

7　岩手山、1686年山頂マグマ噴火

1686年3月25日（貞享3年3月2日）、東岩手山薬師火口でマグマ噴火とマグマ水蒸気噴火、さらに続いてマグマ噴火が発生した。江戸時代における二度の噴火の中でも規模の大きなもので、噴火を記録した古文書は25編と多数にのぼる。「今回ほどの激しい噴火は前代未聞である」との記載もある。

一方で、盛岡藩の公的な政務日誌である盛岡藩家老席日誌『雑書』が噴火の発生した貞享3年分が欠本であること、また、古文書間で記載が異なる部分もあることなどから、古文書からの噴火の経緯の復元には、研究者も労を要したと思われる。

土井宣夫氏は、故・村井貞允岩手大名誉教授、故・細井計同名誉教授、伊藤順一博士（産業技術総合研究所）、工藤利悦氏（近世こもんじょ館長）らによる整理を基に、地質調査の結果をも踏まえて噴火の経緯をとりまとめている。最新の解析結果であるので、本章では土井氏の快諾を得てそっくり以降に引用させていただくこととする。

「盛岡城下では、1686年3月23日が曇りで夜中から雪が降り、24日、25日と少し雪降りであったが、25日には時々雷鳴が鳴って、北上川の水が濁り、魚が浮き流れた。不審に思い調査したところ、木の根や家財も流れて来ていた。26日の15時過ぎになって空が晴れると、岩手山頂から激しく黒煙が上がるのが確認された。

同日夕方には山頂から火柱が上がるのが見え、城下に激しく降灰して目を開けて往来することも困難な程であった。噴火は26日から27日夜明けまでの間にクライマックスを迎え、激しい火山雷、鳴動とともに「火砕流」の一種である「火砕サージ」が発生して山頂の北側、東側、南東側の山腹を流れ下った。火砕サージは東麓角掛集落（現滝沢市一本木地区）方面へ火のついた巨礫《きょれき》、大小の樹木片を吹き付け、火砕サージの流れから湧き上がった希薄な『灰かぐら』（灰雲サージとも）の先端は、東方北上川を越えて北上山地西縁にまで達した。

この時、噴火調査のため東麓の国見峠（現滝沢市一本木上郷付近）に入域していた盛岡藩代官ほか14名は火砕サージに巻き込まれた。激しい降灰と火砕サージは、山頂から山腹に残る積雪を急速に溶かして水と火山灰などが混じった『融雪型火山泥流』（雪解け泥流とも）を発生させた。

火山泥流は25日、26日、27日に確認され、根が付いたままで、その一部に火が付いた大小の雑木、巨礫とともに東山麓を流れ下って小川に集まり、角掛集落を襲って、砂込川沿いにあった住民5人の家屋を流した。北上川に入った火山泥流は濁流となって、木の根、民家の家財、浮いた川魚らとともに盛岡城下の北上川を流れ下った。噴火は3月27日の後、10日ばかりの期間続いたとされる。」

噴火口は、薬師火口の妙高岳（標高1995メートル）の西側に開いた御室火口で、長径約190メートル短径約130メートルで、薬師火口の西側火口縁からの深さは約45メートルである。

山麓域の地質調査などから噴火の経過を推測すると、初期はマグマ噴火によりスコリアを噴出するとともに、マグマ水蒸気爆発による火砕サージが火口壁の低い滝沢市南東麓方向に主に流下した。その後噴火が本格化し、爆発的な準プリニー式噴火を繰り返し、「刈屋スコリア」と称されるスコリアは八幡平市大更、盛岡市渋民や滝沢市の東南山麓などに数センチ以上の厚さで降灰し、降灰のエリアは盛岡市、滝沢市から花巻市方面にも及んでいる。また溶岩片（火山礫）が火口周辺に落下した。

積雪期の噴火であることから融雪型火山泥流が発生。八幡平市平笠、滝沢市一本木方面などに流下し、一本木地区は被害を受けた。

この噴火は、縄文時代の平笠岩屑なだれで崩壊した後に成長した薬師岳火山での最大規模の噴火の一つであり、玄武岩質のマグマを噴出する火山としては爆発的な噴火であった。また、火砕サージが発生し、融雪型火山泥流で被害を生じたことなどが特徴として挙げられている。

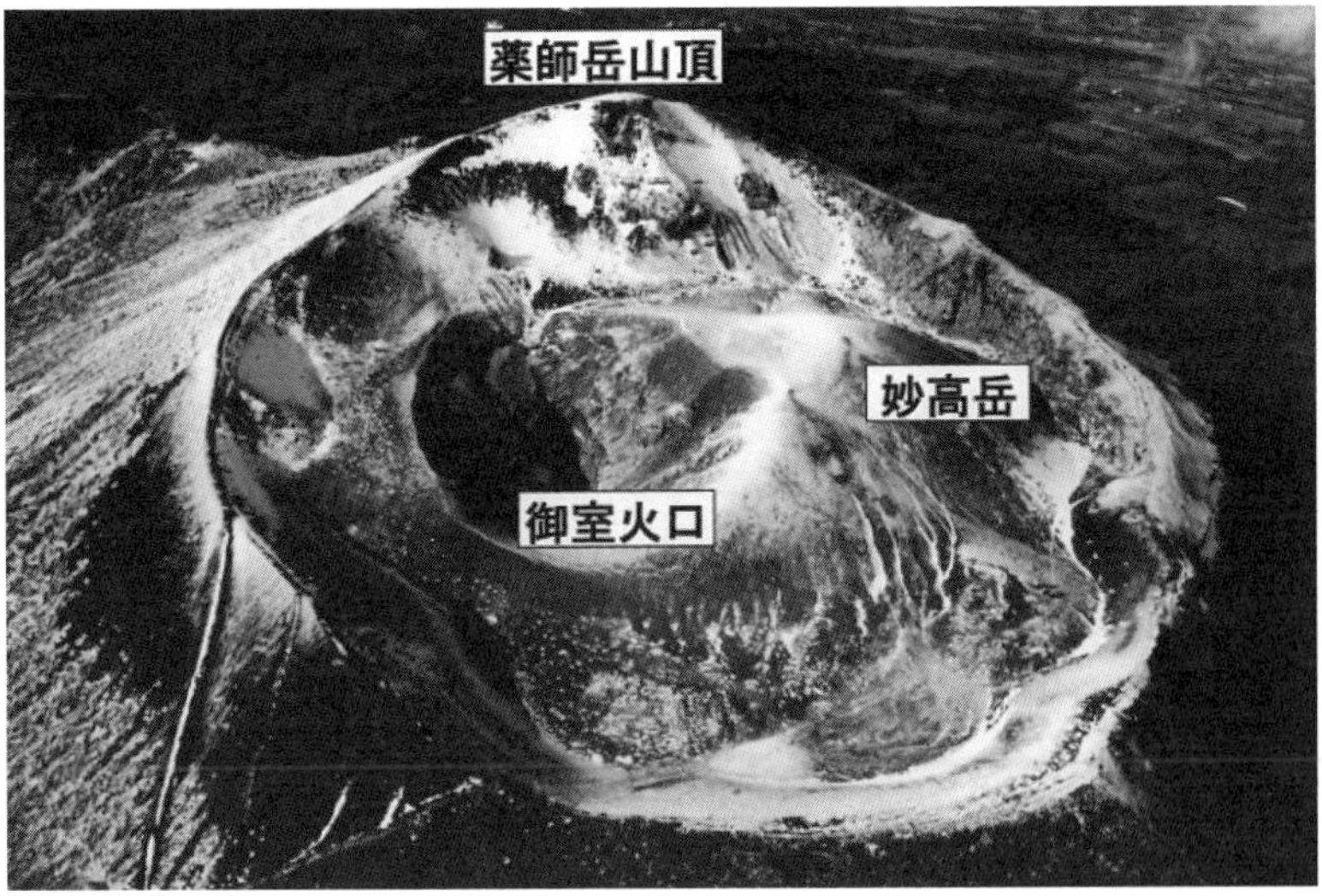

文書に残った大噴火

岩手山の薬師火口。1686年の噴火口が御室火口
（2017年11月10日、県防災ヘリ「ひめかみ」から筆者撮影）

8　岩手山、１７３２年 焼走り溶岩の噴出

八幡平市平笠の国際交流村から、焼走り熔岩流に沿って登る「焼走り登山道」は、岩手山登山の人気の登山道の一つである。

焼走り溶岩の先端部から溶岩流のへりに沿って登り、樹林帯の中で溶岩流を横断し、溶岩の噴出口である標高約１１００メートルの第２スコリア丘（火口から噴出したスコリアがその周りに堆積したもの）を経て同１２００メートルの第１スコリア丘に至る。未固結のスコリアは足場としてももろく、３歩前進後２歩ズルズル後退と難渋を経験した方も多いと思う。

焼走り溶岩の噴火は、１７３２年１月22日（享保16年12月25日）から同1月30日（同17年1月4日）にかけて発生した。盛岡藩の統治下の時代でもあり、「盛岡藩『雑書』」『花印』『雫石歳代日記』などの古文書に噴火の様子が詳しく記載されている。土井宣夫氏は、これらの記述と地質調査の結果とを併せて考察し、噴火の経緯を解明しているので、その最新の報告に基づいて紹介する。

1732年1月20日の夕刻から21日の1日半ほどの間、噴火の前兆現象と見られる有感地震や山鳴りが発生した。22日午前1時から3時頃に地震は特に強くなり、住民を驚かせた。そして噴火が始まった。厳冬期で厚い積雪があったと思われるが、その下に火口が開き溶岩が噴出した。

火口は岩手山北東山腹に北東から南西方向に配列した5カ所で、噴火発生後3日目の24日から25日まで特に噴火が激しく、その後次第に低下し、30日には停止した。一連の噴火は9日間である。噴火が停止する頃には、噴火割れ目の北東延長上の田頭平笠村では地震が激しくなり、住民が避難したという。地震は都合53日間に及んだ。また、噴火停止後も火口付近では噴気が見られた。

噴出した高温（1050度程度と推定）の溶岩とスコリアは厚い積雪を溶かし、大量の融雪水が土砂を巻き込んで山麓に流下した。流れ込んだ松川は、氾濫はしなかったものの濁った泥水で大水となった。

噴火口は、高位のものから順に第1～第5火口と呼ぶ。第1火口は標高約1217メートルから1175メートル、第5火口は標高約935メートルから915メートルに位置し、水平距離は約700メートル、高度差は約270メートルある。溶岩は5個の火口すべてから流出し、第1火口からの流出が最大である。溶岩は安山岩質で、溶岩流の長さは約3・4キロ、最大幅は約1・1キロ、最大の層厚は下流側の溶岩扇状地中心部の盛り上がり部分で10メートルを越えると推測される。

第5火口を除く四つの火口は、噴火割れ目の方向に伸長したスコリア丘が生成していて、低所側が馬蹄形に開いて溶岩を流出している。スコリア丘は共通して火口壁の南東側が北西側より2〜3メートル高い。このことは、噴出物が南東側に多く落下したことを示しており、噴火時の風向が北〜北西〜西方向であったものと推測される。

焼走り溶岩の噴火では、溶岩流は平地までは到達せず、農地や住宅に被害はなく、人的被害も生じなかったことは幸いであった。溶岩地形が虎、鐘馗《しょうき》に似ていることからして、地元では「虎形」「鐘馗」「焼崩」とも呼んでいる。焼走り溶岩はその雄大な溶岩地形が評価され、国の特別天然記念物に指定され、また、十和田八幡平国立公園の特別保護区として、有数の観光資源にもなっている。

岩手山噴火の姿を伝える貴重なものであるが、2000年噴火で避難した村民の帰島の相談に来た三宅島・三宅村役場の職員に「何でこんなちっぽけな溶岩を見に観光バスが来るのだ?」と問われたことがある。

三宅島は海から顔を出した火山の山頂部に約3千人が暮らす。4年半の全島民避難の後に帰島した三宅島を、筆者は土井氏と2005年9月に訪れた。平野祐康村長らと登った雄山の直径約1・5キロ、深さ約450メートルの巨大な陥没火口からは大量の火山ガスが立ち上り、驚異的であった。さらに島中が多様かつ大規模な噴火の痕跡だらけであることを実感した。火山の麓を住処《すみか》としても、その付き合い方は多様であることを感じさせられたものであった。

「最新」のマグマ噴火
焼走り溶岩と薬師岳（2001年7月1日、筆者撮影）

9 岩手山、1919年 大地獄谷の水蒸気噴火

1919（大正8）年7月、西岩手山の大地獄谷で水蒸気噴火が発生した。岩手山における最新の噴火である。

大地獄谷は過去約7400年の間に少なくとも8回の水蒸気噴火を繰り返し、現在も多数の噴気孔から有毒な二酸化硫黄、硫化水素などを含む火山性ガスが噴出し、熱水も湧出している。

かつて、動物や鳥の死骸が見つかったこともあり、危険で、「大地獄谷」と称されるゆえんである。

標高約1300~1400メートル、西岩手カルデラの西端、焼切沢の出口に位置し、約3200年前の噴火によって形成された北火口が北西側に開削している。

西岩手山では、西岩手カルデラの中央火口である御苗代湖や御釜湖が形成されて以降、約3万年以上マグマ噴火は発生しておらず、大地獄谷での水蒸気噴火が繰り返されている。

1998年岩手山噴火危機で、東岩手山の地下深部から上昇したマグマは浅部に上昇したのち西側に移動し、大地獄谷をはじめ黒倉山から姥倉山一帯で噴気活動が活発化したことが明らかになった。過去にも同様の現象が起きていたものと推測され、過去のマグマ噴火の火道が閉塞している西岩手山ではマグマ噴火は発生せず、水蒸気噴火が主になっているものと考えられている。

1919年の水蒸気噴火に戻ろう。

大地獄谷は西岩手カルデラの中に位置するため、近場では開削された焼切沢の方向、例えば樹海ラインの下倉スキー場付近などからしか眺望できない。

最初に噴火に気付いたのは、旧松尾鉱山の鉱山医で、7月14日に大地獄谷から白煙が上がっているのを目撃した。翌15日に松尾鉱山の職員4人が旧松尾村柏台から大地獄谷に向かって登山し、樹木に降灰していることを確認。岩手郡役所に報告し、20日に噴火が新聞報道された。

噴火が発生した日時の詳細は不明である。岩手山東麓を往来し7月14日頃に鳴動を聞いたという村民がいる。また7月15日に地震、20日午後3時頃に盛岡・小岩井他で微震を観測したという報告があるが、これらが水蒸気噴火と関係があるか否かはわからない。

今回の噴火は、大地獄谷最大の北火口の南側、それまで火口のなかった場所で発生した。当初、火口の直径は5～10メートル程度で、火口を取り巻いた地盤に亀裂が生じ、火口から水蒸気と二酸化硫黄や硫化水素を含む噴気が轟音《ごうおん》を伴って数百メートルの高さにまで上昇していた。火口周辺100メートル四方程の範囲に3センチ以上の降灰があり、拳大の砂礫《されき》が飛散した。火口付近に建てられた小屋の屋根は噴石で壊れ、15センチほどの灰が積もっていたという。風の影響を受けた火山灰は火口南西の網張温泉方向4キロにまで到達した。

降灰によって植物が枯れてはいたが焦げた形跡は認められず、火口から高温の火口流出型火山泥流も発生しておらず、噴火は小規模であったと思われる。

9月頃には火口壁は内側に崩れて、直径50メートル程度のすり鉢型に拡大し（大正火口）、火口底には濁った熱湯がたまって泡立ちごぼごぼと連続音を発生していた。熱湯から発するガスは水蒸気のみであったという。

1933年頃から噴気の勢いは衰え、1934年9月には火口にたまった水も冷水となった。最近の大正火口は北側に開削し湖水はなく、噴気も認められない状態になっている。

今回の水蒸気噴火はどのようにしてもたらされたのであろうか。1998年の噴火危機の事例から、上昇したマグマが西岩手山の下に移動し、地下の熱水を加熱して水蒸気噴火を発生させた可能性があると推測される。しかし、噴火前に黒倉山、姥倉山一帯での噴気の拡大などは記録に残っておらず、マグマの上昇や熱供給は多くはなかったと思われる。

規模の小さな水蒸気噴火でも、登山者などには大きな被害を生じる。この噴火は事前予測が難しいことをうかがわせる噴火事例でもあり、登山者の安全確保などに課題が残されている。

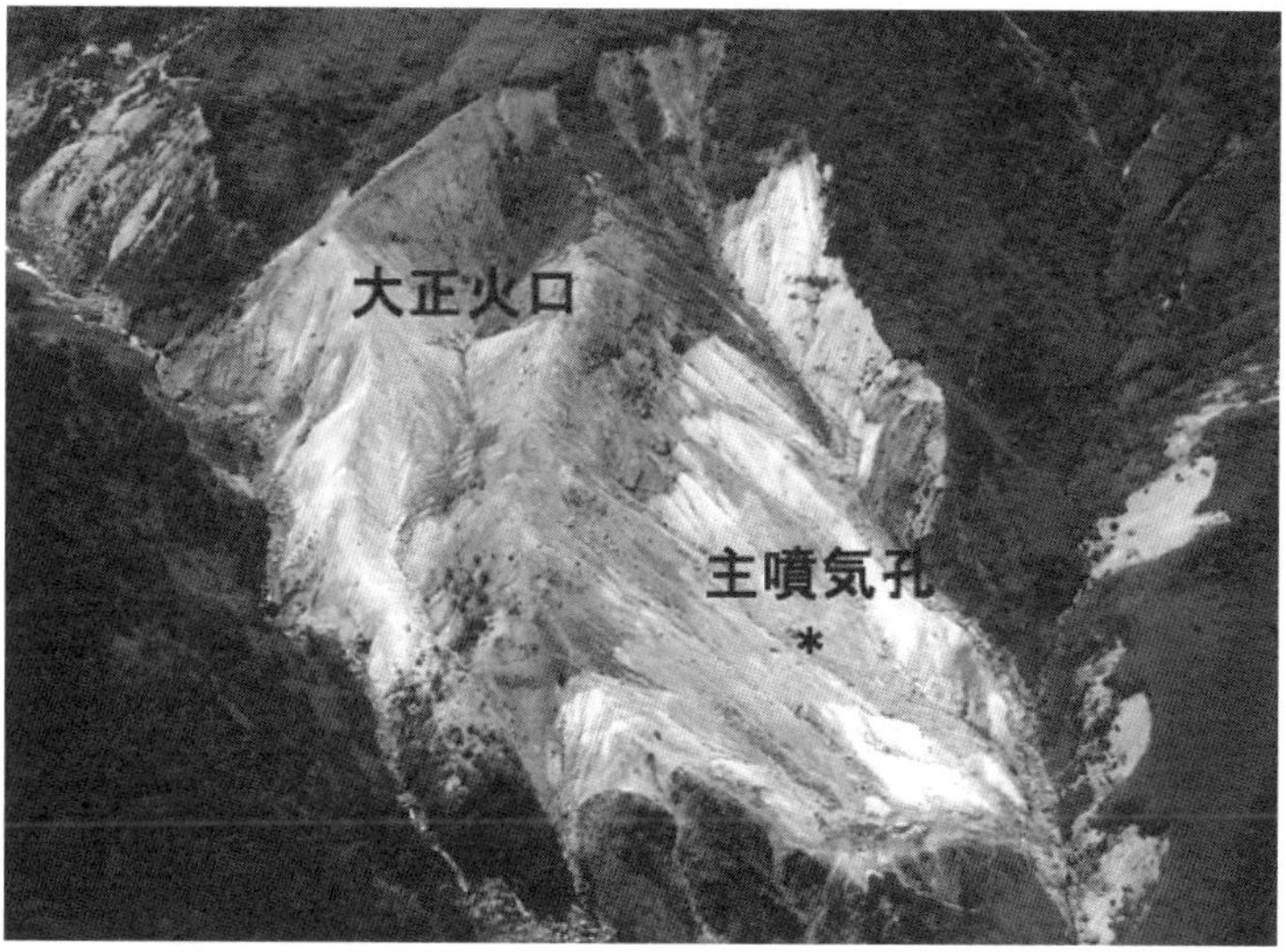

過去にも繰り返し発生

大地獄谷。上部が1919年噴火の大正火口
（1998年6月30日、IBC岩手放送取材ヘリから筆者撮影）

10　1998年「岩手山平成噴火危機」

1995年に火山性微動が観測された岩手山では1998年に火山性地震が急増し、同4月29日に285回を観測、気象庁が臨時火山情報を発表した。住民、行政にも生きている火山との認識がなく、火山防災体制も皆無であった岩手山で、慌ただしく噴火への取り組みが模索されることになった。

その後も有感地震が多発し、山体の南北への伸長という地殻変動が観測され、6月24日には「噴火の恐れも」との文言の入った臨時火山情報第2号が発表。急きょ立ち上げられた「岩手山火山活動検討委員会」（座長・筆者）の助言を経て、周辺

6市町村が7月1日の山開きから全山での入山規制を決めた。

火山災害の軽減には「火山活動の監視」「災害予測地域の想定」「緊急対策の立案と試行」が求められる。従来から山麓に固定観測点を整備していた東北大をはじめ、国の研究機関などが観測体制の整備を図った。

1997年から東岩手山の深部で発生していた火山性地震の震源が浅部に上昇し、さらに西岩手山側に移動したことから、当初は西岩手山での水蒸気爆発が懸念された。

7月8日にハザードマップの作成や緊急対策を立案するための「岩手山火山災害対策検討委員会」(委員長・筆者)が発足し、2週間という短期間で、岩手山火山防災マップ(西側で水蒸気爆発が発生した場合)を公表した。

委員会は引き続いて作業を進め10月8日には、1686年山頂マグマ噴火と同規模の噴火を想定した「岩手山火山防災マップ(東側でマグマ噴火が発生した場合)」を作成し、西側での水蒸気噴火と併せたマップを周辺の旧6市町村全戸に配布した。

並行して、1999年5月27日には、噴火時に関係機関が何をなすべきかの指針をまとめた「岩手山緊急対策ガイドライン」を、2000年3月23日には活動活発期から噴火が終わった後の復興期までの対応をまとめた「岩手山火山防災ガイドライン」を策定した。そして、研究者、行政機関、報道機関、住民の4者が底辺を支えて、頂点の地域の安全を守る、岩手方式の火山防災体制「減災の四角錐《すい》」の構築を目指した。

当時、気象庁は、業務として、いつ、どんな噴火が起きるかの予測はしなくてよいとされていた。では、誰が噴火の兆候を判断し住民の避難を行わせるのか。岩手山では、「火山活動の学術的検討を行う『岩手山の火山活動に関する検討会』（座長・筆者）が、知事に防災実務にも踏み込んだ助言を行い、知事が避難勧告などを行う市町村長に助言する」という、互いに連携し、しかも連帯責任を負う体制が作られた。このことは画期的であり特筆されると筆者は自負する。

住民に対する啓発、6市町村を二巡しての火山噴火対策防災訓練の実施、シンポジウムや草の根の住民説明会などさまざまな取り組みが実施された。

特に、産学官民が集う「岩手ネットワークシステム、（INS）」の「地盤と防災研究会」の分科会として立ち上げられた「INS岩手山火山防災検討会」（代表幹事・筆者）で関係者が顔の見える交流を持ち、信頼感と使命感を醸成したことは大きな特徴である。

1998年9月1日には岩手山南西部で火山性地震ではないが、雫石町長山で震度6弱の地震が発生した。1999年以降には西岩手山での噴気活動が活発化したが、火山性地震の発生や地殻変動は減少に向かった。

山麓のスキー場やホテルの休止など地域経済への影響も増大する中で、2001年7月1日から、「気象台からの適切な火山情報の発表」「緊急警報装置による入山者への情報伝達」「入・下山カードの提出など登山者の自己責任の啓発」を柱とした安全対策を講じて、東岩手山の入山規制を緩和し、さらに2004年7月1日から全山での規制を解除した。

多くの研究者が噴火すると予想していた岩手山は、幸いにして噴火に至らず、平常の体制に戻った。しかし、マグマが貫入した1998年2月〜4月、8月には岩手山は丸腰状態であり、平時の備えの重要さなど多くの教訓が残された。

岩手方式の体制構築

西岩手山の黒倉山山頂から立ち上る強い噴気（2000年1月19日、県警ヘリから筆者撮影）

11 秋田駒ケ岳の噴火史

秋田駒ケ岳は、秋田県仙北市と岩手県雫石町にまたがる活火山で、日本二百名山の一つである。最高峰（標高1637メートル）の男女岳《おなめだけ》は秋田県側に位置する。ちなみに、オナメとは古語で妾のことで、山体の中央部にある男岳《おだけ》がお妾さんを作ったことに腹を立てた女岳《めだけ》が怒ってしばしば噴火したと言い伝えられている。

秋田駒ケ岳の西には、水深423・4メートルと日本で最も深い田沢湖がある。秋田駒ケ岳は807年に噴火し、その時に田沢湖も誕生したとの伝説も残されている。しかし、807年の噴火は確認されず、田沢湖は約180万〜140万年前と古い時代の爆発的噴火によるカルデラの可能性が高い。

山体の中央部から南部に、北東から南西に傾いた長径約3キロ、短径約1・5キロの南部カルデラがあり、北東部には長径約1・2キロ、短径約1キロの北部カルデラがある。男岳（標高1623メートル）が両カルデラの接合部に位置している。北部カルデラには最高峰の男女岳がそびえるが、カルデラは噴火による溶岩や火砕丘で埋められている。南部カルデラは二重カルデラで、内に女岳（標高1513メートル）、小岳、南岳があり、溶岩流がカルデラ底を覆っている。

秋田駒ケ岳の火山活動は約10万年前に始まり、噴火を繰り返して北西～南東方向の長径約9キロ、短径約4・5キロの楕円《だえん》形成層火山が成長した。山体は、カルデラ外輪山として残っているが、カルデラ形成前には現在の阿弥陀池（火口ではなく水のたまった池である）付近に標高1700メートルあまりの山頂がそびえていたと推定される。

約2万1千～2万2千年前に、北部山体の一部が崩落し、先達川岩屑《がんせつ》なだれとして西側に流下した。約1万3千年前に、南部山体の中央部でプリニー式噴火が発生し、生保内火砕流が噴出し、約4・4立方キロメートルの山体が失われて、南部カルデラが形成された。火砕流は南部カルデラ壁を切って流出する北桧木内川下流に流下して扇状地状に堆積した。

先達川岩屑なだれの流下に伴って形成された北部馬蹄形凹地で、約1万1900年前から若干の休止期を挟んでブルカノ式～ストロンボリ式噴火が発生し片倉岳を形成、約8400～7500年前の噴火で男女岳が成長した。

南部カルデラでは、2800～2300年前にマグマ噴火が発生し南岳が形成され、その後活動はカルデラの北部に移動し、玄武岩質のマグマが噴出し女岳および小岳が形成された。１１００～1千年前に小岳でブルカノ式あるいはサブプリニー式噴火が発生し、小岳が現在の姿になった。

小岳から噴出したと推測されるスコリアは、小岳東側のカルデラ壁に広く堆積している。大焼砂と呼ばれ、植生もなく未固結であるため登山道は踏ん張りがきかず、ズルズル後退し難渋である。カルデラの外壁は日照により春先には融雪が早く、山体が雪に覆われているにもかかわらず黒々とした地肌が現れるが、これは火山活動の高まりによるものではない。

秋田駒ケ岳では有史以降は女岳で2回の噴火が記録されている。１９３２年7月21日から24日頃に、南部カルデラの火口原（通称石ボラ）で水蒸気噴火が発生した。カルデラ壁と平行に、南西～北東方向に約６００メートルにわたり直径4～70メートル程度の11個の火口が開き、降灰、泥流、有毒ガスによって樹木が枯死した。噴火の規模は小さく、人的被害は生じなかった。

１９７０年8月29日に女岳旧火口縁で登山者が噴気を発見、9月16日には亀裂が発生し、同18日に噴火が始まった。１９７１年1月26日までストロンボリ式噴火が続いた。長さ約６００メートル、最大幅約３００メートルにわたり溶岩が流下したが、カルデラ内にとどまり、被害は発生しなかった。

２００３年5月以降には地震活動が活発化し、低周波地震や微動が観測された。２００９年以降には女岳北東斜面や東南火口で地温が上昇し噴気地帯が拡大しており、現在も活動の推移を注視している状況にある。

新たに女岳・小岳形成
秋田駒ケ岳南部カルデラ（2005年４月30日、県防災ヘリ「ひめかみ」から筆者撮影）

12 秋田駒ケ岳1970〜1971年噴火

1970年9月18日に女岳山頂火口から噴火が発生した。女岳には山頂付近に少なくとも7個、西山腹の小焼砂火口を合わせて8個の火口が現存するが、噴火は山頂西部で始まった。

噴火形式はストロンボリ式噴火で、灼熱した噴石を火口上空約600メートルまで噴き上げ、半径約500メートルの範囲に落下した。爆発は、噴火の初期には約2分に1回の割合で頻発、その後は5〜10分間隔で発生した。その結果、噴火地点には高さ約53メートル、山頂に直径約60メートルの火口を有する噴石丘が形成された。

火口からは安山岩質の溶岩が噴出して女岳西側

の山腹を流下した。溶岩は、噴火開始直後3日間は1日約100メートル、それ以降の6日間は1日約20メートルの割で延び、カルデラ壁に到達、その後カルデラ壁に沿って向きを変え、10月2日頃に火口からの延長が　約600メートルになり停止した。溶岩流の最大幅は約300メートル、最大厚さは約30メートルである。

噴火は、翌1971年1月26日に休止した。噴出物の総量は溶岩、噴石丘を合わせて、体積は約150万立方メートル、重量約370万トンと見積もられる。噴火は穏やかで、噴石の飛散も溶岩の流下も南部カルデラ内でとどまり、幸い人的被害も農作物などへの被害もなかった。

火口から噴き上げられる灼熱した噴石は、夜間には大規模な花火のごとく美しく、遠く離れた盛岡市からも眺望できたという。雫石町の国道46号は見物の車で混雑し、山頂を眺望できるところには見物客目当てに屋台まで出たという話を聞いたが、真偽の程は定かでない。

1998年岩手山平成噴火危機の際に、この噴火を見物した多くの方々から、「サイトーさん、岩手山が噴火したら、見物に多くの観光客を集められる。噴火した方がいい」との声を聞いた。とんでもない。たまたまこの噴火が非常におとなしいものであったにすぎず、火山噴火はさまざまな形態があり大きな被害をもたらす場合が多い。例えが悪いが、普段はやさしい菩薩《ぼさつ》のような嫁さんでも時には夜叉《やしゃ》になることもある。岩手山の巨大な山体は、線香花火のような噴火で形成されたのではないことを、改めて強調しておきたい。

この噴火の当時、筆者は東北大大学院工学研究科博士課程に進学したばかりで火山とは無縁、秋田駒ケ岳噴火のニュースは、かすかに記憶に残るのみである。岩手の地で火山防災に携わることになるならば、ぜひとも女岳を見下ろす横岳からでも噴火の状況を観察したかったと思うのである。

ちなみに、盟友の土井宣夫氏は東北大理学部の1年生で、ゼミの学生と国見温泉から調査に登山、悪天候と火山灰で撤退したというが、既に火山研究への第一歩を踏み出していた。

直近での秋田駒ケ岳の噴火は、前兆から発生、停止まで多くの観察と調査研究が行われており、今後の噴火を予測する手掛かりになると期待された。しかし、仙台管区気象台によると、噴火後の爆発震動などは観測されているが、マグマ噴火であるにもかかわらず前兆としての火山性地震や微動が観測されていないのである。

確認されている前兆現象は、噴火の約20日前、1970年8月29日に登山者が女岳旧火口付近で噴気を発見、同8月30日、山岳パトロール員が噴気とハイマツなどの高山植物の枯れ死を確認したことに始まる。その後、噴気を伴う開口割れ目が長さ100メートルに伸長して水蒸気と共に二酸化硫黄を噴出し、噴気温度は沸点の95度前後に高まった。パトロール員は地温の一部が紙に火が付くほど(新聞紙の発火点は291度)にまで上昇し、下から突き上げるような振動も感じられたと証言する。そして、9月18日噴火が始まった。秋田駒ケ岳の噴火のメカニズムはなお解明されていないのである。

現在、東北地方の活火山の監視は、地震や地殻変動のデータを仙台管区気象台に一元化して行われている。遠隔地でのリモート監視のみでは心もとないことは言うまでもなく、現地で火山の変化に直接触れることの重要さを改めて感じるのである。

女岳山頂から溶岩流
夜間には美しい光跡を描く女岳のストロンボリ式噴火（旧工業技術院地質調査所）

13　2009年以降、女岳で噴気活発化

秋田駒ケ岳では、1971年の噴火の終息直後、女岳山頂の火口内は高温であったが急速に冷却した。地温が高く弱い噴気が見られる区域は山頂部北側に限られるようになった。1995年以降は秋田大の狐崎長琅教授らが、山頂一帯の50カ所に長さ1メートルのステンレスパイプを打ち込んだ固定観測点を設置し詳細な観測を行っているが、地温は全般に低下傾向にあった。

岩手山噴火危機が落ち着いた後、「岩手山の火山活動に関する検討会」は「岩手県の火山活動に関する検討会」と改称し、岩手県内の活火山である秋田駒ケ岳と栗駒山をも対象に、防災ヘリコプター「ひめかみ」による機上観測や検討会を開催している。

一方、1999年から雫石町消防防災係長として「岩手山火山活動特別調査隊」（詳細は後述）を率いた小原千里氏は社会教育課長となっていたが、岩手山での研鑽《けんさん》を糧に秋田駒ケ岳の地表兆候の調査に取り組んでいた。

2009年8月16日に女岳の調査を行っていた小原氏が女岳北東斜面に地温70～80度、植生の枯死域が小範囲（12メートル×5メートル程度）に出現していることを発見した。その後、熱異常区域は急速に拡大し2010年には山頂北側の既存の噴気区域とも連結し、西北西―南南東方向で長さ約250メートルが裸地化した。しばしば、全域から20～30メートルの高さに噴気が立ち上るのは壮観であった。

女岳南東火口周辺でも、2010年8月に北側の火口縁で熱異常が確認され、火口縁に沿って、南側、南東側へと広がり女岳山頂をも包括するようになった。

2010年4月1日から仙台管区気象台が監視カメラによる観測を始めたが、2011年9月27日には高さ200メートルの噴気を観測し、その後も同程度の噴気が数回観測されている。

2018年には、女岳東山麓の小岳の近くに植生の枯れが見つかるなど、熱異常域は緩やかになったもののなお拡大傾向にあり、検討会は機上観測、仙台管区気象台は現地調査などで注視を続けている。小原氏はボランティアで、年に数回女岳全域で地温測定を継続し詳細な調査結果を提供している。

一方、地震活動も2003年以降、活発化の傾向が見られている。通常は月に数回～20回程度の火山性地震が、2003年6月9日から11日までの3日間で149回発生、2011年12月27日は23回、2015年5月7日と7月15日にも29回、そして2017年9月14日には227回と頻発した。地震規模は小さく多くはマグニチュード（M）1以下であるが、山体直下での地震が増加している。また、男女岳から女岳の数キロ下には地震の空白域が垣間見える。

火山活動の高まりを示すとされる低周波地震を、2015年に2回、2018年に11回、2019年に1回、2020年に14回、2021年に1回観測。さらに、2018年4月3日には振幅は小さいものの継続時間が1分10秒の火山性微動も観測されている。

気象庁は2004年以降、女岳山頂や、山麓の7地点で繰り返しGNSS観測で地殻変動を監視している。各測点間の基線長に火山活動の影響は見られないと気象庁は判断している。それに対し土井宣夫氏は、山頂側の基線が伸長し、山麓側で短縮していると解析。山体を膨張させ、噴気活動を活発化させている熱源が女岳の東側にある可能性を示唆している。1990年に東北大の浜口博之教授らが行った人工地震探査で、男女岳から女岳直下の深さ3キロにマグマの存在を推定しているが、土井氏の解析も整合している。

今後、火山活動が低下に向かうのか、緩やかに上昇を続け噴火に至るのか。万一突発的な噴火が生じたりしないのか、正直いってわからない。2014年御嶽山、2018年本白根山の警鐘なしでの噴火で犠牲者を出した記憶も新しい。秋田駒ケ岳も1970年噴火では明瞭な地震や地殻変動の事前兆候は（あったのかもしれないが）得られていない。夏季には多数の登山者でにぎわう秋田駒ヶ岳で突発的な噴火が発生した場合、登山者の安全をどう確保するのか、課せられた重い課題である。

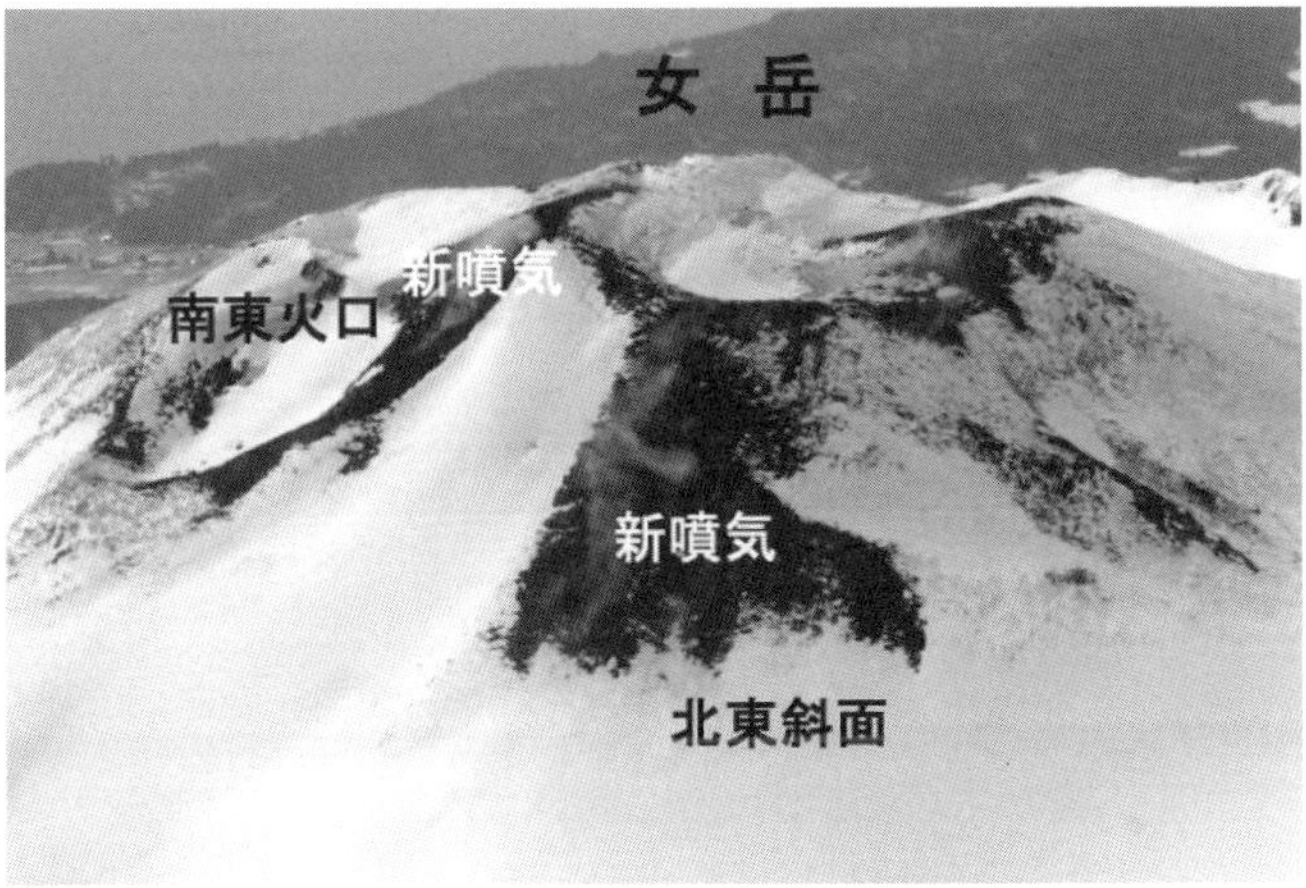

活動の推移を見定め

噴気地帯が拡大した女岳
（2018年4月10日、県防災ヘリ「ひめかみ」から筆者撮影）

14 秋田駒ヶ岳火山防災マップ

火山ハザードマップとは、各火山の噴火による災害の及ぶ範囲を想定し、地図上にわかりやすく描いた図である。それに、防災上必要な情報（避難計画に基づく避難対象地域、避難先、避難経路、避難手段等に関する情報、住民などへの情報伝達手段の他、火山情報の解説等）を付加したのが火山防災マップである。平常時においては避難計画を検討するため、非常時においては入山規制や住民避難等の防災対応等を検討する基礎資料として不可欠なものである。

ただし、必ずしも火山の詳細な噴火史は解明されておらず、噴火の諸要素をあらかじめ正確に想定できるものではない。あくまで一定の条件下での予測であり、実際の噴火では異なる場合があることを認識しておかなければならない。

秋田駒ケ岳の火山防災マップは2000年3月に「秋田駒ケ岳防災対策検討委員会」が検討を始め、2003年2月に公表されている。委員長は石橋秀弘岩手大名誉教授、委員は浜口博之東北大教授、伊藤和明NHK解説委員、林信太郎秋田大助教授、元田良孝岩手県立大教授、丸井英明新潟大教授、鐘ケ江管一前島原市長、秋田地方気象台長、田沢湖町長、雫石町長らであった。

噴火の規模は過去約2千年間での最大規模を想定した。火口は北部カルデラの中央部に1地点、南部カルデラの南西部と小岳の2地点を想定したが、カルデラの内の他の場所に火口ができる可能性もあるとしている。

想定した現象と噴出量は、火山灰2600万立方メートル（東京ドーム約21杯分）、溶岩流は北部1400万立方メートル（同約11杯分）、南部8100万立方メートル（同約65杯分）、火砕流は北部470万立方メートル（同4杯分）、南部2700万立方メートル（同約22杯分）、噴石の飛散範囲は火口から半径2・1キロとしている。

北部カルデラからの火砕流や溶岩は8合目小屋から北西方向に流下し先達川に達する。南部カルデラからの火砕流や溶岩は南部カルデラの開削部から北桧木内川に沿って西側に流下し、玉川にまで達する。火砕サージは火砕流の流域の両側幅3キロと広範囲に広がる。

融雪型火山泥流は、北は黒湯沢、蟹沢、石黒沢、赤倉沢、西は岩井沢、水沢を流下し、先達川や小先達川流域さらには玉川に流れ込み氾濫する。北桧木内川流域を流下したものは玉川流域で氾濫し、影響は刺巻付近にまで及ぶとされる。降灰は上空の風の向きに影響されるが、最も多い風向は東向きで、東山麓では1メートル以上、雫石町橋場付近で1センチの降灰が予測されている。

突発的噴火ではカルデラ内の登山者や山腹のゲレンデにいるスキー客の安全確保は困難である。噴火が登山者らから離れた場所で発生するか、登山者などがいない時間帯に発生することを祈るしかない。

また、噴火後短時間で温泉地や居住地域を襲う可能性が高い火砕流や融雪型火山泥流に対しては事前避難、すなわち事前の警報の発令しか安全を確保する手立てはなく、厳しい対応が迫られることに筆者は大いに危惧している。

岩手県側に想定される被害として、国見温泉は、南部カルデラの南西部で噴火した場合は、噴石と火砕サージの区域に入る。火山活動活発化の兆候が現れたら、安全のため早期に避難することが望ましい。積雪期における融雪型火山泥流は荒沢、シガクラ沢から竜川流域を流下し御所ダムに流入する。氾濫による住宅への被害は橋場、小赤沢地区などで予測される。道の駅「雫石あねっこ」も被災の可能性がある。

融雪型火山泥流は時速数十キロ、発生から数分で居住地に到達するため事前の避難が求められる。警報が発せられないままの突発的噴火では、異常を感じたら身一つでもとりあえず近くの高所へ避難するしかない。例えば、集落内で高所の住宅を「駆け込み寺」として想定し訓練をしておくことが望ましい。

厚い降灰は山間部で、上野沢牧野、雫石スキー場、滝ノ上温泉以東では1センチ以下と想定されているが、交通障害、健康被害には留意すべきである。

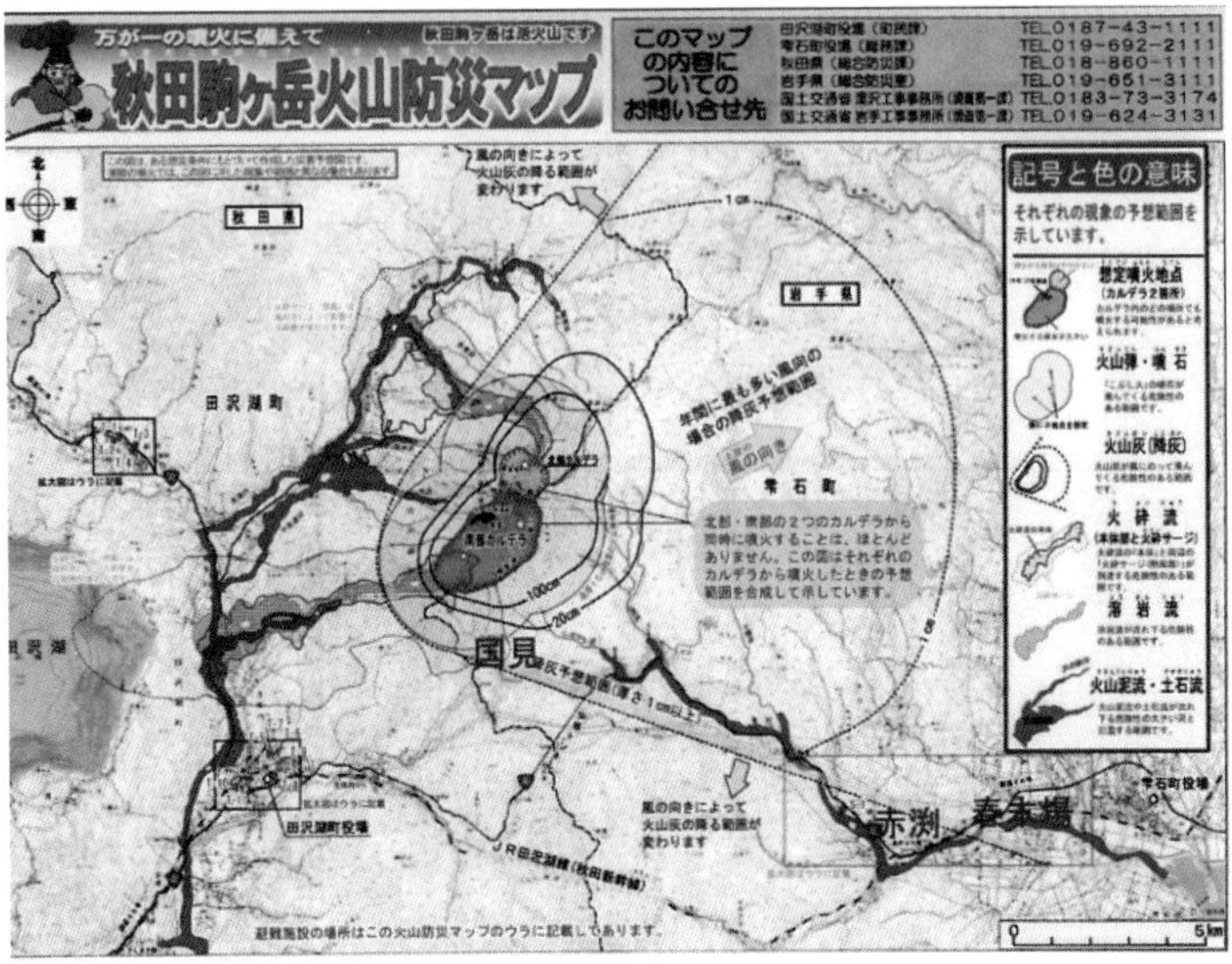

岩手側は降灰と泥流
2003年公表の秋田駒ケ岳火山防災マップ

15 栗駒山の噴火史

栗駒山は、一関市、秋田県湯沢市および東成瀬村、宮城県栗原市にまたがる安山岩質の成層火山で日本二百名山の一つでもある。なお、深田久弥は秋田駒ケ岳と栗駒山は百名山に入れるべきであったかもしれないと、あとがきで述べている。山名の由来は初夏の山頂西側に馬の雪形が現れることによる。須川岳、大日岳、駒ケ岳とも呼ばれる。

約80万年前から活動していると考えられる。最高峰は標高1626メートルであるが、山頂付近には火口の跡が見いだされない。山頂の北側には北西方向に傾斜する広大な地すべり地形が広がっているのが特徴的である。初夏から紅葉の季節に登山者や観光客が訪れる名湯・須川高原温泉は、山頂から北北西約2・5キロ、地すべり堆積物の上に位置する。

山頂の北西約1キロには、1744年および1944年の水蒸気噴火で形成された火口に水がたまった「昭和湖」がある。湖岸からは有毒な硫化水素などが噴出している。従前からキツネの死骸などが見つかっており、ガスの連続観測により環境基準を大幅に超える値が検知されたことから、2019年の山開きから湖畔を通る登山道は昭和湖付近で通行が規制されている。乳白色の美しい湖水は栗駒山の眺望の目玉ではある一方、危険と隣り合わせであり、火山との認識を持っていただくために「昭和火口」と呼称を改めるべきと筆者らは提言している。

昭和湖に接して北西にそびえる剣岳周辺には3カ所の火口が確認されている。剣岳の北から北東方向には須川地すべり堆積物が南北約4・5キロ、東西約2・5キロと広く分布し、その上に剣岳の崩壊による剣岳地すべり堆積物が、約1・5キロ四方に分布する。

また、昭和湖北側の地獄谷では硫化水素などを含む噴気が見られる。剣岳の北側の湯気山一帯では水蒸気主体の噴気が数十カ所以上の地点から噴出しており、地熱活動が活発である。

栗駒山の1万年前以降の噴火史の解明が進んだのはつい最近のことである。2003年、土井宣夫氏が岩手県の火山対策指導顧問に就任した後、栗駒山の調査に意欲を燃やしたが、県の職員としての調査は固く禁じられたという。しなくともよいことに手を広げるなという役所の事なかれ主義か、岩手山平成噴火危機もさめやらぬ中で理解し難い姿勢であった。

しかし、2006年から一関市消防本部と協力して年2回の噴気・火山ガス・温泉調査を始め、同時に地質調査を進めた。そして、2015年活火山法が改正され、火山防災協議会でハザードマップの作成が義務付けられ、噴火史の解明は急務となった。県総合防災室や一関消防本部などの支援も受け土井氏が中心に調査・検討を進めた。人力で近づくのが困難な露頭の調査には、県防災ヘリコプター「ひめかみ」が協力し機上から調査が行われたが、ヘリによる火山地質の調査はあまり例がないことと思われる。

栗駒山の最近1万年前以降のマグマ噴火は剣岳付近の東西約900メートル、南北約800メートルの範囲で少なくとも9回発生。剣岳南東火口、剣岳火口、剣岳北東火口があり、剣岳火口の内側には小火口がある。また剣岳の山体にはすりばち型を示さない溶岩の噴出孔も複数ある。最新の噴火は剣岳北東火口で約4千年前と推定される。溶岩、噴石や火山灰の噴出に加え、火砕流が須川温泉付近に3層確認されている。

水蒸気噴火の火口は東西約3キロ、南北約700メートルの範囲に64個が確認される。噴火は約9千年前から最近まで少なくとも12回繰り返され、直近は1744年、1944年の昭和火口からの噴火である。約4千年前の剣岳南東火口からの噴火が最大規模で火山灰は約230万立方メートルと推定される。火山灰の噴出と共に火口から直接火山泥流を溢流《いつりゅう》した噴火もある。

昭和火口での最近の噴火では、強酸性水が流下し磐井川流域で被害が発生した。農業用水、工業用水、水道水などへの対策が栗駒山の噴火では課題となる。

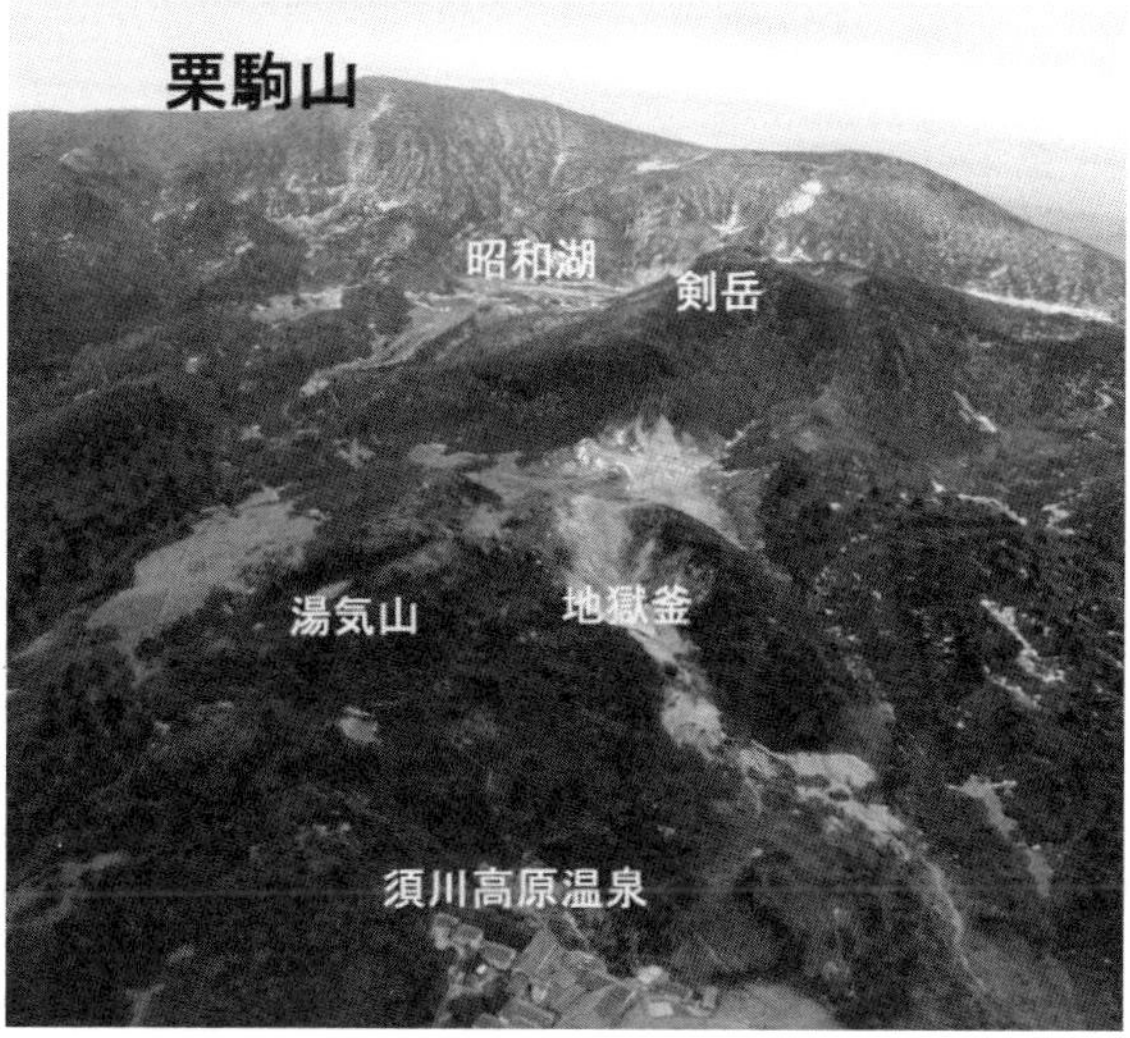

解明に防災ヘリ貢献

マグマ噴火、水蒸気噴火を繰り返す栗駒山
（2018年11月6日、県防災ヘリ「ひめかみ」より筆者撮影）

16 栗駒山１７４４、１９４４年水蒸気噴火

栗駒山の記録に残る噴火は、１７４４年および１９４４年の水蒸気噴火で、噴火口に水がたまって誕生したのが昭和湖である。

１７４４年の水蒸気噴火に関しては文献が少なく、『東藩史稿』に「寛保三年十二月二十日、西磐井郡須川岳（栗駒山の異名）焼ク」との記載が知られるだけであったが、最近（２０１２年）に『奥州里諺集《りげんしゅう》』の中に詳細な記述が見いだされた。その記述と土井宣夫氏の調査結果から、噴火は以降に述べるようであったと考えられる。

１７４４年２月３日、現在の昭和湖の西側で発生し、少なくとも４個の火口が開口した。前兆現象があったかどうかは不明である。火山灰、噴石が飛散し、火口噴出型火山泥流が流出した。ゼッタ沢に厚さ1メートル程度の泥流の堆積物が残されている。磐井川を流下した火山泥流は、流木を多数含み、流路を閉塞《へいそく》して渇水させた後、山鳴りを伴って下流に押し寄せた。

厳美渓の京田滝では流木が積み上がって泥水が流域に氾濫した。河川水は硫化水素臭を放つ酸性水で、磐井川の水を引く堀や水田でも硫化水素臭がした。火口からの噴気は3カ月継続し、時々鳴動が感じられた。

1944年の水蒸気噴火は、積雪期の11月20日夜半に発生した。このため登山者等による噴火の目撃はなく（人的被害もなし）、噴火地点の北西約1・7キロの須川高原温泉の湯守も噴火に気づかなかった。

同12月以降、岩手県等合同調査隊や研究者による現地調査が行われ、報告書などが残されている。また、東麓の一関市厳美地区の住民が火山灰の降灰と噴火後の噴気を目撃し、磐井川流域の住民が濁水（酸性水）の流下する様子を目撃している。

栗駒山の東約13キロに位置する一関市立本寺小学校（現在は閉校）では、2008年岩手・宮城内陸地震で被害を受けたこともあり、岩手県教育委員会から2016年「岩手防災スクール」の認定を受け、事業の一環として1944年噴火時の住民聞き取り調査を行っている。土井氏は、学校防災アドバイザーとして聞き取り調査に参画しており、2006年以降の現地調査結果とも併せて噴火の状況を取りまとめているのでその概要を紹介する。

1944年の噴火は、噴火の約1カ月前から小さな地震が何回か山麓で感じられたあと噴火に至った。火口は1744年火口の東隣に位置する。東西約85メートル、南北約115メートルの範囲に火口は少なくとも7個開き、北側3個の大きい火口は連結して昭和湖を形成した。火口からは火山灰や噴石を東側斜め上空に噴出したものと推測される。火山灰は厚いところで15センチ、多くは1~2センチ程度、西風にのって東側に降灰し、遠くは一関市厳美地区まで降灰した。

噴火後、火口付近から放出された火山ガス（当初二酸化硫黄、その後硫化水素）は樹木を枯死させた。火口からの噴気は継続し、山麓では鳴動が何度も感じられた。

火口から噴出した火山泥流は流動深が約2メートル、火口周辺の積雪を溶かしてゼッタ沢を流下し磐井川に合流した。磐井川を流れた火山泥流は、白色・泥質の固形物の沈殿と河川水との混合により固形物量を次第に減少させ、酸性の泥水、濁水へと変化した。泥水および濁水は硫化水素臭を放ち、祭畤や市野々原など最上流域では赤鉄鉱を含んで赤色を呈した。

湧出源でのpH（ペーハー）は0・81と強酸性で真湯温泉から下流でも1944年12月にpHは3~4まで低下した。1945年には上昇したが酸性水の流下は少なくとも1年は継続し、魚群は死滅し、農業用水などに悪影響を与えた。なお、1947年6月には、須川高原温泉の源泉のpHが0・9まで低下したと記録されている。

1944年の噴火は1744年よりも小規模であった。規模の大きい水蒸気噴火が発生すると、1744年噴火のように火山泥流による被害や河川水の長期にわたる酸性化により、磐井川流域には多方面に深刻な影響をもたらす可能性が大きく、特に留意する必要がある。

「昭和湖」生まれる
昭和湖（2017年6月27日、県防災ヘリ「ひめかみ」より筆者撮影）

17 栗駒山火山防災マップ

栗駒山火山防災マップは、栗駒山火山防災協議会に立ち上げられた「ハザードマップ作業部会」（部会長・筆者）によって、２０１６年から検討が始められた。有史以降の噴火史が解明されていなかったため、水蒸気噴火が発生した場合の火山ハザードマップの策定作業を進めるのと並行して、マグマ噴火の噴火史の調査を鋭意行ってきた。そして、２０１７年3月に「水蒸気噴火が発生した場合の火山ハザードマップ」、２０１８年3月に「マグマ噴火が発生した場合の火山ハザードマップ」を公表した。

作業部会の委員は、筆者、土井宣夫岩手大地域防災研究センター客員教授、伊藤英之岩手県立大

教授、浜口博之東北大名誉教授、三浦哲東北大大学院教授、林信太郎秋田大教授、大場司秋田大教授、藤縄明彦茨城大教授、仙台管区気象台、盛岡地方気象台、関係する防災機関や自治体の実務上の担当者である。

２０１８年からは、登山者や住民などの安全を守るための「避難計画作業部会」（部会長・筆者）が立ち上げられ、その検討結果も反映した「栗駒山火山防災マップ」が２０２０年3月に作成された。同マップには被害想定区域に加えて、火山情報の種類、栗駒山の噴火警戒レベル、避難対象地域、指定避難場所、避難時の心得などが記載されている。

想定される水蒸気噴火の火口は、過去約1万年間での水蒸気噴火の火口の分布から、昭和湖を含む東西約3キロ、南北約８００メートルの範囲とした。噴火の規模は掌握されている12回の噴火のうち最大規模（火山灰の噴出が約２３０万立方メートル）と推定される約4千年前の噴火と同規模とした。上空の風の影響を受けにくい大きな噴石が飛散する範囲は火口から約８００メートル、山頂まで到達する。須川高原温泉のすぐ手前まで到達するので、散策路や登山道上は直撃を受ける可能性が大きい。

小さな噴石や火山灰は、須川高原温泉では50センチ以上、宮城県イワカガミ平で50センチ近く、同湯浜温泉や一関市真湯温泉で10センチ程度と想定している。これらは上空の風向きで到達する方向が異なるため全方位に描いているが、一度の噴火での降灰は風向きにより特定の方向に限られる。

火口から流出する泥流（高温の場合もあり）は、火口の位置にもよるが、北ないし北西方向の沢沿いに流下し、磐井川、赤川（成瀬川）に流れ込む。酸性水による影響は、渇水期と増水期で異なるが、1944年水蒸気噴火の際の磐井川のｐＨは、真湯温泉付近で３・０、厳美渓付近で４・１、火口から約50キロ下流の北上川との合流点で４・８と記録されており、影響は広域にわたる。

想定されるマグマ噴火の火口は、過去約1万年間の火口がある剣岳、昭和湖を含む東西約９００メートル、南北約８００メートルの範囲とした。噴火規模は掌握されている9回の噴火のうちで最大規模（マグマ量約５００万立方メートル）とした。

大きな噴石は火口から約4キロ、須川高原温泉はもちろん、イワカガミ平まで到達する。小さな噴石や火山灰は、山頂や須川高原温泉では50センチ以上、イワカガミ平で約30センチで、1センチ以上の降灰域は一関市役所、平泉町役場、秋田県湯沢市役所、宮城県栗原市役所、山形県最上町役場付近まで広範囲に及ぶ。もちろん全方位に降灰するわけではない。

溶岩流、溶岩ドームの影響は火口から1キロ以内にとどまり須川高原温泉には影響しない。

最も危険なのは火砕流で、須川高原温泉付近はもちろん、ゼッタ沢、須川湖周辺など広範囲に襲い、磐井川、赤川流域に沿って約6キロ下流まで流下する。火砕流の両側約1・5キロの範囲には火砕サージを伴うと想定されている。

降灰後の降雨では、山麓の沢では土石流が発生、また積雪期の噴火では磐井川および赤川を融雪型火山泥流が流下し、北上川、秋田県横手市十文字町まで到達する。

また、栗駒山の北斜面では少なくとも4回の地すべりや山体崩壊が発生している。今後の発生の想定は困難であり、ハザードマップにはその分布を付記した。

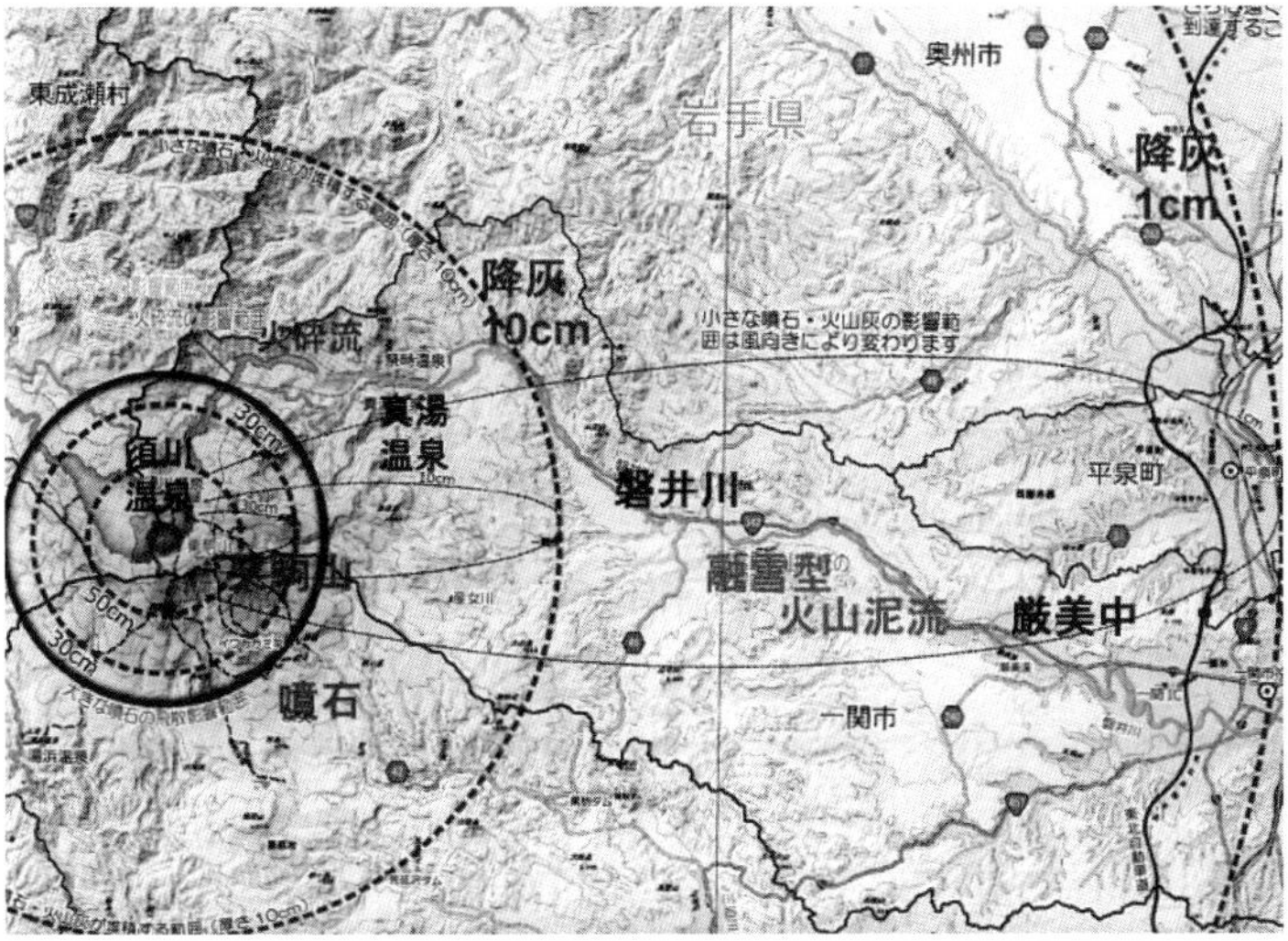

広く火砕流の流下も

マグマ噴火が発生した場合の栗駒山ハザードマップ（部分）

18　噴火警戒レベルの導入

２００７年12月、気象庁は火山活動の状況に応じて「警戒が必要な範囲」と「防災機関や住民がとるべき対応」を５段階に区分した「噴火警戒レベル」を発表することとした。

＊レベル１　噴火予報（火口内等）平常、その後、活火山であることに留意と変更

＊レベル２　火口周辺警報（火口周辺）、火口周辺規制

＊レベル３　火口周辺警報（火口から居住地域近くまで）、入山規制

＊レベル４　噴火警報（居住地域及びそれより火口側）、避難準備

＊レベル５　噴火警報（居住地域及びそれより火

口側)、避難

これは、従来、気象業務法第13条で地震及び火山現象に関しては予報・警報の業務を除くとした方針を１８０度転換するものである。気象庁が防災実務にまで踏み込んだことは称賛されることであるが、観測体制の整備も火山学も急速に進展したわけでもない。予知が難しい、雑駁《ざっぱく》に言えば「わからない」噴火の予測を「わかりやすく」5段階表示することには多くの火山学者から懸念する声が上がった。また、避難の勧告・指示は首長とする災害対策基本法との矛盾も指摘された。

噴火警戒レベルの問題点は、レベルを上げ下げする線引きを何で決めるかが困難なことにある。火山ごとに、火山性地震や微動の回数、地殻変動等を上げ下げの基準として定めているが、日本の多くの火山では噴火時での観測実績が少ない。有珠山のように数回の噴火を経験し観測実績のある火山は特別である。県内の火山でも噴火時の観測実績はなく、平成の噴火危機で多くのデータが取得された岩手山でさえ噴火は未遂に終わっており、どんな現象が噴火につながるか明確にはわからないのである。

特定の火山に長く対峙《たいじ》できない気象庁の職員にレベル上げの判断を委ねる、責任を負わせることは酷なことと筆者は慮《おもんぱか》る。よって、一定の基準を決めておかなければ対応ができないという背景があるが、その基準の妥当性は噴火の経験を積まなければ検証できないのである。

さらに筆者が問題と指摘したいのは、レベル1から2、2から3、4から5への引き上げの基準に「噴火が発生した場合」が明記されていることである。気象庁は、レベルは火山活動の状況を分かりやすく表示したものであるというが、「警戒レベル」という名称は、登山者や住民の安全を守るための事前警報と受け止められて当然であろう。噴火後のレベル上げでは登山者の安全は確保できず、短時間で居住地を襲う火砕流や融雪型火山泥流から住民の命を守ることはできないのが自明ではないか。

岩手山の噴火警戒レベルの導入に際しては、レベル化の旗振り役であった横田崇気象庁火山課長を岩手ネットワークシステム（ＩＮＳ）の検討会に招いて、喧々囂々《けんけんごうごう》の意見交換が何度か行われた。現在の気象庁の噴火予知能力で本当に事前に警報を発せられるのか、気象庁の一方的な発表では防災実務に取り組む自治体は対応ができないなど、多くの疑念が出された。

しかし、気象庁は頑《かたく》なに導入に突き進んだ。やむを得ず、仙台管区気象台が地元関係機関との事前協議を十分に行うことを条件に、２００７年10月29日、当時は存続していた「岩手山火山災害対策検討委員会」の議論をも経て、不本意ながら導入を容認するとした経緯がある。

そして、２０１４年９月27日午前11時52分、御嶽山の突然の噴火で登山者63人が犠牲になるという事件が発生した。噴煙、噴石に逃げ惑う登山者や二次災害の危険の中で救助にあたる自衛隊員の映像は衝撃的であった。事前に警告が発せられたのではないかという指摘もあるが、判断の難しさとともに、レベル１での噴火では登山者の命は守れないという事実が突き付けられた。

ちなみに、レベル１のキーワード「平常」はいわば青信号、安全との誤解?を招くとして、その後「活火山であることに留意」と改められたが、この哲学的ともいえる文言は登山者にどうしろといっているのか、筆者には理解できない。

名称	対象範囲	レベル	火山活動の状況
噴火警報	居住地域及びそれより火口側	5（避難）	居住地域に重大な被害を及ぼす噴火が発生、あるいは切迫している状態にある
		4（避難準備）	居住地域に重大な被害を及ぼす噴火が発生すると予想される（可能性が高まってきている）
火口周辺警報	火口から居住地域近くまで	3（入山規制）	火口付近から居住地域の近くまで重大な影響*を及ぼす噴火の発生、あるいは発生が予想される
	火口周辺	2（火口周辺規制）	火口周辺に影響を及ぼす噴火の発生、あるいは発生が予想される
噴火予報	火口内等	1（平常）	火山活動は静穏

1から5までに区分

岩手山の噴火警戒レベル、2007年（1の「平常」は「活火山であることに留意」と変更）

19　岩手山の噴火警戒レベル判定基準

岩手山の噴火警戒レベル判定基準は、気象庁の専決事項で、２０１９年3月20日に定められている。筆者らも意見聴取を受け、予知能力の現状では結果としてレベル上げの前に噴火が発生する事態が起きることがありうるとしても、レベル上げの基準に「噴火の発生」を掲げるべきではないと提言したが、本庁の方針であり、意に沿えないとのことであった。

地震や微動の回数で判断できるほど噴火現象は単純でなく、地殻変動さらには数値だけではないさまざまな要素を総合的に判断する必要がある。参考までに「岩手山の噴火警戒レベル判定基準」の内、当該レベルへの引き上げの基準を掲載する。

・・・・・・・・・

＊レベル2【火口周辺（火口から概ね2キロ以内）に影響を及ぼす噴火の可能性あるいは発生】

○次の現象のいずれか複数が観測された場合（現象が顕著な場合は、単独の現象でも引き上げることがある）

・火山性地震の増加（前5日間の地震回数の合計が50回以上）

・火山性微動の発生（24時間で3回以上）

・浅い低周波地震の多発

・噴気地帯の明瞭な拡大、新たな噴気の発生もしくは地熱活動の活発化

・山体膨張を示す地殻変動（GNSS、傾斜計、干渉SAR等）

○次の現象が観測された場合

・東岩手山火口、または西岩手山火口から有色の噴煙を確認

＊レベル3【居住地域の近く（火口から概ね2キロを超え4キロ以内）まで重大な影響を及ぼす噴火の可能性あるいは発生】

○次の現象のいずれか複数が観測された場合

・火山性地震の活発化（24時間に100回以上）

・山麓で体に感じる規模の地震の発生

・継続時間のやや長い火山性微動の多発、または振幅の大きな火山性微動の多発

・山体膨張を示す明瞭な地殻変動（レベル2よりも規模大）

・東岩手山火口から噴気の顕著な増加

○次の現象が観測された場合

・噴出物にマグマ起源の物質が含まれていた場合

・10Pa（パスカル）以上の空振を伴う火山性地震

（爆発地震）の発生
•東岩手山火口から大きな噴石が飛散する噴火を確認
＊レベル4【居住地域に重大は被害を及ぼす噴火の可能性】
○次の現象が確認された場合
•噴火活動の活発化が見られるなかで山体膨張を示す顕著な地殻変動（レベル3よりも規模大）とともに山麓で体に感じる規模の大きな地震の多発
＊レベル5【居住地域に重大な被害が及ぼす噴火が切迫】
○次の現象が確認された場合
•多量のマグマ貫入を示す顕著な地殻変動
•概ね火口から3キロを超える火砕流の発生（積雪期においては2キロ）

・・・・・・・・・・・・・・
繰り返すが、レベル1で噴火が発生した場合に、火口周辺にいる登山者の安全を確保するすべはない。影響が登山者のいる区域に及ばないことを願うしかない。レベル4で噴火が発生したら、短時間で山麓に到達する火砕流や融雪型火山泥流から避難する余裕はない。岩手山では、幸い火砕流は居住地まで到達しないと想定されているが、融雪型火山泥流は十数分？で盛岡市街地にまで到達する。安全確保には事前避難しかすべはないが、記載された基準で適切な判定ができるのか心もとない。

平成の噴火危機では、東北大地震・噴火予知研究観測センターで岩手山周辺の地下に観測機器を整備して精度の良いデータを20年以上にわたって観測し、監視・解析を続けてきた浜口博之教授の判断と岩手山を熟知する土井宣夫氏の知見をもとに、「岩手山の火山活動に関する検討会」が防災実務に踏み込んだ助言を行う体制を構築した。

しかし、国立大学の法人化以降、センターなど基礎研究の予算や人員は削減され、観測データは仙台管区気象台で監視しているが、浜口教授が退職して既に十数年が経過した。検討会の座長である筆者も岩手大を退職して10年余、現在は当時のように「防災への実務的助言を自信をもってなしうる体制」にはないことを正直にお伝えせざるを得ない。むろん仙台管区とも情報を共有し、協調して地域の安全確保に尽力したいとの思いは変わらないが。

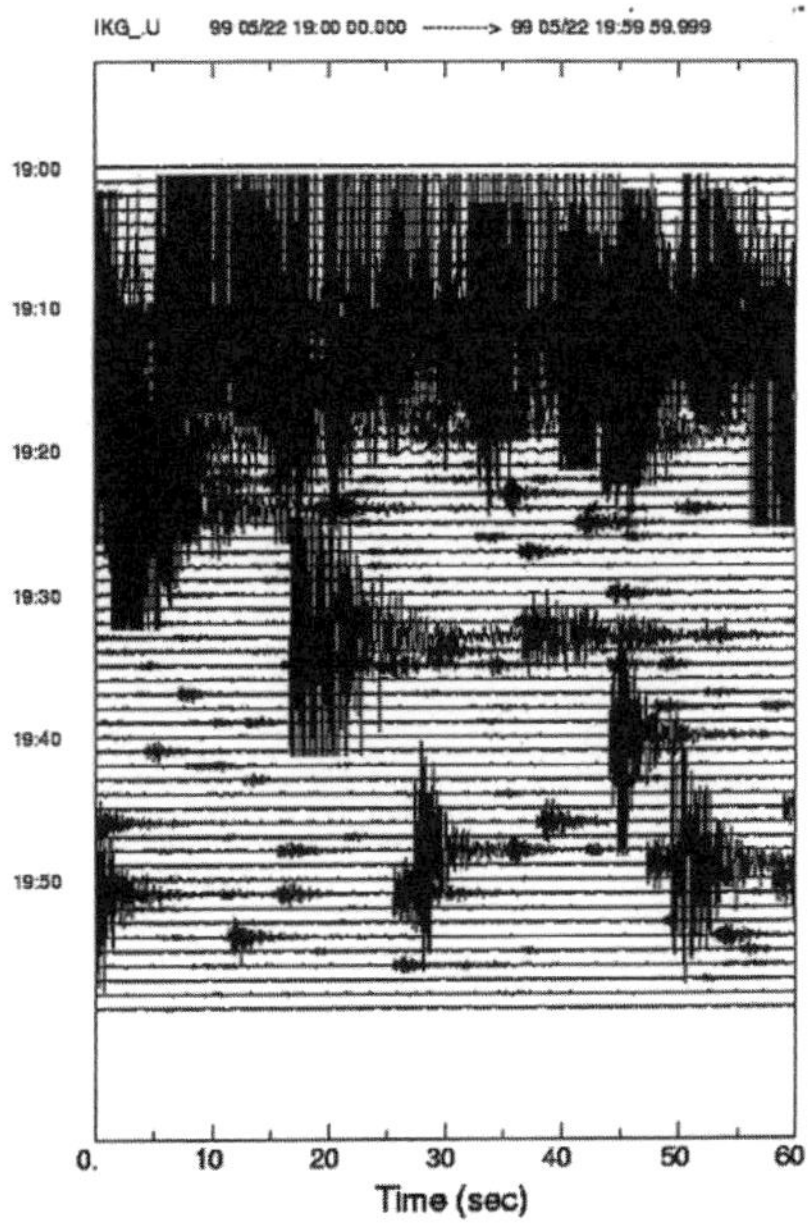

要素を総合的に判断

岩手山で観測された火山性地震の記録例（1999年5月22日午後7時〜8時、東北大地震・噴火予知研究観測センター）

20 国の火山防災シナリオへの疑問、その1

2015年7月に国は「活動的火山特別措置法（活火山法）」を改訂して、49の活動的火山を有する163の自治体に「火山防災協議会」の設置を義務付け、気象庁の「噴火警戒レベル」に対応した避難計画の策定を求めた。しかし、レベル1での御嶽山の噴火、レベル3での口之永良部島《くちのえらぶじま》の爆発的噴火（2015年5月29日）での全島避難などいわば見逃しが十数例もあり、噴火警戒レベルが事前警報の役割を果たしえないことは自明であった。

こうした指摘に対して内閣府は、2016年12月に、レベル1の場合でも異常な現象があれば自治体に防災対応を取るよう求めるとともに、突発的噴火が発生した場合の避難計画を策定するように手引書を改訂した。

2018年1月の本白根山《もとしらねさん》の水蒸気爆発は、専門家である気象庁でも判断ができないもので、おそらく捉えられるような事前兆候がなかった可能性があるが、素人の自治体にどのように判断しろというのであろうか。レベル1の御嶽山や本白根山で何を根拠に火口周辺や入山の規制をかけることができたであろうか。

気象庁がレベル1を引き上げない以上、自治体は現実的規制に踏み込めない。そもそも自治体に対応を求めることはわかりやすく数値化したレベルを定めたことと矛盾する。しかも、噴火の発生をレベル上げの基準として掲げており、気象庁は噴火後にレベルを上げても「咎《とが》」はないのであり、その結果として噴火の兆候が明確に表れるまで判断を遅れさせ、人的被害を引き起こすことが危惧されていたのである。

ここで、本白根山の水蒸気噴火を思い起こしたい。2018年1月23日群馬県草津町の草津白根山で突然に水蒸気噴火が発生した。北側の白根山は、火口湖の湯釜が観光スポットであり、また、活動が活発で噴火の可能性が高いとして24時間監視が行われていた。しかし、今回は警戒していなかった約2・5キロ南側の本白根山(標高2171メートル)で噴火が発生したのである。

噴火と同時に東側にある草津国際スキー場には多数の噴石が落下して、スキー場で訓練中であった陸上自衛隊の隊員30人のうち1人が直撃を受け死亡し、自衛隊員やスキー客22人が骨折などのけがを負った。白根火山ロープウェイのゴンドラは火山灰や噴石があたり、窓ガラスが割れて乗客が負傷した。山頂駅にはスキー客ら約80人が避難し、自衛隊のヘリコプターなどで救助された。

噴火により20センチ程度の噴石が火口から500メートルの範囲に飛散し、北東方向に7~8キロまで降灰、火砕流も北東方向に約1・8キロ流下した。当時、テレビニュースでもゴンドラの中から撮影した生々しい映像が繰り返し放映されたので、記憶している方もおられると思う。

本白根山は、約3千年前に溶岩流を伴う噴火があったが、その後、目立った活動はない。気象庁も火山学者も全く予想していなかった噴火で、噴火に伴う微動は観測されたが事前の兆候は捉えられていなかったという。監視カメラは設置されておらず、気象庁が噴火を確認したのは1時間以上後で、噴火を知らせる「噴火速報」も発表できなかった。

活火山法の改訂以前のことであるが、三宅島噴火が強く記憶に残る。岩手山の噴火危機対応に追われるさなかの2000年6月26日、三宅島で火山性地震が群発し「緊急火山情報」が発表された。その後、地震は島の西側に移動し海面が変色、さらに西の神津島で震度6弱の地震が発生。「火山噴火予知連絡会」はマグマの動きが手に取るようにわかった、三宅島では大きな噴火は起きないと自信をのぞかせた。

しかし、7月8日に三宅島の雄山で水蒸気爆発、8月18日には噴煙が1万5千メートルにも達する爆発的噴火が発生し、山頂が陥没して直径約1・5キロのカルデラを形成し、大量の亜硫酸ガスを噴出するようになった。予知連は先の予測が困難になったとし、9月2日全島民が島外に避難する事態となった。何度も噴火を経験し観測体制もそれなりに整備された火山でも、噴火のシナリオが描きがたいことを示す事例である。

草津白根山が噴火

1人死亡11人負傷

群馬 スキー場噴石被害

「白根火山ロープウェイ」山頂駅にあるライブカメラが捉えた、本白根山の噴石（中央上）や山肌を伝う噴煙（右）とみられる映像（草津温泉観光協会のユーチューブ映像より）

23日午前9時59分ごろ、草
根山の本白根山《もとしらねさん》（群馬県草津
2171㍍）が噴火した。政
群馬県災害対策本部による
にある草津国際スキー場で、
などによって1人が死亡し、
が重軽傷を負った。
【関連記事2、26、

草津白根山で噴火が確認されるのは1983年以来。死傷者については、陸上自衛隊が、スキー場で訓練中だった男性陸曹長(49)が死亡したと明らかにした。ほかの隊員7人も負傷し、うち2人は重体で緊急手術を受けた。いずれも噴石による被害とみている。

地元消防によると、ほかの負傷者4人はスキー客らで、ロープウエーのゴンドラに噴石が当たって割れたガラスなどにより、けがをした人もいる。山頂駅のレ

レベルは警報ならず

本白根山の突発的噴火を伝える岩手日報（2018年1月24日付）

21　国の火山防災シナリオへの疑問、その2

登山者が死傷した際の救助活動も容易ではない。県内の火山においても、遠く離れた仙台管区気象台が噴火の発生を適切に掌握し、迅速に噴火速報を出しうるか疑問である。

天候が悪ければ監視カメラも役立たず、地方気象台や自治体でも確認が難しい。噴火の場所や状況、さらに今後の活動の可能性が不明なままで、自衛隊・警察・消防などによる二次災害の危険を避けての救援活動は行い難い。

レベル5への引き上げが噴火の後であれば、火砕流や融雪型火山泥流の危険区域の住民に安全確保のゆとりはない。レベル4は「居住地に重大な影響を及ぼす噴火の可能性」、レベル5は「同発生が切迫」との気象庁の基準は、文言による区別はともかく、どのような現象をもって区別するのか、根拠があいまいで心配である。

避難計画には、「突発的に噴火が発生した場合には、登山者や住民の避難に時間的ゆとりがないことから、より迅速な情報伝達や避難誘導を行う」と、具体的対応のない作文でお茶を濁し、形式上、避難計画はでき上がったということになるのであろう。

噴火の形態は火山ごとに異なるものであるから、地元で長年、当該火山と対峙《たいじ》してきた専門家の知見が重要であることはいうまでもない。筆者らは、火山防災協議会の中に、既設の「ハザードマップ策定部会」「避難計画策定部会」に加えて、例えば「火山活動検討部会」といった部会を立ち上げることを内閣府に提言した。しかし、活火山法上、協議会の役割は平常時に警戒避難体制の整備を行うことで、平常時以外の対応は所轄外と否定された。

それが、警戒レベルの見逃しの多い実態をも踏まえたのであろうか、２０１８年３月13日開催の内閣府の「火山防災行政に係る検討会」では、緊急時の火山専門家の役割を明確にしておくことが望ましいと指摘され、同７月に内閣府は、学識者が緊急時に助言するシステムを工夫するように協議会に通達を出した。

しかし、噴火警戒レベルは法的に気象庁が公表するものであり、専門家の見解がどう反映されるのか。法的に責任を問われない国家公務員と異なる専門家（筆者も土井宣夫氏も定年後のいわば無職のおじさんなのである）の責任の所在はどうなるのかなど課題も多い。協議会に丸投げするのではなく、国が明確に位置付けを示すべきであろう。

１１１と多くの火山を抱えるわが国において、火山研究者は、自虐的に「40人学級」と語るように少ない。旧帝大を中心に設置された火山研究観測所も法人化以降、環境は厳しい。気象庁職員は観測業務に追われ、適切な判断ができるよう研鑽《けんさん》を積む機会が少ない現状にもある。根源的な課題が山積している。

噴火史も十分に解明されない多くの火山に対して、早急に噴火のシナリオ、ハザードマップを作成し、観測体制が脆弱《ぜいじゃく》な中で、事前警報の役割を担い難い噴火警報レベルの適切な運用を前提とした火山噴火対策という発想は、現場から遠く離れた霞が関の身の保全を図るに有能な官僚が描いた「絵に描いた餅」といったら筆者の偏見であろうか。

「きちんと避難計画を策定しろと促したのだから、対応がうまくいかなかったとしても国に責任はない」「気象庁も噴火の発生をレベル上げの基準の一つと明示しているのだから突発的噴火で被災しても責任はない」とするなら、自治体あるいは火山防災協議会への究極の責任転嫁である。

噴火警戒レベルに対応した避難計画の策定という国の火山防災のシナリオは朝令暮改を繰り返し破綻していると筆者には思える。噴火警戒レベルは事前警報との幻想を与えることと認識して、火山の活動の状況を分かりやすくランク付けた「火山活動レベル」に改めてはどうかと筆者は考える。

いずれにしても、私たちは地震にしても津波にしても豪雨災害にしても自然現象をすべて掌握できるわけではない。ここまではわかる、ここはわからないと謙虚に語る必要性を改めて感じるのである。

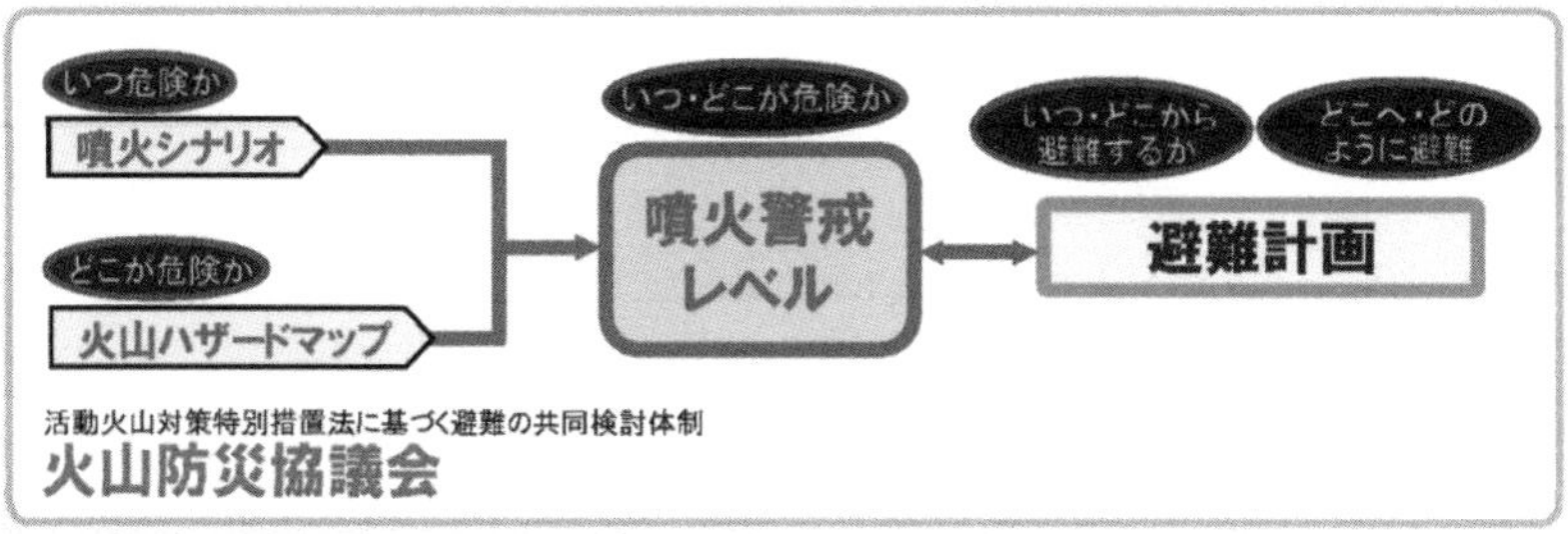

「絵に描いた餅」か?
国の火山防災シナリオ(気象庁リーフレット)

22 御嶽山噴火災害は防げなかったのか

「木曽のナアー　中乗りさん…」と年配の方ならおなじみの木曽節で知られる御嶽山で２０１４年9月27日11時52分に水蒸気噴火が発生した。

御嶽山は長野県と岐阜県の県境にあり、標高３０６７メートルと高いが比較的登山しやすく人気がある。当日は紅葉の登山シーズンの昼食時で、山頂付近には多くの登山者がおり、火山弾の直撃を受けるなどして、死者58人、行方不明者５人という登山者の事故としては例のない噴火災害となった。

山頂、剣ケ峰の南西の地獄谷付近で噴火が始まり、噴煙は約7千メートルに達し、火口から約１キロ圏内には直径数センチから50～60センチの噴石が最大時速３５０～７２０キロの高速で雨のように降り注いだ。森林限界以上で植生はなく、身を隠す大きな岩もほとんどなく、避難場所となる小屋や御嶽神社の社務所などに避難できた少数の登山者以外は噴石の直撃を受けた。「損傷死」という衝撃的な言葉をご記憶の方もおられよう。

火山灰も厚いところでは70センチ以上も堆積、即死を免れても灰を吸い込んだり夜間の冷気で衰弱死した方もいるという。二次災害の危険性もある中での自衛隊、消防、警察等の火山灰まみれの救助活動は、固唾《かたず》をのんで見守るしかなかった。

御嶽山は、最近1万年で4回のマグマ噴火を起こしている。山頂南西の地獄谷の噴気活動は、最近数百年続いているとされるが、１９７９年10月28日早朝の中規模水蒸気噴火以前に噴火の記録はない。1979年の噴火では、地殻変動は観測網がなく不明だが、少なくとも6時間前には火山性地震が頻発した。降灰は山頂で50センチ以上、噴石は山小屋の屋根を突き破り、噴火の規模は2014年より大きかったが、早朝でもあり人的被害はなかった。

1991年には、4月以降火山性地震が多発し、微動も発生、5月13日に小規模水蒸気噴火が発生。2006年12月にわずかながら山体膨張が観測され、2007年3月まで地震・微動が消長を繰り返し継続(地震1月16日90回、17日164回)。1月25日には最大規模の微動が発生し、3月後半に小規模な水蒸気噴火があったことが後日確認された。

このように、1979年以降3回の水蒸気噴火が繰り返された後、2014年9月に入って火山性地震が増加、10日に52回、11日に85回発生した。その後、低周波地震も発生したが、地震回数は3～27回で推移し、地殻変動も確認されないとして気象庁はレベル1を維持した。そして、9月27日11時41分に火山性微動が発生、45分には傾斜計に変化が認められたものの、警告を登山者に伝達する時間もなく、大惨事を招くことになったのである。

有史以来、1979年の水蒸気噴火まで噴火の記録のない御嶽山で、以降に水蒸気噴火が繰り返され活動的に変身したという重大な事実に、より注意を図るべきではなかったか。水蒸気噴火の予測が難しいことは踏まえても、空振りを恐れずに、より安全側に警告を発するべきであったと筆者は思う。

気象庁は、2007年の噴火では先行現象となった地殻変動が捉えられていないこととして(山体が膨張していたとの見解もある)、地震が継続して発生し、低周波地震も発生しているにも関わらず、レベルを上げなかった。

9月12日と16日に、「火山の状況に関する解説情報」を発表、それ以降は「週間火山概況」で活動状況を報告したとするが、現地や登山者に届かない一方的な情報は、少なくとも安全に寄与する情報とは言えないことも改めて強く指摘したい。

遺族らが国・県に国家賠償法に基づく損害賠償を求める訴訟も起こされている。法的な責任の有無は別にしても、気象庁は多くの犠牲を生じた結果は重く受け止め、マニュアルに拘泥しないデータの精査や緊急時の情報伝達の在り方など改善が求められる。

裁判の過程で当時の状況が明らかになるにつけ、筆者は改めて国の火山防災シナリオの見直しが必要と痛感する。

警告すべきであった

噴火の瞬間、立ちつくす登山者
（故・伊藤保男氏撮影、御嶽山噴火災害被害者家族の会「やまびこの会」提供）

23　破局的噴火も頻発

東北地方太平洋沖地震は、東北地方沿岸部に壊滅的被害をもたらす巨大地震であった。火山の噴火でも、かつて国土に壊滅的被害をもたらした巨大噴火は繰り返して発生しているのである。本稿の主題である「岩手・減災　近年の足跡」とは無縁に思うかもしれないが、発生した場合には岩手も大きな影響を被るので、紹介したい。

読者の中には九州の阿蘇山に行かれた方も多いと思う。高岳（標高1592メートル）を最高峰に中岳・根子岳などがそびえ、中岳は噴煙を上げる火口をのぞき見できる日本で唯一の観光火山でもある。これらは、南北約25キロ、東西約18キロと巨大な阿蘇カルデラの中央火口丘なのである。カルデラ内には鉄道や国道が通り、阿蘇市、高森町、南阿蘇村があり約5万人が生活している。

阿蘇カルデラではこれまで4回の超巨大噴火が発生、特に9万年前の噴火で発生した火砕流は九州中部から北部を数メートルから十数メートルの厚さで覆い尽くし、200キロ以上離れた山口県まで達した。噴煙は高さ数万メートル以上の成層圏にまで達し、火山灰は北海道でも15センチ以上、まさに「日本埋没」であった。

九州にはこの他に、2011年に噴火した新燃岳付近の加久藤カルデラ、小林カルデラ、桜島湾を包括する姶良カルデラ、開聞岳や池田湖付近の阿多カルデラ、鬼界ケ島付近の海底の鬼界カルデラが存在する。最新の超巨大噴火は約7300年前の鬼界カルデラからのアカホヤ噴火である。破局的噴火は約7千年に一度の割合で発生しているとの説もある。

北海道の屈斜路カルデラは阿蘇をもしのぐ規模である。十和田湖も破局的噴火を繰り返すカルデラで、約1万5千年前の噴火では青森県南部、秋田県北部、岩手県北部が壊滅した。つい1千年ほど前、915年の噴火では火砕流が米代川流域に20キロ以上流下した。(超)巨大噴火も我々と無縁の出来事ではないのである。

なお、2002年に出版された、加久藤カルデラの超巨大噴火での若い火山学者の奮闘を描いたクライシスノベル「死都日本」(石黒耀著)は圧巻である。一読をお勧めしたい。

ところで、さらに巨大、究極ともいうべき自然災害(といっていいのか?)を題材にしたのが、1973年に出版された、小松左京の「日本沈没」である。一般にも浸透しつつあったプレートテクトニクスの理論を基に、日本列島近郊のマントル対流に急速な異変が起き、地殻変動により陸地のほとんどが海面下に水没するという衝撃的なサイエンスフィクションである。

調査・観測から何が起きるのかを究明しようと奮闘する在野の研究者田所博士、調査を支援する小野寺深海潜水艇操縦士、地震や噴火が頻発する中で国民を海外に移住させるために尽力する首相など使命感に燃える日本人像が描きだされている。

そもそもは、日本民族が、日本列島という国土を失い、放浪の民族になったらどうなるのかを主題にした壮大な社会ドラマであった。日本脱出計画の策定を求められた比較文明史学者らが一致した結論は「何もせんほうがいい」。1億2千万人の日本民族はこのまま日本列島と共に沈むのが最も良いとの案は当時は衝撃的であったが、後期高齢に至ったせいであろうか、筆者も今は…そう思う。

真理の求道者と描かれる田所博士が「研究者にとって一番大事なことは何か」と問われて「カンです」との答えも、筆者は強く心に残っている。先輩の著名な研究者に、科学者は解明された科学的な事実に基づいて判断をしなければならないと諭されたこともある。しかし、地震も火山噴火も私たちが掌握している事実は決して多くない。噴火が切迫し人命を守る際には、持ち得ている科学的事実をベースにすることは当然であるが、適切なカンを働かせることも迫られると感じている。

翻案のＴＶドラマも放映されているが、１９７３年に小林桂樹、丹波哲郎らが主演した原作に忠実な映画は50年近くたった今見ても色あせない。自然に生かされている私達の立ち位置を見つめ直す意味でもＤＶＤをご覧になることをぜひお勧めする。

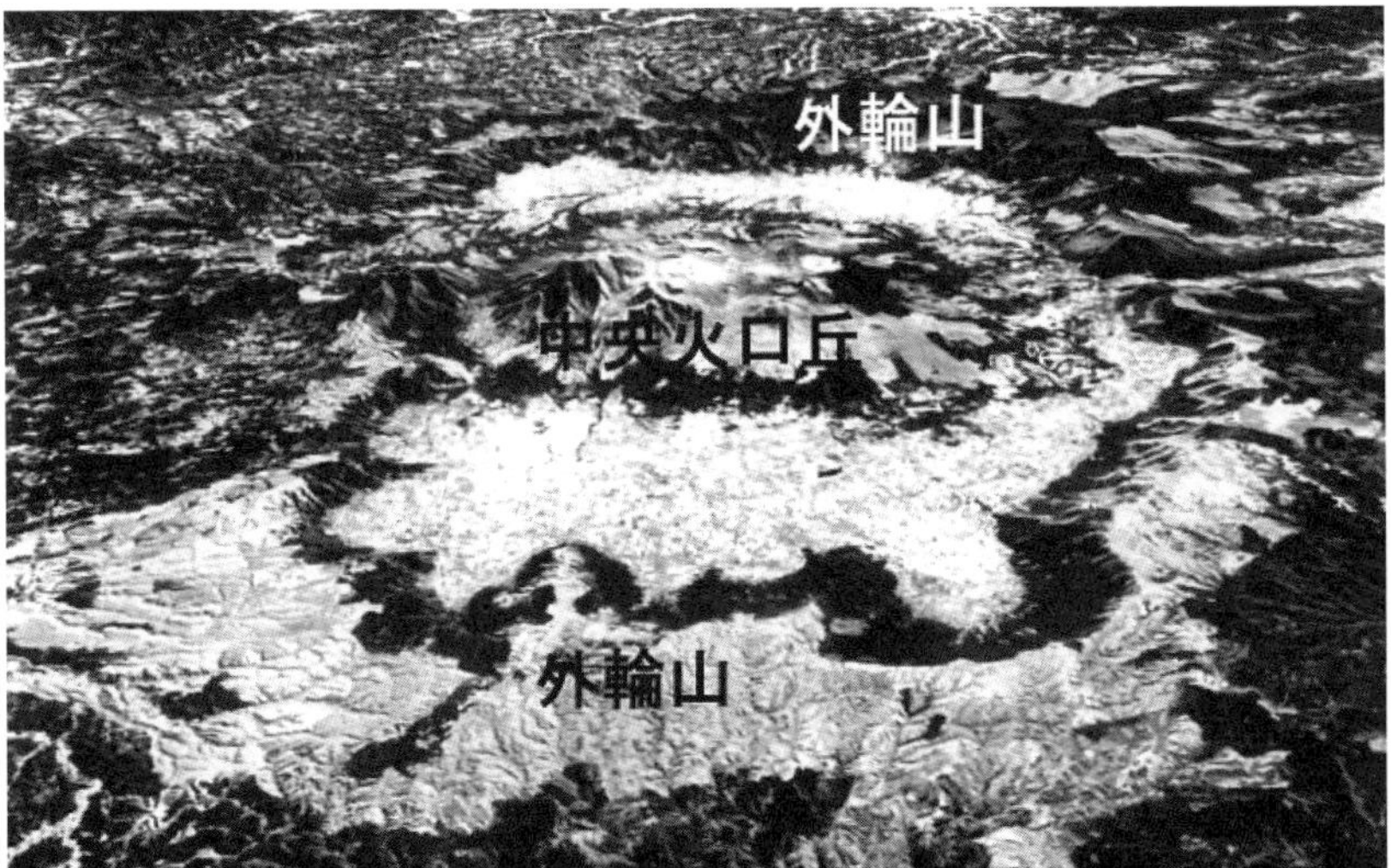

国土が壊滅の危機も

阿蘇カルデラ（グーグルアースから作成）

24　岩手山火山防災協議会の活動

岩手山においては、1998年7月に発足した「岩手山火山災害対策検討委員会」がハザードマップの作成や火山防災ガイドラインの策定など協議会に求められた役割を担ってきた経緯もあり、同委員会を改組する形で2016年3月29日に「岩手山火山防災協議会」（以降、協議会と略称）が法定協議会として発足した。

協議会の設置の目的は「岩手県並びに盛岡市、八幡平市、滝沢市、雫石町並びに関係機関の連携を確立し、平時からの岩手山噴火時の警戒避難体制の整備を共同で行うことにより、岩手山の火山災害に対する防災対策を推進する」ことである。

主要な所掌事項は、噴火シナリオおよびハザードマップの作成に係る協議、噴火警戒レベルの運用に係る協議、避難計画の策定に係る協議、その他岩手山の火山防災対策の推進に関わる協議に関することとされている。

会長は岩手県知事、副会長は八幡平市長および滝沢市長である。火山専門家として筆者、土井宣夫岩手大地域防災研究センター客員教授、井良沢道也岩手大教授、伊藤英之岩手県立大教授（2019年12月逝去）、浜口博之東北大名誉教授、三浦哲東北大大学院教授が参加。関係機関のトップとして、盛岡市長、雫石町長、仙台管区気象台長、盛岡地方気象台長、国土交通省東北地方整備局長、陸上自衛隊第9特科連隊長、岩手県警察本部長、盛岡地区広域消防組合消防本部消防長などが名を連ねている。

岩手山では、すでに1998年に「岩手山火山防災マップ」が作成されており、その後、噴火シナリオの検討も行われていた。被害想定を大幅に見直す根拠も見当たらないことから、火山防災マップは市町村合併などでの行政区画の変更、避難場所の見直しなど小規模な変更にとどめた。主要な作業は避難計画の策定で、2017年9月の幹事会で「岩手山避難計画作業部会」（部会長・筆者）が立ち上げられ、多くの実務的な協議を経て、2018年3月の協議会で了承された。

前述した噴火警戒レベルの問題点も踏まえ、岩手山ではレベルが引き上げられないまま噴火に至った場合の避難対応を以降のように明記した。

【レベル1のまま、想定される規模の噴火が発生した場合は、登山者の安全を確保することが不可能であることを踏まえて、仙台管区気象台は火山活動の状況を適切に判断し、事前のレベル引き上げに尽力することが肝要である。突発的噴火に際しては、気象台は規模や火口の位置などを迅速に掌握するよう努め、県・市町村および関係機関はレベル2に対応した情報収集・伝達、避難誘導を速やかに行うとともに、二次災害の危険性を十分に踏まえて登山者の救助活動にあたるものとする。レベル4のまま、想定される規模の噴火が発生した場合は数十分で山麓の居住地まで到達する融雪型火山泥流から住民の安全を確保することが困難なことを踏まえ、仙台管区気象台は居住地に重大な被害を及ぼす噴火が切迫しているとの判断で、事前の引き上げに尽力することが肝要である。積雪期における突発的噴火で融雪型火山泥流が発生した場合には、県・市町村および関係機関はレベル5に対応した情報収集・伝達、避難誘導を速やかに行うこととする。また被害が予測される居住地域の住民等には、突発的事態への対応として、近場の高台への避難、自宅内での垂直避難等短時間での緊急避難の実施等十分に周知し認識を深めておくことが必要である。】

協議会に「火山活動検討部会」といった協議体制を構築するのに課題がある以上、これまで65回開催の実績がある「岩手県の火山活動に関する検討会」が当面その役割を果たすしかない。気象業務法は、気象庁以外の機関は許可なく予報業務を行ってはならないと規定している。

検討会の存在は二重構造との指摘もあるが、筆者はそれは重々承知の上で、仙台管区気象台とも忌憚《きたん》のない意見交換を行い、共に手を携えて減災に向かうしか手立てはないと考えている。

突発噴火の対応明記

岩手山火山防災協議会会長としてあいさつする達増知事
（2019年3月14日開催の協議会）

25 栗駒山火山防災協議会の活動

「栗駒山火山防災協議会」（以降、協議会と略称）は2016年3月29日付けで法定協議会として発足した。栗駒山は、岩手・宮城・秋田の3県にまたがるため、関係機関の数は膨大で、協議会の下に各県部会を設置するなど組織も大がかりで、70近い国・県・市町村・関係機関や学識者で構成されている。

噴火による被害は岩手県側で大きいことや、噴火史の調査を岩手県が主に行ってきたことから、ハザードマップの作成や避難計画の策定作業は岩手県県土整備部砂防災害課および同総務部総合防災室を事務局として始められた。

会長は岩手県知事、副会長は宮城県知事および秋田県知事、火山専門家は筆者、土井宣夫岩手大地域防災研究センター客員教授、越谷信岩手大教授、岡田真介岩手大准教授、伊藤英之岩手県立大教授、浜口博之東北大名誉教授、三浦哲東北大大学院教授、林信太郎秋田大教授、大場司秋田大教授、藤縄明彦茨城大教授、野上健治東京工業大教授である。

2016年6月9日に「ハザードマップ作業部会」（部会長・筆者）が立ち上げられ、過去約1万年での最大規模の噴火実績に基づく水蒸気噴火を想定したハザードマップの検討を行うと共に、マグマ噴火の実態を明らかにするための詳細調査を実施した。2017年3月14日に水蒸気噴火を想定したハザードマップ、2018年3月8日にマグマ噴火を想定したハザードマップが完成し、噴火シナリオと共に了承され公開された。

２０１８年8月1日に、「栗駒山避難計画作業部会」（部会長・筆者）が発足。コアメンバーによる検討が繰り返され、２０１９年3月14日の協議会で避難計画は了承された。作業部会では岩手山と同様、突発的噴火が発生した場合の避難対応を明記している。

協議会の構成員は、火山専門家以外は関係機関の役職指定者であり、知事および市町村長を除くと2～3年で交代する。もちろん、業務の引き継ぎは適切に行われるにしても、計画が策定されるプロセスや本質の部分は伝わり難い。関係機関を網羅し体制としては一見完璧に見える協議会が、形骸化する危惧は常に付きまとう。突発的噴火への対応の困難さを後人に伝えるためにも、その旨を計画に明記することに部会長はこだわったのである。

１７４４年および１９４４年の水蒸気噴火によって形成され、想定火口の一つとされている昭和湖付近では過去にもキツネの死骸が見つかるなど、有毒な火山ガスへの注意が喚起されていた。岩手県立大の伊藤教授が２０１８年6月から9月にかけて硫化水素の連続観測を行ったところ、瞬間値ではあるが環境基準を20倍も超える２００ｐｐｍ以上がしばしば観測された。

２０１９年4月17日に開催された第61回「岩手県の火山活動に関する検討会」での火山ガスが専門の野上東京工業大教授の助言も得て、登山道を管理する岩手県自然保護課は、昭和湖付近を経由する登山道、須川コースの一部を通行禁止とする措置を決めた。

従来、気象庁は火山ガスの観測は所轄外としてきた。しかし、噴火警戒レベルを導入した以上、火口周辺規制の重要な要素でもあり、また、噴火の事前兆候にもなりうる火山ガスの観測は気象庁が行うべき業務であると考える。

今後の体制整備を要望するが、社会的影響も大きい規制をかける以上は、解除の可能性も視野にガス濃度のモニターは不可欠である。伊藤教授の協力のもとに、２０１９年６月から２台の観測機器を設置し常時観測を開始した。12月に伊藤教授が急逝されたが観測は継続している。

昭和湖を望み、眺望の良い須川コースは栗駒山のゴールデンコースである。閉鎖は須川高原温泉をはじめ周辺の観光業界など社会的影響も多岐にわたる。そのため、協議会は火山ガスの学術的検討から、登山道の付け替え、地域への対応などを検討する「栗駒山火山ガス対策専門部会」（部会長・土井氏）を２０１９年11月27日に設置し、調査・検討を進めている。

火山ガスへの対応も

昭和湖湖畔の火山ガス連続観測装置（2019年6月）

26　秋田駒ケ岳火山防災協議会の活動

「秋田駒ケ岳火山防災協議会」は2016年3月28日付で法定協議会として発足した。秋田駒ケ岳は秋田・岩手両県にまたがっており、秋田県・岩手県・仙北市・雫石町が共同で設置した。会長は秋田県知事、副会長は岩手県知事、事務局は秋田県総務部総合防災課である。

火山専門家として、岩手大から筆者、土井宣夫地域防災研究センター客員教授、井良沢道也教授が参加したが、ハザードマップや避難計画の策定時には加わっていない。

秋田駒ケ岳については、既に2003年2月に火山防災マップが作成され、2015年12月には避難計画が策定されている。また、2018年3月28日に、噴火警戒レベル判定基準が気象庁から公表されている。

気象庁は火口からおおよそ500メートル以内に大きな噴石が飛散する噴火をレベル2で想定している。北部カルデラ、南部カルデラの範囲を想定火口としているので山麓まで広大な範囲が危険区域に含まれる。登山シーズンには多くの登山客でにぎわうのであり、突発的噴火ではこれらの人々を安全に下山させるすべはない。

山麓のスキー場、温泉街や居住地には短時間で火砕流や融雪型火山泥流が流下するが、突発的噴火では避難の時間的ゆとりはない。内閣府の求める突発的噴火への対応を、避難計画にどう描くのか。課題は残されたままであり、実務的な対応を模索するように筆者は強く訴えている。

秋田駒ケ岳では、２００９年頃から女岳北東斜面や南東火口周辺を主に地温の高い区域が拡大し、現在も縮小の傾向にはない。２０１８年には低周波地震や火山性微動が発生し、火山活動の高まりを危惧する専門家もいるが、気象庁は噴火警戒レベル1を堅持している。２０１８年10月10日には仙台管区気象台と火山専門家との意見交換の場が持たれたが、管区が発表するレベルの引き上げに、専門家の意見がどのように反映されるのかは定かでない。

山麓に国見温泉を擁する雫石町では、「岩手山の火山活動に関する検討会」の意見も踏まえて、登山口へ注意喚起の看板を掲げている。

また、２０１９年5月21日には役場職員を対象に防災研修会を開催、6月20日には噴火を想定した初の実動訓練を行っている。

防災研修会には、猿子恵久町長本人をはじめ職員の他、町の消防団など１７４人が参加した。筆者が「雫石町職員として知っておくべき秋田駒ケ岳の火山防災」として、火山の基礎知識から、噴火時の登山者への下山指示、避難者の誘導、避難施設運営など、噴火警戒レベルに応じて職員が取るべき対応などを説明。全職員が役割を分担し、関係機関とも連携して救助活動を行わなければいけないと訴えた。

特に、迅速さを必要とする災害対応であっても、救助に向かう職員の二次災害の危険性を指摘。火山活動に関する情報を共有し、二次災害の危険性がないことを確認した上で救助活動に入ることの重要さを説き、「自分の命を守れずに他人の命は救えない」と強調した。

非常時には、防災担当職員ばかりでなく、全職員が対応を迫られる。ほとんどの職員が研修を受け秋田駒ケ岳への認識を深めたことは意義があると評価される。

雫石町役場職員らによる初の実動訓練では、消防、県警、県ドローン協会も含めて約60人が参加。男女岳北東の旧硫黄鉱山跡付近で噴火が発生したとの想定で、国見温泉登山口などで看板設置、下山者対応、避難者輸送などの班に分かれて展開した。消防隊員は重症度によって治療の優先順位を決めるトリアージを実施、救急搬送や下山者名簿の作成などにも取り組んだ。ドローンを用いての捜索も試みられた。

また、雫石町は同11月1日付けで筆者と、秋田駒ケ岳の現地調査にあたっている小原千里氏を防災アドバイザーに任命し、2021年にも職員研修や実動訓練を実施するなどして、地域防災力の強化を図る取り組みを進めている。

雫石町、実動訓練実施

国見温泉登山口で登山者の安否確認にあたる雫石町職員
(2019年6月20日、筆者撮影)

27 岩手山平成噴火危機
忘れたころに活火山

1995年10月3日、岩手日報の紙面に「岩手山忘れたころに活火山」という4段抜きの大きな見出しが躍った。同9月15日午前0時19分から同1時5分まで46分間の長きにわたって、東北大大学院理学研究科地震・噴火予知研究観測センター（以降、東北大観測センターと略称）が松川温泉近くに設置している地震計が火山性微動を観測したことを伝えるものであった。

「忘れたころに活火山」との見出しは、いい得て妙である。さすがマスメディアの、いかに読者に訴えるかとのセンスはすばらしいものと、今、記事を読み直しながら改めて感心する。当時、小生も正直いって事の重大さに気付いてはいなかったが、これが10年近くにわたって岩手県を揺るがす大きなイベント、「岩手山平成噴火危機」の幕開けであったのである。

幸いにして、岩手山は噴火に至らず26年が経過した。住民・研究者・防災関係機関・報道機関が連携して地域の安全を守る「岩手方式」の火山防災の取り組みは全国でも先進的なものとして評価され、なお現在でも色あせていない。しかし、今後の火山防災を担う住民、関係者の方々には、当時の経緯に接していない世代も多くなってきている。

この噴火危機で、私たちは初めて活火山岩手山の鼓動を捉え、その息吹から身を守ることの大切さを学んだ。いつかはわからないが、再び岩手山が目覚め、噴火危機対応が求められる日が訪れることは確実である。今回、模索し築き上げられた成果は、その際に何をなすべきかの大きな指針となる。「今回の噴火危機の終わりは次の噴火危機に備えるスタートである」ことを踏まえ、公的には語れなかった本音も含めて「平成噴火危機対応」の一部を紹介したい。

1995年当時、すぐには本格的な対応に至らなかったものの、岩手山の挙動に一抹の不安を抱いた筆者は、火山活動に理解を深める必要性を感じて、1997年11月29日に第7回INS「地盤と防災検討会」を開催。東北大観測センターの浜口博之教授が「岩手火山を考える~最近の活動と防災」、土井宣夫地熱エンジニアリング㈱技師長が「岩手山の有史時代の噴火と地震活動」と題して講演した。

浜口教授は、噴火周期が長く経験則の蓄積のない岩手山で、事前の兆候を精度よく観測することを目指して、1981年から周辺5カ所(その後増設)の地下深くに地震計・歪計《ひずみ》・傾斜計などを設置し、多項目観測体制の整備を終えていた。常時観測の対象でなく気象庁も常時観測点を持たない岩手山で、噴火時の防災対応の指針が策定され、その後段階的に入山規制の緩和を行い得たのは、これらの常時観測点を設置し、長年観測データを解析してきた浜口教授のおかげである。

土井氏は会社の本務とは別に岩手山の噴火史の調査・研究を20年余にわたり地道に進めていた。噴火対策の立案に不可欠な災害予測地域の想定は土井氏の研究成果がなければ不可能であった。

筆者は、観測センターのある東北大学青葉山キャンパスで大学院生時代を送り、浜口教授とも面識があり、また筆者の研究室を実質引き継いでくれている山本英和准教授は同センターから赴任している。一方、土井氏とは地熱開発で共同研究を進めてきた知己の関係にあり、こうした「人つながり」を基に3人がキーパーソンとして岩手山防災をけん引することになる。

1996年の岩手山の火山性地震は月10回以下、1997年は20回以下と少ない状況が続いたが、1998年になって急増、同4月29日には1日で425回を観測、盛岡地方気象台と仙台管区気象台が火山活動に異常が起きた時に発表する臨時火山情報第1号を発表、地元は色めき立った。

1732年の焼走り溶岩流の噴出以降260年余、岩手山は本格的噴火に見舞われていないため、住民・行政とも岩手山が生きている火山との認識がなく、防災体制は皆無であった。噴火を目視した人はおらず、噴火時の観測データも採られたことはないのである。

岩手山 忘れたころに 活火山

9月15日 火山性地震と微動

仙台管区気象台は二日、岩手山で九月に火山性の地震と微動が観測されたため、今月から臨時の機動観測を行うと発表した。地震計を三、四の両日設置し、半年程度の観測を予定している。同気象台は「ただちに噴火活動に結びつく状況ではない」としている。

火山性地震は、九月十五日午前零時十九分から同一時五分の間に東北大地震予知・噴火予知観測センターが、松川温泉近くに設置している地震計で観測した。震源が深さ約八㌔とごく浅い地震を記録、その後も断続的に微動が続いた。

東北大の予知観測センターは、昭和五十六年から岩手山に地震観測施設を設置して観測を続けているが、火山性の地震と微動を観測したのは初めて。

地震計は滝沢村柳沢地区から北西三㌔の地点に設置する。観測データは仙台管区気象台地震津波火山監視センターに送られる。東北大の予知センターと緊密な連絡を取りながら、状況の変化があれば関係機関に情報を提供する。

仙台管区気象台

仙台管区気象台の浜田信生技術部長は「すぐに噴火に結びつく緊急のものではないが、火山性微動が増えるような状況になれば観測体制の強化も検討する」と話している。

今月から 地震計を設置、観測

気象庁は、十九火山で常時観測、四十三火山で一定期間観測を行う機動観測を実施している。本県関係では五つの活火山のうち、岩手山、秋田駒ケ岳、八幡平、栗駒山で機動観測を行っている。

岩手山については、最近では昭和六十二年度、平成五年度に実施し、地震回数は少なく地震活動は低調—との報告が出されている。計画では来年度に機動観測を実施する予定だったが、火山性微動が観測されたことで時期を早めた。

「噴火活動に直結しない」

岩手山は「焼走り溶岩流」を流出させた一七一九年（享保四年）の噴火が有名だが、最近では昭和四十七年に中央火口丘の妙高岳から白色噴煙が三百㍍上がったことがある。

気象庁によると全国の活火山は八十三に上り、本県関係は岩手山、秋田駒ケ岳、八幡平、栗駒山、秋田焼山の五火山。また、文部省測地学審議会の第五次火山噴火予知計画（六―十年度）では、全国二十三の「活動的火山及び潜在的爆発活力を有する火山」の中に岩手山と秋田駒ケ岳が含まれている。

火山性微動を初観測

岩手山の目覚めを伝える岩手日報（1995年10月3日付）

28　岩手山平成噴火危機「ＩＮＳ検討会」立ち上げ

地元岩手大で、筆者らは地熱開発との視点で岩手山周辺の熱構造の調査・研究を進めていたが、火山学を専門とする研究室はなく、観測施設も設置されていない。東北地方の火山研究は東北大観測センターが担っていた。また、盛岡地方気象台にも火山の専門家は在職していなかった。

何をなすべきか。当時、同センターの浜口博之教授からいただいたビデオテープ、「火山災害の軽減」（火山学会編）が手掛かりであった。火山災害を軽減するためになすべきことは、①火山活動の監視②災害予測地域の想定③緊急対策の立案と試行―であることが示されていた。

火山がどのような状況か。平時から観測、監視を行い、相手の動きをできるだけ正確に掌握する。噴火の多様性からして容易ではないものの、噴火の形態によりどのような被害がどの辺にまで及ぶのかをあらかじめ想定する。そして、噴火が発生したときにどう対応するか計画を作成し、平時に訓練を行い、いざというときに備えることが災害の軽減につながる。

そのためには、地元の関係機関が火山に関する共通認識を持ち、それぞれが何をなすべきか連携の場が必要である。これまで岩手で実践されてきた地震・津波等の地域防災活動の経験から、筆者は必然的に岩手ネットワークシステム（ＩＮＳ）方式の火山防災の取り組みを模索することになった。

１９９8年5月16日の、第8回ＩＮＳ「地盤と防災研究会」で、分科会として、情報を共有し関係者が顔の見える形での信頼感を築くことを目的に「岩手山火山防災検討会」（以降ＩＮＳ検討会と略称）を設立した。その当時のメンバーの所属機関は、岩手大、東北大観測センター、建設省岩手工事事務所、岩手県総務部消防防災課、同土木部砂防課、盛岡地方気象台などである。代表幹事には誰が決めたわけでもなく、筆者が居座ることになった。

７月に、公的な「岩手山火山防災対策検討委員会」が発足し、岩手山火山防災マップの作成が始まって以降、連日岩手大工学部で行われていたミニワーキングがＩＮＳ検討会そのものであった。

以降、50余の機関に所属する個人が、土曜日に岩手大工学部の工学部食堂に会し、本音の意見交換の後は午後９時すぎまで会費３千円での交流会というスタイルが定着。参加者も岩手県立大、国土地理院東北測量部、盛岡森林管理署、環境省東北地区自然保護事務所、陸上自衛隊岩手駐屯地、岩手県警察本部、盛岡地区広域行政組合消防本部、盛岡市、雫石町、滝沢村、西根町、玉山村、松尾村、岩手県観光協会、日本道路公団盛岡管理事務所、ＪＲ東日本旅客鉄道㈱盛岡支店、㈱ＮＴＴ盛岡支社、東北電力㈱岩手支店、岩手県山岳協会、全労済岩手県本部、岩手県農業共済連合会など。

さらにＮＨＫ盛岡放送局、ＩＢＣ岩手放送、テレビ岩手、岩手めんこいテレビ、岩手朝日テレビ、岩手日報社、盛岡タイムス社、全国紙盛岡支局などの報道機関。防災関係の民間企業も折々に参加した。筆者が２０１０年に岩手大を定年退職後は土井宣夫岩手大教授を代表幹事に定例会は77回を超えて今も継続している。

ＩＮＳ検討会の根本方針は、徹底した情報公開と個人の資格での忌憚《きたん》のない意見交換である。観測を行っている機関からの生情報も提示された。

定例会の開催は土曜日の午後、参加者はすべて手弁当である。会の運営には地盤と防災研究会事務局長の小櫻忠夫氏や岩手大技術職員の齊藤剛、野田賢技官が休日出勤で労を取った。得られた情報は、各機関に戻っての防災実務に活用することは当然であるものの、機関の代表として責任を負うことはない。報道陣の中での情報公開には、行政関係者には抵抗もあったが、報道は地域の安全のための一翼を担うとの認識の下に、未確認情報がスクープ的に報道されることはなく、互いの信頼感が醸成されることにもなった。

縦割り行政の中で、ＩＮＳ検討会の参加者同士の、電話一つで意を伝え合える信頼関係が「岩手方式」の火山防災の源であった。

顔の見える関係築く

第10回「INS検討会」後の交流会
（1999年9月16日、右は野口晋孝盛岡地方気象台長）

29　岩手山平成噴火危機
臨時火山情報第2号

１９９８年5月に戻る。ＩＮＳ検討会の立ち上げを図るとともに、筆者らは県に公的な検討会の設置を提言。手探りの中で何をどうするか検討する「岩手山火山活動対策検討会」（事務局・県消防防災課）が5月14日に設置され、22日に初会合が開催された。

委員は、筆者（座長）、浜口博之東北大教授、土井宣夫氏、佐々木高盛岡地方気象台防災業務課長、佐藤榮一岩手県土木部砂防課長の5人である。近日中に県の防災へリコプター「ひめかみ」で上空からの観察を行うことなどを決めた。また、県は関係機関が連携して対策に取り組むべく、「岩手山の火山活動に関する関係市町村連絡会議」を同日設置した。

しかし、関係機関の当事者意識は希薄であった。6月11日の連絡会議での筆者のメモ。危機管理を真剣に問いかける宮野春雄盛岡市消防防災課長への県の回答である。

宮野課長：防災対応はいつまとまるのか。

砂防課：検討会の先生にお願いして。

筆者：行政の対応は検討会の所轄ではない。連絡会で協議することだ。

同課長：登山者への連絡体制は。

自然保護課：避難小屋に公衆電話を設置する。

筆者：認識が違う。行政からの連絡手段を問うているのだ。

同課長：誰が避難等の判断をするか。

消防防災課：災対法上は首長が判断。

筆者：素人の市町村長ができるのか。

6市町村担当者：できません。

筆者も火山防災の実務の経験はない。何をどうすべきか悩みの中で関係機関に訴えようとしたメモが残っている。

【今、大きな火山性地震が発生したら、噴煙が上がったらどう行動するのか。気象台は気象業務法に基づき観測事実の発表だけで、防災実務に関する判断はくださない。登山道の規制、入山規制、さらには住民避難など、安全と社会活動の兼ね合いの中で、どこ（誰）が、どこから情報を得て、どのように判断し、どこに指示するのか。そして、どのようにして入山者、住民に情報を伝達するのか。暗中模索である。】

6月24日、低周波地震や火山性地震が発生、「噴火の可能性」との衝撃的な文言が入った臨時火山情報第2号が発表された。盛岡地方気象台（地台）は緊急に近いニュアンスで県庁に連絡。県は急きょ吉田敏彦総務部長を本部長とする「災害警戒本部」を立ち上げ、県警は発表前に県警ヘリコプターで岩手山上空から下山を呼びかけ登山口にパトカーを配置する事態に発展した（フライングであることを境谷満警備部長も認めていたが、筆者はその組織力、行動力に頼もしさを覚えたものであった）。

一方で、気象庁の濱田信生火山課長は「火山活動が活発化すれば噴火の恐れがあることはいつでも言えること」と極めて冷静であり、地台の認識とは雲泥の差があった。記者会見で、今後どうなるのか、地元はどう対応すべきかの質問に、地台は「注意深く監視を続ける」と答えるのみ。

会見場外で記者に詰め寄られた筆者は「今後ど

うなるかはわからない、対応はこれから関係機関と協議」。「地台の説明ではわかるのかわからないかもわからない。わからないというなら、そう記事に書ける」と記者。ここまではわかる、それ以上はわからないと明確に説明することの重要性を痛感したものであった。

6月26日、「岩手山火山活動対策検討会」は、水蒸気噴火が危惧される西岩手山あるいは全山での入山規制を提言し、県と登山道がある4町村が協議し7月1日の山開きから全山で入山禁止の措置が取られた。

地台と本庁の認識の違いは今後大きなネックになりかねない。筆者は火山専門官の地台への配置を仙台管区気象台に要請、7月24日に本庁地震火山部の西脇誠氏が併任で、9月1日から田口陽介氏が技術専門官として赴任した。

ところで、地台が地域防災に深く関わるのには野口晉孝台長の存在が大きい。INSの交流会も欠かさず出席し地台が身近に信頼できる存在になった。お酒には強くはなく、二次会の筆者の研究室でしばしば眠り込む姿が今でも懐かしく目に浮かぶ。

岩手山 臨時情報2号

火山活動が活発化すれば

噴火の可能性

低周波地震と火山性微動観測

県と県警が警戒本部設置

山開きから入山禁止

噴火の文言が入った臨時火山情報第2号を伝える岩手日報（1998年6月25日付）

30　岩手山平成噴火危機
東北大の観測網が力を発揮

火山災害の軽減のためにまずなすべきことは監視体制の整備である。岩手山では、東北大観測センターが周辺の「岩手山」「相の沢」「玄武洞」「焼走り」「松川」の5カ所の定常観測井に地震計の他、傾斜計や歪《ひずみ》計を設置していた。風雨などによる雑音を避けるため、松川では深さ100メートル、相の沢と焼走りでは深さ300メートルの孔底に機器が設置されている。

さらに、1999年11月に定常観測点が欠けていた北側山麓に、深さ560メートルの「松尾」観測点が増強された。1995年当時、山頂から約10キロの範囲に高精度観測網が設置されていたのは、東北地方の火山では岩手山だけであった。

臨時の観測点も強化し、約20点による地震観測網、10点以上からなるGPS連続観測網が整備された。地球磁場の変化を捉えるための全磁力連続観測点が4カ所設置され、繰り返し重力測定なども15地点で実施された。東北大の観測網が早い段階での警告を発し、防災対策を支える力になったのである。

定常観測点を持っていなかった気象庁も1995年10月、滝沢村馬返し登山口わきを皮切りに、犬倉山、岩手山8合目に臨時の地震計を設置した。また、夜間や悪天候時に噴火を捉えるために空振計を馬返し登山道、プータロ村、網張温泉に設置した。1日に火山性地震285回を記録した1998年4月29日には、雫石町長山の「休暇村岩手山麓」で震度1～2の有感地震が感じられたため、

５月１日に同温泉館の中に計測震度計を設置した。

　有感地震は９月３日の岩手県内陸北部の地震（火山性ではない）およびその余震も合わせて観測を終了する２００４年10月１日まで64回を観測した。なお、火山性地震の最大震度４を１９９９年５月22日（Ｍ４・０）、２０００年３月７日（Ｍ４・３）に観測している。

　国の研究機関も臨時の観測点の設置に動いた。国土地理院は可搬式のＧＰＳ観測装置（レグモス）を開発し、姥倉・黒倉分岐に設置した。山体の伸長を観測するために山体上部に設置するのは岩手山が初めての試みである。当初は鉄パイプで組み立てた武骨なもので、冬期には発電用の風車も吹き飛び、写真に示すような雪の「エビのシッポ」に覆われながらもデータは送信し続けた。

　また、レーザー光線をミラーに当て反射してくる時間差から距離の変化を測定する光波測距（ＡＰＳ）も国土地理院や工業技術院地質調査所などによって行われた。下倉山に設置された自動測距システムは薬師岳から黒倉山、姥倉山の稜線《りょうせん》に設置された10カ所以上のミラーに順次レーザー光を当て自動で測距を行う優れものであった。

　地元岩手大は後日、微動アレイ探査で火山性微動の発生源を西岩手カルデラの地下と推定する等一定の成果を示したが、監視の体制は備わっていなかった。当時、地元として、現地調査をとも念じたが、関係機関との連絡・調整等に追われて機会をつくれずいらだちを覚えていた。

　ようやく、１９９８年６月17日、筆者は越谷信岩手大助手と網張温泉から西岩手山の姥倉～黒倉分岐付近まで踏査。稜線南の青笹の中から４カ所、新たに始まったと思われる噴気を確認した。

6月27日には、浜口博之東北大教授に地震活動等のモニターをお願いし、異常が発生すれば筆者が岩手大から下倉スキー場を中継して大地獄谷へ防災行政無線で連絡する安全確保の体制のもとに、土井宣夫氏と越谷助手が大地獄谷を調査。噴気温度が108度と10度程度上昇、表面現象の高まりが明らかに感じられた。

ところで、大学の火山観測は研究が目的で、防災のために観測しているわけではない。監視は気象庁の職務なのである。東北大のデータにすがる筆者に、浜口教授からは何度も「サイトーさんは誤解している、大学は防災対応の機関ではない」と諭された。しかし、岩手山では先駆的な東北大の観測体制に頼るしかなく、承知の上で防災実務への助力を求めた。観測センターそして浜口教授の存在で「岩手方式」の火山防災は成り立ったのだと筆者は思う。

関係機関も監視強化
冬期は「エビのシッポ」に覆われた初期のレグモス
（1999年冬、国土地理院）

31　岩手山平成噴火危機「災害対策委」の立ち上げ

火山災害軽減の要件の第2は災害予測地域の想定である。実は岩手山の噴火による土砂移動現象対策のため、既に1996年から建設省（現国土交通省）岩手工事事務所と岩手県土木部砂防課が設置した「岩手山火山噴火警戒避難対策検討委員会」が「公表を前提としない」災害予測や監視計画の策定を進めていた。しかし、火山活動の活発化に、国？が防災マップとしての公表とそれに基づく危機管理の対応を求めたらしい。建設省は作成中のマップを公表し、危機管理対応は別の事業として幕引きを計った節がある。

これに対し、委員であった浜口博之東北大教授、青木謙一郎同名誉教授、土井宣夫氏が、このマップでは防災対応はできない、新たな委員会で検討するべきと提言。1998年5月14日に発足した「岩手山火山活動対策検討会」の座長で、ＩＮＳ検討会を立ち上げ関係機関の連携を模索していた筆者を委員長に、「岩手山火山災害対策検討委員会」（以降、火山災害対策委と略称）が立ち上がることになった。

同委員会は、前述の4氏の他、砂防学が専門の太田岳史岩手大助教授、盛岡地方気象台長、岩手県消防防災課長、岩手山周辺6市町村長で構成され、その後、建設省岩手工事事務所長、岩手県土木部長、同盛岡地方振興局長、首藤伸夫、細江達郎両岩手県立大教授らも加えて、岩手山火山防災マップの作成や岩手山火山防災ガイドラインの策定など、危機管理体制の立案と実施を行う岩手山防災のいわば根幹となる公的委員会と位置付けられたのである。

「地元在住」の研究者で「地域防災」の視点にこだわる筆者が、後述する火山活動に関する学術情報の検討を行うとともに、防災実務に役立てるため助言を行う「岩手山の火山活動に関する検討会」の座長と併せて公的委員会の取りまとめ役となった。関係者の信頼感の醸成に努めた「ＩＮＳ検討会」の旗振り役が公的委員会の取りまとめ役になったことは、総合的、俯瞰《ふかん》的な防災体制の構築に有用であったと思う。

１９９８年7月8日に第1回の「火山災害対策委」が開催された。火山性地震の多くが、大地獄谷から黒倉山、姥倉山一帯の西岩手山で発生しており、過去3万年程度マグマは噴出せず、水蒸気爆発が繰り返し発生していることから、当面は西岩手山での水蒸気噴火の可能性が大きいと考えられた。

土井氏の調査で、過去約７４００年間で少なくとも8回の水蒸気爆発が確認されている。最大規模の約３２００年前と同規模の噴火を想定。火口は大地獄谷から姥倉山付近までの東西約１・５キロ、幅約１５０メートルの範囲とした噴石、降灰、土石流の予測図が2週間という従来では考えられない短時間で作成された。

防災マップができる前に噴火したらしゃれにもならないとの切迫した雰囲気の中で、土井氏を中心に作成のミニワーキングが岩手大工学部7号館で連日夜を徹して行われた。マップの作成で、何が起きるのか予想ができず、困惑の中にあった防災対策の方向性が提示されることになったのである。

噴石が飛散する範囲は火口から2キロ以内、径2ミリ以下の火山灰が降り積もる範囲は風向にもよるが、30センチ以上は火口から約1キロ程度まで、10センチ以上は約3キロ以内と想定された。居住者のいる松川温泉、網張温泉、東八幡平温泉郷には直接的被害の可能性は小さいと考えられた。

また、噴火後に降灰域に大雨が降ると土石流が発生する。降灰が30センチ以上の区域を「発生の危険性が高い」、20センチ以上を「危険性がある」として、十年に一度の規模の降雨（1日に165ミリ）で被災する可能性の高い有根沢、正徳沢、澄川の下流区域などが避難対象区域とされた。

7月22日、想定火口に近い休暇村岩手山麓での第3回「火山災害対策委」で避難場所などを盛り込んだ初めての「岩手山火山防災マップ、西側で水蒸気爆発が起きた場合」が了承され、公表された。縮尺10万分の1、A2版のマップは岩手山周辺6市町村の全世帯に約16万部が配布された。

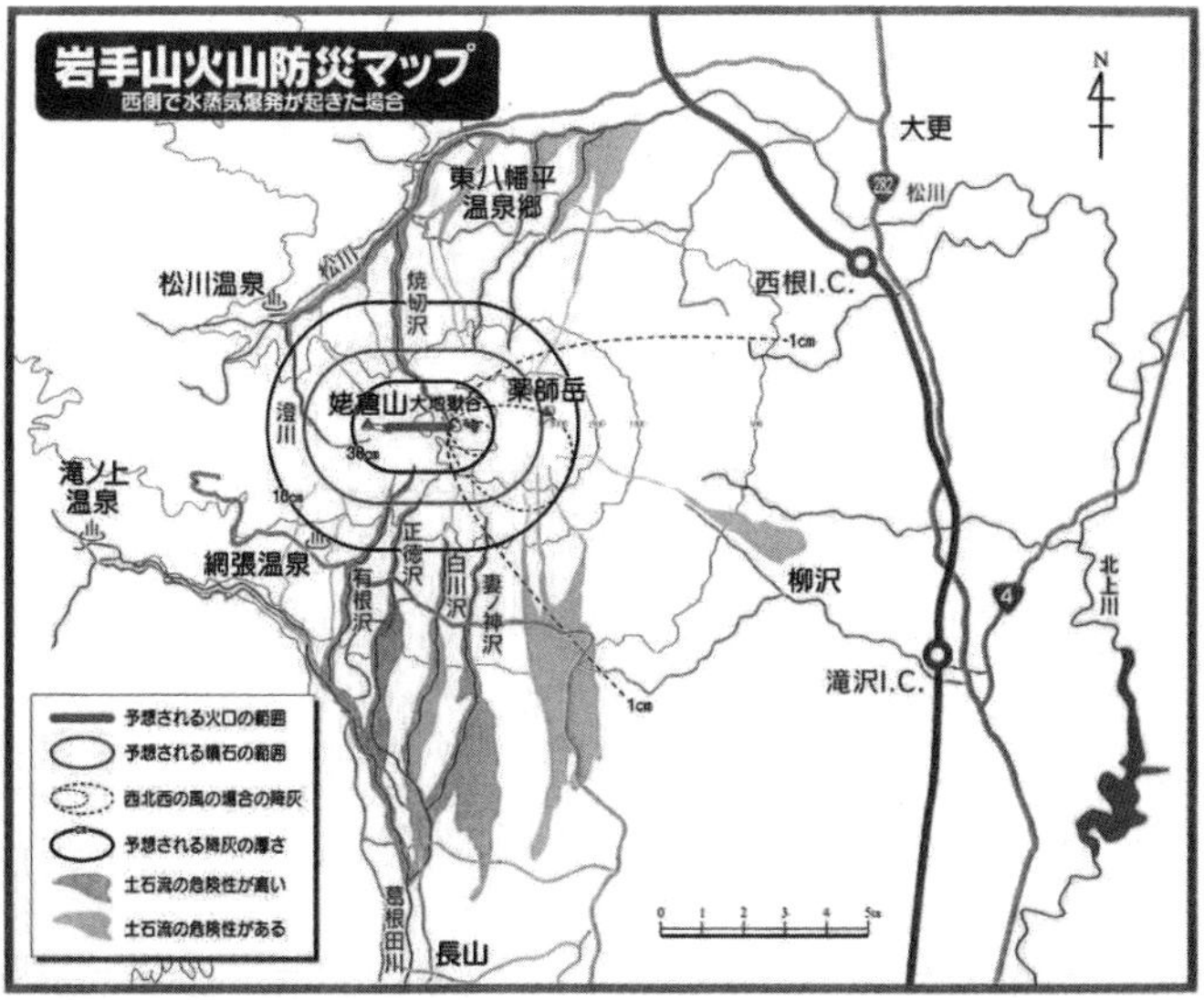

水蒸気爆発地図示す

「岩手山火山防災マップ（西側で水蒸気爆発が起きた場合）」簡略版

32 岩手山平成噴火危機 報道機関との連携強化

岩手山西側の防災マップ公表に当たって、1998年7月23日付岩手日報は1面に簡略化したマップを大きく掲載し「冷静な中に警戒も、市町村、全戸配布へ」とまさに冷静に伝えた。

一方で、確か2日後、某テレビの夜のニュースに、「避難場所7カ所に誤り」との大見出し。ぎょぎょ！であった。市町村が避難対象地区の名称を一部修正して住民配布用に印刷するとのことである。安全確保に重要な避難対象地域、避難場所名などを伝えていなかったのにもかかわらず、ただ誤りと叫ぶ「批判精神」は揚げ足取りではと違和感を覚えた。

筆者の問い合わせに、「委員長が誤りを訂正しないのは無責任」「サイトーさんは観測情報を隠匿している」などとご叱責をいただき、さらに、「観測情報の質は自分が判断するし、どう番組を組み立てるかは報道の自由である」とのご託宣。それはそうであるが、噴火の予知から避難の判断までしていただけるのかと、上から目線に戸惑った。こうした認識のもとには、共に地域の安全にスクラムは組み難い。報道の建設的批判精神をベースにした上で、連携を模索してきた筆者としてショックであった。

これまでも、筆者は、地域防災に報道機関の果たす役割の重要さを痛感し連携を希求してきた。「INS検討会」では関係機関の火山観測情報もすべて公開とするなど、信頼関係の醸成を目指した。1998年5月以降、翌日に掲載する記事を脱稿した記者たちが筆者の研究室に集まり、火山知識の収集や、取得した情報をもとに今後の取り組みについて意見交換するなどして認識の共有も図られてきたのである。

思い返せば、産経新聞の石田征広記者との出会いは特に印象深い。7月11日の岩手山火山市民セミナーを取材に現れた氏は、情報の少なさについていきなり「何で地元が蚊帳の外なんだよ」と筆者に食って掛かり、筆者もつい「俺だってそう思ってるんだ」と大声で怒鳴り返した。本音の応答の先に信頼感が醸成されたと思い起こす。ＩＢＣ岩手放送の宿輪智浩氏、元盛岡タイムスの大崎真士氏ら、活動の開始から終息まで一貫して真摯《しんし》に取り組んだ記者も多くいてくれた。防災体制を構築する上で大きな支えであった。

火山防災の取り組みは多岐にわたるので、火山担当以外の記者にも理解いただかないと長期的な取り組みはできない。１９９８年5月23日には、全国紙の記者を含めて約30人を対象に「報道機関への火山防災セミナー」を岩手大工学部で開催。さらに、お付き合いのあった報道機関の幹部に訴えて、局内研修会の機会を得た。

その主なものを以下に掲げる。

○１９９８年6月19日　ＩＢＣ岩手放送局内研修会　約50人
○同7月10日　テレビ岩手局内研修　約40人
○同11月24日　岩手めんこいテレビ社内研修　約30人
○１９９９年6月7日　岩手日報社社内研修　約60人
○２０００年10月17日　ＮＨＫ　東北地域火山防災研修会　約50人

○同12月12日　岩手朝日テレビ社内研修会　約30人

岩手日報社は、1998年7月には、宮沢徳雄編集委員を火山班長、杉田盛彦報道二部長および小野寺勲写真部長を同副班長、及川正彦報道部次長を同キャップ、栗山譲、神田由紀記者を班員とする報道部火山取材班を構成し、筆者とは膝詰めで火山防災における報道の在り方について意見を交わした。

情報の透明化を図って、公的委員会はできるだけ公開とした。入山規制後の現地調査結果は写真やビデオなどと併せて県政記者クラブを通じて報道機関に提供し、県民に伝えた。マグマ噴火の想定、人工地震探査など専門的な説明が必要な事柄は、事前に説明会を開催した。

こうした取り組みの過程で、「地域の安全を守るために重要であるか否かが報道すべき情報の価値」といった考えが浸透し、「今日の災害より明日の防災」といった考えも根付いていった。当初散見したスクープ主体や不確実な情報に基づく報道はほとんどなくなった。

徹底した情報の公開

火山報道を担当した記者仲間たちと
（1999年4月5日、交流の場でもあった「うま舎」前で）

33 岩手山平成噴火危機
風評被害への対応

1998年当時、首都圏の研究機関は独立行政法人への組織替えの中で、存在感を示す必要に迫られて、岩手山の生の観測データを中央の報道機関へ投げ込むことも少なくなく、また、研究者による極めて専門的な議論がホームページ上で展開され、地元住民の不安を増長したりし始めた。いわゆる「報道災害」や「学者災害」である。

週刊誌や一部県外紙には、「マグマ地表近くまで上昇」「地殻ひび割れ」などのセンセーショナルな見出しが躍った。通常は地下30キロ以下にあるマグマが10キロ以浅に上昇すれば、「地表近くに上昇」は地球科学的には正しい。しかし、住民にはまさに自分の庭先から真っ赤なマグマが噴出するがごとく錯覚、さらには恐怖を与えたのである。

こうした状況に、筆者は中央の研究機関や火山学者に「火山情報の総合的検討と正確な情報伝達のために～お願い」との要請文を送った。▽観測データは意味するところを住民が理解できる平易な解説を加えて報道へ▽集中観測を行っている東北大観測センターと整合性の検討を行う▽地元への優先的な情報提供の要請―などであり、幸いにして一定の理解は得られた。

しかし、中央では既に噴火していると誤解されかねない報道も多々あり、岩手山周辺では観光客のキャンセルが相次いだ。地元の観光業関係者でつくる団体に対し、筆者は直接説明に赴いた。懇談会では膝詰めで「火山防災マップを自ら理解し宿泊者にきちんと説明する。万一に備えて車は避難場所に発進できるよう前向きに。現地で異常を感じたらすぐ連絡を」と訴えてとりあえずの納得を得た。

ところが筆者が思ってもいなかった事態に直面した。8月19日から22日まで、１９２６年の噴火の土石流で大きな被害を受けた北海道・十勝岳の防災対策の視察に、ＩＢＣ岩手放送の野田尚紀記者と上富良野町と美瑛町を訪れていた。全館避難となった白金温泉で取材中の筆者に、東北大の浜口博之教授から厳しい注意喚起の報が届けられた。

「地元の観光業関係者らでつくる団体が『水蒸気爆発なんか恐《こわ》くない』とのキャンペーンを行うと記者会見した。チラシには、『縄文以来の降灰を経験するのも一興』ととんでもない文言もあり、しかも火山災害対策委の委員長の監修を受けたとある。水蒸気爆発の恐ろしさを、サイトーは何と考えているのか、喝！！！」

火山防災マップでは網張温泉に直接的な被害が及ぶ可能性は少ないとされた故、公表された事実を広報するのは結構だと団体の会長には伝えていた。

しかし、マップはわれわれが掌握している最大規模の実績を基にしているもので、これ以上のことが絶対に起きないという保証はない。１８８８年の磐梯山の水蒸気爆発では集落が埋まり４７７人の犠牲者を出し、小規模な水蒸気爆発で63人の犠牲を出した御嶽山の噴火を今、目の当たりにしている。水蒸気爆発は恐ろしい現象である。

浜口教授の懸念は当然である。少なくとも噴火を売り物にしての集客は絶対に行わないよう、強調しておくべきであった。筆者の対応に甘さがあったとの猛省、忸怩《じくじ》たる思いが募った。

8月23日、団体は盛岡市の繁華街で多数ののぼりを立てて「水蒸気爆発なんか恐くない」キャンペーンを行った。併せて、有感地震が発生したら震度の割合で宿泊料金を割り引くという企画までも発表された。

生き残りをかけた必死のアイデアであろうと、心情は痛いほど理解できる。しかし、誤解を招く宣伝で安全が確保されなかったら逆効果になりかねないと改めて強く理解を求め、以降、活動を自粛していただくこととした。

安全の確保を最優先としつつも、地域社会への影響との兼ね合いは、災害対策委としても難しい課題であり、その後、入山規制の緩和に向けては、さらに悩まされ、まさに板挟みの年月であった。

安全確保を最優先に

水蒸気爆発なんか恐くないキャンペーンののぼり
（1998年8月23日、盛岡市内）

34　岩手山平成噴火危機
太田九大教授セミナー

防災対策の模索の中で、１９９０年以降の雲仙普賢岳の噴火対応の先頭に立った太田一也九州大名誉教授の助言はぜひ得たいと考えた。来盛いただくことになったいきさつを太田先生が「雲仙普賢岳噴火回想録」に自ら書いておられるので引用させていただく。

「(１９９８年)7月に入って、テレビで岩手山麓の焼走り熔岩流の上に立つ岩手大の教授が噴火史を解説している様子が全国放映された。岩手山の火山観測は東北大が担当している。それに火山学会では見慣れない顔だったので、『一体誰なんだ?』と観測所の松島健助手に尋ねると、『あの人は岩手大工学部の齋藤徳美教授で、専門は物理探査や地盤工学、自分もよく知っている。』とのことであった」

「松島助手と会話した翌日であったか、その齋藤教授から突然電話が掛かって来たので驚いた。『岩手山が活発化している。急いで防災対策を立てないといけないが行政はなかなか動かない。岩手大の研究会主催でセミナーを開き関係者の防災意識を喚起させたい。そこで普賢岳噴火時の災害と危機管理の話をして欲しい。場所は大学の学生食堂だが、来てもらう費用がないので、テレビ岩手に出演してもらえれば、テレビ局が旅費を工面してくれるといっている。それでお願いできないか』とのことだった」

太田先生は、8月10日来盛し、夕方のニュースで柴柳二郎キャスターとぶっつけ本番の生放送、11日午前にはテレビ岩手のヘリコプターで岩手山を視察した。午後のセミナーは当初工学部の大講義室を設定したが200人程度しか入らない。旅費を負担したテレビ岩手の了解をいただき、県内の報道機関の集まりである桐花会が会場の使用料を負担し、INS火山防災検討会と桐花会の共催という形で県民会館大ホールで開催することとなった。

11日午後1時30分からの「岩手山火山防災セミナー」は、会場の大ホールに行政、警察、自衛隊、消防関係者、市民ら約1700人が詰めかけ、関心の高まりを実感した。

開催は全くの手作り、岩手日報社の及川正彦報道部次長が、入り口に手書きのビラを貼り、足りなくなった資料を何度もコピー。筆者が挨拶から司会進行、岩手山の現状報告、さらに太田先生とパネルディスカッションをこなした。大ホールでのイベントであるにも関わらず土井宣夫氏以外にスタッフもいない状況に、舞台を管理する職員から、企画・運営するイベント会社はいないのかと、目をむかれたものであった。

太田先生は「普賢岳噴火災害の教訓、特に危機管理の視点から」と題して1時間半にわたって基調講演。普賢岳の場合は国の出先機関も知事の下に一致団結したと、関係機関の連携の重要性を強調。災害対策基本法では市町村長に責任と権限を与えているが、国機関と連携するには県主導にすべきこと、さらに、大学と自衛隊の連携による火山監視体制と情報発信が効果的であったことなどを紹介した。

次いで、筆者と太田先生とでパネルディスカッションを行った。筆者は、火山対策特別措置法では気象庁の情報を受けて、県が取るべき措置を市町村に通報するとあるが、気象庁には予報・警報の義務がなく、雲仙の九大観測所のように地元に拠点となる観測所もない現状を吐露。太田先生は、県民が声を大にして岩手県に火山の専門家を配置するよう国に要望することも大切と助言。風評被害には、市の広報や報道機関を通じて流言を打ち消すことの必要性を力説し、危険性があれば安全第一にすべきことや情報開示の重要性を指摘した。

　終了後には、関係機関のトップが顔を合わせるいい機会と、太田先生を囲み吉田敏彦県総務部長、大石幸県土木部長、境谷満県警警備部長、棚橋通雄建設省岩手工事事務所長、角田司陸上自衛隊岩手駐屯地指令、野口晉孝盛岡地方気象台長らとの交流会を企画した。関係機関のトップが顔の見える関係を築くＩＮＳの真骨頂でもあった。

　その後、太田先生は県の火山防災アドバイザーに就任し、防災訓練やシンポジウムに何度もおいでいただくことになった。

岩手山火山防災へ関心高く

セミナー超満員

盛岡

太田氏（前九大島原地…火山観測所…）

連携の…

前・九州大学島原地震火山観測所長の太田一也氏の貴重な提言に熱心に耳を傾ける大勢の聴衆

約1700人が耳傾ける

「セミナー超満員」と伝える岩手日報（1998年8月12日付）

35 岩手山平成噴火危機監視カメラと光ケーブル網

水蒸気爆発の可能性が指摘された大地獄谷は盛岡市街地から望むことができないし、北側の西根、松尾側からも屏風《びょうぶ》尾根に遮られて見えない。

テレビ局各社は、噴火のスクープ映像を捉えようとし、監視カメラの設置場所について筆者にも問い合わせがあった。場所は1カ所、焼切沢が開削する方向の樹海ライン、下倉スキー場の大カーブ付近。斜面にはNHKおよび民放各社の監視カメラが1998年5月頃から立ち並ぶことになった。これらの監視カメラは大地獄谷および黒倉山の噴気の状況を観察するのに大きな貢献をしてくれた。

地域の安全に貢献する意義を理解してくれたテレビ局は、筆者らの要請に応じてカメラを振ったりズームして監視に協力し、逆にテレビ局が変化を感知した際には見解を求めて筆者に連絡が入ることもしばしばあった。

テレビ岩手の監視カメラの映像は、岩手県消防防災課に分岐して監視がよりきめ細かく行われるようになった。テレビ岩手の下倉山、岩手めんこいテレビの高倉山からの録画映像は岩手大に提供され、学生の卒業研究として詳細な変化の解析が行われた。

NHKは工学部の研究室から道路一本隔てた至近距離にあり、しばしば映像をリアルタイムで確認させてもらった。たまたま、当研究室に科目履修生として来ていた沼宮内忠氏はNHK盛岡放送局の技術担当職員であった縁で、古巣での監視やテレビ局の録画テープの回収にボランティアで協力してくれたものであった。

報道機関の自局での取材映像がその目的外に供されることは極めてまれで、ＩＮＳ検討会等での連携と信頼の絆が深められていたことによってなされたものであろう。

一方で、肝心の盛岡地方気象台は監視カメラの設置を本庁に要望していたが、定番の「予算がない」との理由でなかなか進まなかったようであった。１９９９年になって西岩手での噴気活動が活発化し、土井宣夫氏夫妻は旧松尾村柏台の自宅2階のベランダから目視による噴気観測を開始した。その記録は予知連に報告され、火山活動評価の重要な観測記録として公式にも取り上げられるようになった。

筆者は、失礼は承知で、「民間のボランティアが昼夜監視をしているのに、天下の気象庁が目視もできないとは何たるざまか！」と迫り、そのせいかは定かでないが、１９９９年12月に柏台小学校に気象庁の監視カメラが設置されることになった。

ところで、建設省岩手工事事務所は１９９９年に岩手山を鉢巻のように取り囲む光ケーブル網を設置し、八幡平・下倉山・焼走り・イーハトーブ火山局・ナリヤ沢・馬返し・御神坂・玉山の8カ所の監視カメラの映像がホームページ上で閲覧できるようになった。当初目隠し状態であった岩手山のツボが「見える」体制はようやく整備されたのである。

きっかけは、ＩＮＳ検討会後の交流会での棚橋通雄所長とのやり取りであった記憶している。「岩手工事事務所では山麓の沢にワイヤセンサーを設置していて、土石流があれば検知しすぐ市町村に連絡する」と所長。「人家の近くで検知したって逃げる暇はない。センサーを張るなら山頂火口と大地獄谷に張ってくれ。噴火が西か東か検知できるように」と筆者。

「国道まで光ケーブルが入っているから、山頂まで延ばせばできるかも、やるか」。さすが大きな仕事をこなしている所長だと頼もしく思ったものである。筆者も、岩手日報の論壇で「従来の箱もの行政から脱皮し、地域の安全を守るための新しいインフラ整備へ転換、建設省の未来を描く事業」と褒めまくり応援し、構想は実現した。

実は、各機関の観測機器に電源を供給するとともに情報を一元化すると、縦割り行政の弊害も解消できる、いわゆる「学者災害」や「報道災害」も排除できる画期的なシステムになるとも筆者は期待した。残念ながら、火山活動の活発化で入山規制となり山頂までの敷設工事はできず、その期待は頓挫した。しかし、この監視網は、平時においても火山の状況を目視する大きな役割を担ってくれているのである。

大地獄谷の監視強化

樹海ライン（下倉スキー場）から望む薬師岳、大地獄谷、黒倉山（1998年5月27日、筆者撮影）

36　岩手山平成噴火危機
マグマ噴火の防災マップ

岩手山東側での噴火は切迫していないと考えられたが、山頂やや深部では低周波地震が発生している。山頂部からのマグマ噴火では多岐にわたる噴火災害が予測されるので、防災マップの作成は急務であった。

岩手大工学部7号館の6階の小部屋「岩手山火山研究連絡室」で土井宣夫氏を中心に筆者、岩手工事事務所の中村巖洪水予報課長、県土木部砂防課小田島公一主任、県総務部消防防災課の小田島弘主事、6市町村の防災担当者らが連日夜を徹して作業にあたった。

被害予測は容易ではなかったが、土井氏の調査結果に基づき、東岩手山で最大規模の噴火の一つとされる1686年の山頂噴火と同規模の噴火での被害区域を想定することを基本とした。

噴火の形態は後述の7種としたが、同噴火では出ていない溶岩の総量、温度、粘性や融雪型火山泥流を予測するための積雪量や火砕流の温度などは推定するしかない。検討結果を基に、シミュレーション等の実務を担当した㈶砂防・地すべり技術センターのスーパーコンピューターで計算が行われ、その結果を基に再度議論といった過程が繰り返された。

当時は大容量のデータの伝達手段がなく、同センターの吉田真也氏は、東京のセンターと盛岡の間を伝書鳩のように往復したと記憶している。

主な災害予測は以下の7種である。

①噴石：火口から4キロ以内。

②火山灰やスコリア：偏西風にのって火口の東側

一帯に。一本木・田頭30センチ、盛岡市でも10センチ。
③溶岩流：山麓の集落の一部に到達。
④火砕流：火口から5キロ、国際交流村、自衛隊演習地まで到達。
⑤火砕サージ：火口から5キロまで。
⑥土石流：降下火砕物が20センチ以上堆積し、傾斜10度以上の沢に1日165ミリ以上の降雨で発生、山麓の集落まで到達。
⑦融雪型火山泥流：冬期の火砕流で融雪。松川、生出川、諸葛川、黒沢川で氾濫、被害区域広大。

最も危険な山体崩壊は、規模が想定できず予測も困難なことから実績図として表示。多数のミニワーキング、5回のワーキング会議を経て、作業開始から2か月余、1998年9月26日の第4回「火山災害対策委」で概要を固めた。

10月7日には地域住民に直接、配布・説明を担う市町村職員約150人に岩手大工学部で説明会を開催。同日、報道機関には、新聞への記載やテレビ画面でわかりやすいよう文字を拡大した概略図を配布して、公表時を解禁とする信頼関係を基に、事前説明会を開催した。そして、10月9日にライフライン・医療・報道など関係団体から構成する「岩手山の火山活動に関する関係機関連絡会議」を開催し、了承を得た上で公表した。

公表の翌日、岩手日報は1面の大半を使ってカラー図面を掲載し、全国紙も岩手版の大半を割いてモノクロながらわかりやすく編集した図を掲載。テレビ各社は、当日夕方のローカルニュース番組で多くの時間を割き詳しく伝えた。見出しも「冷静な中に警戒を」「万一に備え態勢本腰」といった冷静な対応を訴えるもので、水蒸気爆発のマップ公表時のような行き違いが生じなかったことに安堵した。

「岩手山火山防災マップ（西側で水蒸気爆発、東側でマグマ噴火が起きた場合）」は縮尺約6・9万分の1で「岩手山火山防災ハンドブック」と共に岩手山周辺6市町村の全世帯、同高校生全員、小中学校の全クラスに約20万部を配布した。10月14日には、生徒への説明にあたる教職員約150人を対象にした説明会も開催した。

ところで、一時、事務局からは、マップができれば「火山災害対策委」の役割は終了との雰囲気が伝わった。「マップを活用して防災対応するのが主目的でなかったのか。それなら委員長権限でこの委員会は凍結、作業は停止する」と筆者は本気で怒鳴った。

計画を作って、それでおしまいというのは行政ではよくあることである。火山防災マップの作成は減災への取り組みの入り口であるにもかかわらず、当時、認識は必ずしも醸成されていなかったと思う。

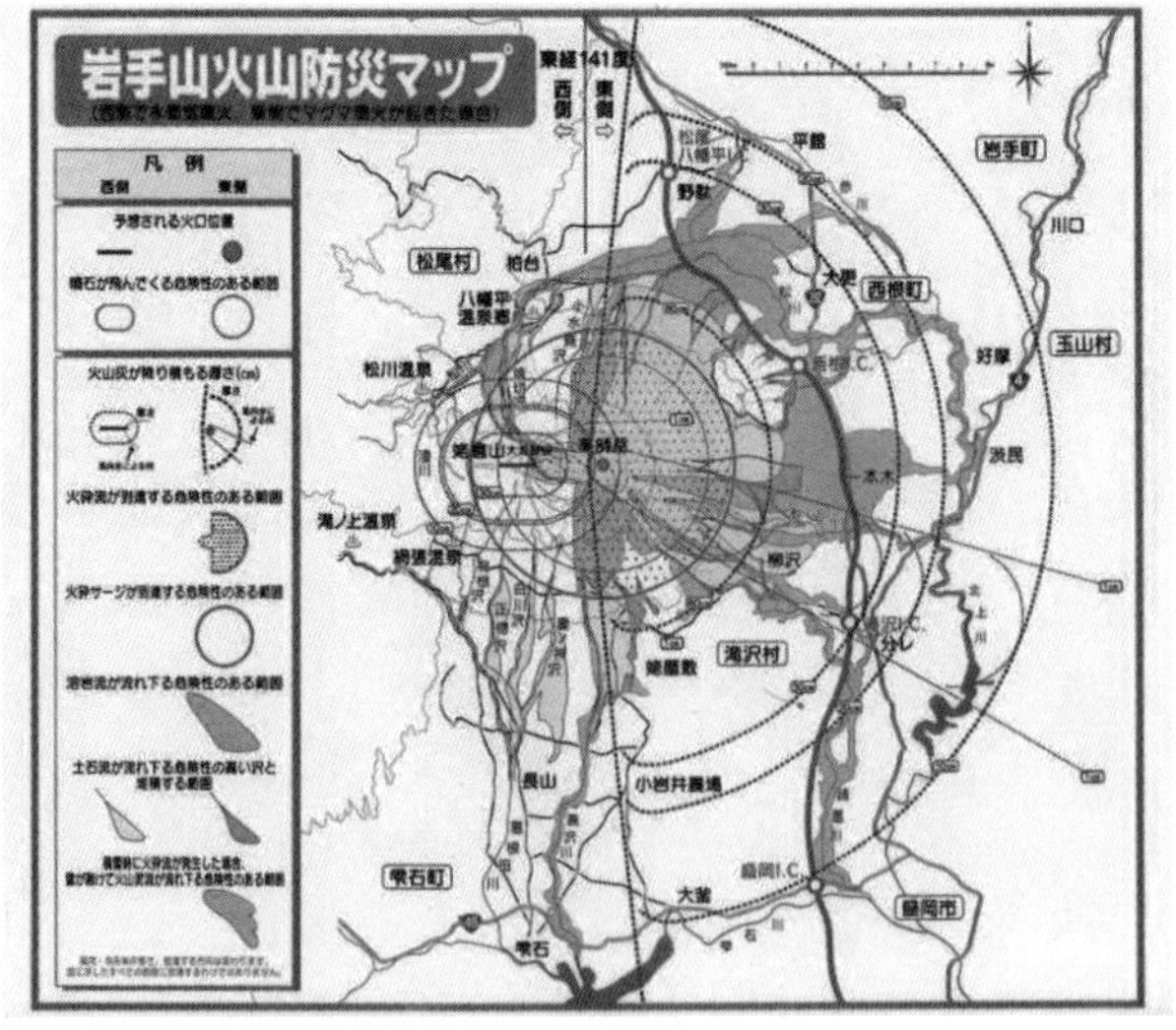

作業2カ月余で公表

岩手山火山防災マップの簡略版
（西側で水蒸気爆発、東側でマグマ噴火が起きた場合）

37 岩手山平成噴火危機
「火山活動検討会」発足

わが国の火山の活動評価は「火山噴火予知連絡会」（以降、予知連と略称）が、関係機関の火山観測データを基に総合的に検討し、「統一見解」または「全国の火山活動について」として発表される。委員は火山観測施設を有するいわゆる旧帝大と国の研究機関の専門家など25人で、気象庁長官の私的な諮問機関と位置付けられる。

岩手山関連では浜口博之東北大教授の他、土井宣夫氏が臨時委員として参加していたが、現地の「火山災害対策委」委員長として火山学の権威の議論をドアの隙間から聞かせてほしいと懇願。井田嘉明会長の配慮で、野口晉孝盛岡地方気象台長とともにオブザーバー参加を認めていただいた。

しかし、その予知連の発表内容は火山知識を持たない行政の防災担当者にはわかりにくく、年3回の定例会と随時開催される臨時会では変動する噴火危機への対応は難しいと考えられた。

そこで、筆者らは、既設の「岩手山火山活動対策検討会」を改組する形で、「岩手山の火山活動に関する検討会」（以降、火山活動検討会と略称）を立ち上げることを提言。「火山噴火予知連絡会」との二重構造は避けつつ、地元研究者を中心に、地元でなければできない山体の監視、各地の観測機関との連携による観測データの収集と火山活動の検討、地元行政や住民へのかみ砕いたわかりやすい状況説明、防災対応に関する行政への助言などを行うこととした。

1998年10月8日に第1回検討会を開催。委員は、筆者（座長）、浜口教授、土井氏に加えて、青木謙一郎東北大名誉教授、野口台長の5人。1999年からは火山ガスの専門家である平林順一東京工業大教授（退職後は同野上健治・同大教授）が加わり、現在は筆者、浜口氏、土井氏、野上氏、三浦哲東北大大学院教授、越谷信岩手大教授、盛岡地方気象台長の7人で構成されている。

オブザーバーとして国土地理院東北地方測量部や後述する雫石町の「岩手山火山活動特別調査隊」の小原千里防災係長なども参加し、各機関の観測データの説明を受けて、火山活動の現状について踏み込んだ検討、意見交換が行われた。また、検討会は防災関係機関や周辺市町村の担当者らが傍聴し、活動の現状への認識を深めた。

岩手山の防災対応は徹底した情報公開を原則としてきたが、「火山活動検討会」のみは観測データに関して厳しい検証やその解釈をめぐって専門家の忌憚《きたん》のない意見交換を行うため、テレビ映像の頭撮りの後、議論のみは非公開と報道機関の了解をもらった。会議終了後は必ず記者レクを行い、時間無制限、質問が無くなるまで包み隠さず丁寧に検討内容を説明し、信頼感の醸成に努め、関係機関、住民に伝えてもらう努力をした。

学術的検討が任務であるが、必要があれば学術情報を防災実務に役立つ防災情報に読み替えて助言することもあり得る検討会に、盛岡地方気象台長が加わったことに、気象庁本庁から叱責があったやに？聞くが、委員就任には野口台長の懊悩《おうのう》があったのかもと推察する。

東北大観測センターの地震データの一部は、リアルタイムで岩手大学の筆者の研究室に転送してもらっていたが、当時は携帯電話すら普及せず、緊急の事態にデータを基にした協議の場も限られた。そこで、岩手県は東北大観測センター、県庁消防防災課、盛岡地方気象台、岩手大工学部岩手火山研究連絡室の4カ所を結ぶテレビ会議システムを1999年1月21日に設置。

岩手山噴火対策避難訓練時の他、振幅の大きな微動の発生など、1999年から2000年にかけての3度の緊急事態に活用され、有効に機能した。ZOOM（ズーム）等によるオンライン会議が当たり前の今とは雲泥の時代環境であった。

「岩手山の火山活動に関する検討会」は、2015年4月に「岩手県の火山活動に関する検討会」と改称して、対象火山を拡大。現在までに65回を数え、継続して最低でも年2回開催されている。また、委員は県から災害対応の携帯電話を配布され、非常時に連絡を取り合う体制が現在も維持されている。

防災実務への助言も

検討会メンバーらによる県防災ヘリコプター「ひめかみ」での機上観測（2001年9月2日）

38　岩手山平成噴火危機防災ガイドラインの策定

火山防災マップの作業中には、火山泥流が松川を越えるとの予測に、松尾村は「それでは対応できない、のめない」と抵抗するなど、さまざまな葛藤があったが、被害予測は妥協することなしに貫いた。

さらに、縮尺を2・5万分の1として住民の住居の所在もわかりやすくした6市町村ごとの「岩手山火山災害対策図」を2000年4月に作成し、避難対象世帯を主に約3万8千部を配布した。この図には、避難場所や避難経路の他、防災行政無線、防災関連施設などが図示されるとともに、6枚を貼り合わせることで岩手山全体の対策図となり、噴火時にはこの図を基に対応が進められることになる。

一方、緊急に必要とされたのは、噴火後48時間以内に行うべき緊急対策を明らかにして、各機関の役割を明確にすることであった。

1998年11月29日の第5回「火山災害対策委」で組織を改組し、首藤伸夫、細江達郎両岩手県立大教授、棚橋通雄岩手工事事務所長、吉田敏彦県総務部長、大石幸県土木部長、大石勲県盛岡地方振興局長を新委員に加えた。そして、「緊急対策ガイドライン」の策定のワーキンググループを設置し、作業を急ぎ、【火山性地震の頻発など異常時】【噴火発生時】に必要な具体的な対策が1999年5月27日の「火山災害対策委」で了承された。

さらに、ワーキンググループは、避難期、避難生活期から生活復興期までの中長期になすべき対策についての検討を進め、2000年3月22日に全国初の総合的な火山防災の指針「岩手山火山防災ガイドライン」がまとまった。当初、対策の実施主体が明示されないまま作業が進められた。筆者らは「主語のない対策など絵にかいた餅に過ぎない」と強烈に抗議したことを覚えている。

ガイドライン公表の第9回「火山災害対策委」には、増田寛也岩手県知事と周辺6市町村の首長（桑島博盛岡市長・川口善彌雫石町長・工藤勝治西根町長・柳村純一滝沢村長・佐々木正四郎松尾村長・工藤久徳玉山村長）が顔をそろえ、壇上で固い握手をかわし、防災への意欲と連帯責任を県民に顕示していただいた。

「減災の四角錐《すい》」を念頭に、目標として「噴火は防げないが、災害は軽減できる。必要な対策をできるところから実行し、『火山と共生』する『防災先進地』を目指す」を掲げた。そして対策推進の基本理念として「実務対策は、行政機関すなわち国・県・市町村が連帯して責任を負う。地域の安全は、行政機関・学識者・住民が連携してそれぞれの役割を遂行することによってはじめて守られる」とした。

気象庁も関わらない避難指示を「サイトーさん。火山などわからないのにどうやって出す？」との首長の悲鳴に「県は『岩手山の火山活動に関する検討会』から火山活動の現状に関する学術的助言を受け、本部長（知事）を中心に協議・判断して、市町村に対し、避難勧告等について助言する」と明記。

一方で、首長には責任の自覚を失わないように「どのように判断したかを問われて、知事や検討会が言ったからなどと責任転嫁せず、住民の安全を守る私の責任で判断したと答えること」と筆者は強くクギを刺した。

当初、県の幹部からは責任の明確化に強い抵抗があった。しかし増田知事は「災対法上、避難勧告は首長の判断だが、自ら判断し助言する」との決意を示し、柳村純一滝沢村長は「自分が決断し、たとえ空振りになるにしても避難指示を出すから、踏み込んだ学術的助言が欲しい」との意思を火山活動検討会座長に伝えた。

同検討会が地域の安全に寄与すべく、いわゆる「学術情報」から「防災実務情報」へ変換する姿勢を示し、県・市町村も連帯して責任を負う、「連携と連帯責任」の体制が構築されたことは画期的なことであり、今でも色あせない先進的なものと筆者は自負している。文言の推敲《すいこう》は、岩手工事事務所の國友優洪水予報課長らがホテルに缶詰めになって作業した力作である。

ただし、繰り返すが、火山災害第19章にも述べたように、これらの体制は今は脆弱化《ぜいじゃくか》し機能を発揮できる状況にはない。

連携と連帯責任明記

増田知事を中心に手を取り合って防災への連携をアピールする6市町村長（2000年3月22日）

39　岩手山平成噴火危機検討会座長の懊悩

地元の研究者の端くれとして、手探りの当初から懊悩《おうのう》し考え模索し続けたことは「地域の安全を確保するために、いつ、どんな状況で、どこ（誰）が、どのような判断をするか、そしてその判断を防災実務に結びつけるシステムをどのようにつくるか」ということであった。

火山噴火予知連絡会・気象庁・関係機関の観測や防災への支援、県知事の避難対応への助言、首長の空振りをも恐れず自らの責任で避難勧告を発するとの認識等の意志形成を経て、必要に応じて「岩手山の火山活動に関する検討会」が防災実務により踏み込んだ助言も行うとの体制が築かれた。

しかし、それは、一方で検討会の学術的判断に関わる責任をより重く位置づけるものでもあった。

もし、避難などの判断が1時間遅れて人的被害を引きおこしたら非難ごうごう。避難を勧告して1週間も噴火が発生しなかったら、経済的・社会的損失をどう補償するのかと、やはり非難ごうごう、どちらに転んでも針のむしろに身を置くことになる。

小さなシグナルも捕らえる観測体制を構築し、長年観測データをにらんできた浜口博之東北大教授は危険性についても適切な判断をしてくれる。土井宣夫氏も長年の岩手山との付き合いから、火山の息吹きを感じ取って適切な助言をしてくれる。期待を込めて信じつつ、灰色、例えば51対49でも、筆者が務める座長は白黒の決断を求められることが多分、いや、必ず起きるであろう。生命の重たさを鑑みるにつけ、気が小さく臆病な性格の筆者には、それは言い難く大きな重い心の負担であった。

何様のつもりか、独りよがりな思い上がり、おこがましいとのお叱りを受けることを承知で、あえて言わせていただく。もしも、事前の判断が不適切で住民の方々の生命にかかわる事態を引き起こしたならば、打ちひしがれ、自責の念に苛《さいな》まされつつ鞭《むち》打たれ、まさに満身創痍《そうい》で、もはや実家も待つ者もいない生まれ故郷の秋田へと、仙岩峠をトボトボと下るわが姿が思い浮かんだものであった(弱音を聞いた陸上自衛隊秋田駐屯地の指令は「その折には、私自らがジープを運転して仙岩峠までお迎えにまいります」。筆者「来るなら盛岡まで来い!」といった笑えない冗句もあった)。

振り返れば、2000年10月19日の未明に人工地震調査の発破が無事終わって自宅へ戻る高速道路の上で、言い知れぬ不安が沸き上がるのを感じた。そして、翌年2月のある朝突然に、それまで同時に数件の決断を繰り返してきたものが、自信をもっての即断が一つもできなくなった。冷や汗、めまい、生への不安と死への恐怖心…。自律神経失調症とのことであった。

次々と追いかけてくる防災対応の狭間《はざま》に、ひそかに主治医のレントゲン室に横たわり点滴を受け、自宅に近い温泉の湯につかって心を休めようとした。

後日、雲仙普賢岳の噴火に際して、土石流や火砕流から住民を守るために、防災実務に踏み込んだ助言を続けた島原火山観測所の太田一也所長が来盛の折に、筆者が処方されていたのと同じ精神安定剤を見せてくれた。「長い間の緊張は誰しも大変なことなのです。私も飲んでいましたよ」。自分だけではないのだと、少しは気が楽になったものであった。

そんな筆者の心の支えになったのは、１９９８年７月、雫石町の公民館での火山防災マップの説明会の後で、老婦人が二人、手を握って語り掛けてくれた言葉である。「テレビなどでは勝手なことを言っている先生と思っていました。でも、こうして膝を突き合わせてお話を聞いて、火山が大変難しいものであることがよくわかりました。『あなた方の予測が外れたとしても、私たちは決して恨んだりしませんよ』。それよりも身体を大切にして頑張ってくださいね」

１９９８年の活動活発化から25年余、幸いにも岩手山は、今は小康状態にある。

火山活動検討会座長も後期高齢者。緊迫した状況に対峙《たいじ》できる体力と判断力を有する方に任を委ねなければと痛感する。

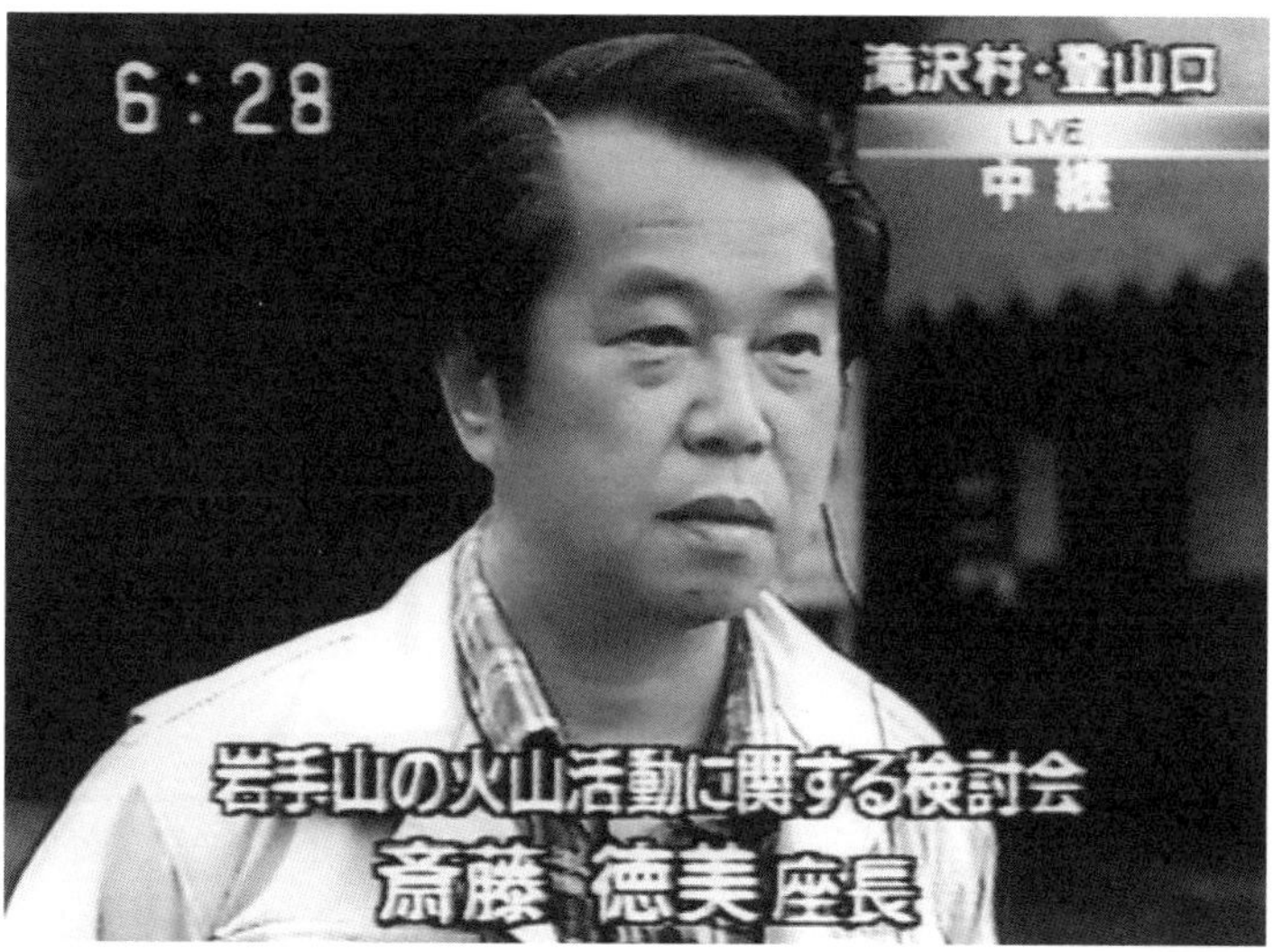

緊急時の判断誰が？

検討会座長として馬返し登山道入り口で解説する筆者
（2003年７月１日、IBCテレビ）

40　岩手山平成噴火危機　防災訓練と地域への啓発

火山災害軽減の要件の第3は「緊急対策の立案と試行」である。ガイドラインの検討を進めながら、噴火時の避難や救援等を主にした噴火対策防災訓練が始められた。

県などが主催した第1回目の防災訓練は、火山活動が活発化して約半年後の1998年10月18日に、松尾村柏台のさくら公園を主会場に、滝沢村、雫石町、西根町で行われた。37関係機関から約4500人が参加し、台風10号の接近による強い風雨の中で、住民の避難や、負傷者の救助、情報収集などの訓練を繰り広げた。

さくら公園では、消防署員らが、土石流で倒壊した家屋から被災者を救出する訓練などを実施。滝沢村の陸上自衛隊岩手駐屯地では、山麓の観光地を土石流が襲ったとの設定で、隊員約220人が情報収集、橋の架設、負傷者の救出などにあたった。

当日は台風の接近による悪天候で、予定したヘリコプターによる情報収集や救助はできないことになったが、さまざまな条件下での臨機応変な対応が求められることを認識する訓練ともなった。

第2回目の噴火対策防災訓練は、冬場の噴火を想定して1999年1月29日に、火山泥流が発生したとの想定で滝沢村の一本木、柳沢地区で行われた。

冬のため窓を閉め切っていたり、風向等の影響で防災行政無線からの呼びかけが聞こえづらい。また、車を持たない住民には避難場所まで徒歩で1時間も要した人がいるなど、冬期避難の課題も浮き彫りになった。

なお、一本木地区は、その後、自衛隊演習地などで行われたトレンチ調査などで、繰り返し土石流が流下した、いわば「土石流銀座」であることが判明している。特に、冬期の融雪型火山泥流は数分で山麓を襲う可能性があり、噴火後の避難では間に合わない。兆候を把握して事前に避難すること、緊急時には建物の上階や近くの高台に駆け上がることなどを心しておく必要があることを改めて訴えておきたい。

第3回は西根町、第4回は雫石町で開催され、第5回は初めての都市部での訓練との位置づけで、盛岡市青山の厨川中学校を主会場に行われた。第6回は2001年2月18日に玉山村文化会館を主会場に実施。その後、入山規制が解除される2004年7月1日までに合計9回の防災訓練が実施された。訓練は成果を誇ることではなく、問題点や改善すべき点を掘り起こすことが目的で、得られた反省点は記録を残し、いつかは向き合うことになる噴火対策に生かすことを切望する。

一方、生きている火山との認識がないままに噴火危機を迎えた岩手山では、地域防災の主役である住民への啓発が不可欠である。県と6市町村が主催する「もしもに備えて～岩手山火山防災シンポジウム」は1999年1月30日に約450人の参加を得た西根町町民センターを皮切りに6市町村持ち回りで9回開催された。

6市町村の防災担当者らは、公民館や集会所で地域住民を対象とした説明会を多数企画。筆者らが直接に膝を突き合わせての語らいに臨んだ。町内会など住民自らの要請もあった。大学のえらい？先生の謝礼は高いのではとの問い合わせに、筆者は「講義料はカップ酒2本に枝豆一束」を求め、帰りに車の荷台に取れたての野菜を満載していただいたこともあった。

防災関係機関、民間の団体、企業も研修の機会を企画した。東日本大震災以降、学校での防災教育の重要性が指摘されているが、岩手山では多数の学校が研修会を開催、既に実践していたのである。筆者らが行った一連の研修会や説明会は2002年まで150回を数えた。

ところで、研修を繰り返し懇意になった雫石町消防団からは、水蒸気噴火の危険のある西岩手山の現地調査に赴く筆者らに「骨は拾ってやるから心置きなく行ってこい」との温かい？激励を頂戴した。懇意になった副団長からは、副団長の銘の入ったはんてんを進呈されたが、団長が「消防団の魂たるはんてんを他人にやるとは何事か」と激怒、後日、主任のはんてんと交換というエピソードもあった。顔の見える人つながりを実感したものであった。

初の岩手山噴火対策防災訓練

有事に備えて本番さながら

松尾など4町村会場に

風雨の中、4500人参加

土石流で倒壊した家屋からの救出訓練。「大丈夫か」と被災者を本番さながらに激励する消防署員＝松尾村さくら公園イベント広場

問題点を掘り起こす

第1回噴火対策防災訓練を伝える岩手日報（1998年10月19日付）

41　岩手山平成噴火危機
地元企業や県の支援

　火山活動の監視に多くの民間機関や県の協力を得たことは、岩手山防災の取り組みの特徴かもしれない。

　工業技術院地質調査所が、山体の伸長等の地殻変動を観測するために、屏風尾根等へ設置した光波測距（ＡＰＳ）の測量には、ＩＮＳの仲間であり、測量のプロである㈱吉田測量設計が協力した。

　赤外線熱映像の解析には、同じくＩＮＳの仲間で航空測量の専門会社である国際航業㈱岩手支店の八重樫栄副支店長の協力を得た。県の防災航空隊が撮影した映像の解析を１９９８年７月から継続して行い、１９９９年以降噴気が活発化した黒倉山や新たな噴気孔が出現した黒倉山～姥倉山周辺の地温変化や高温部の広がりを面的に捕らえて、火山活動の状況を掌握する上で有用な情報を提供した。

　岩手山周辺にある多数の温泉や湧水はマグマの上昇により湧水量、水質、水温などが変化することが予測された。滝沢村の日本アイソトープ協会滝沢研究所は、サイクロトロン（イオン加速器）を用いた微量元素の高感度測定装置を有している。

　二ツ川章二次長らの協力を得て、岩手山周辺の11カ所の湧水や温泉水の採取と分析を１９９８年11月から月２回、４年間にわたって実施。ナトリウム、マグネシウム、シリカ等の微量元素やラドン濃度に顕著な変化は認められなかったが、岩手山周辺の水質の基本的な情報が得られたことは、長期的に見た火山活動の影響を検討するための貴重な成果で意義は大きい。

その他、ＩＮＳ検討会に集う土木・防災・コンサルタントなどの民間企業からは噴火時の調査、観測への協力の申し出が多数あった。

当初、逃げ腰であった岩手県はＩＮＳの会合で関係者との顔の見える交流が深まり、知事が連帯責任を打ち出すなどの経緯を経て、火山対応では全国でも例を見ない積極的な取り組みを行うようになった。１９９８年9月10日には、火山対策に小野寺博火山対策監らを任命し専任を4人に強化。

１９９９年10月には水蒸気爆発の予兆を捉える可能性を期待し、黒倉山西側裸地および黒倉～姥倉稜線部に2台の地震計を設置した。大学や研究機関に増強のゆとりがない中で、県に支援を仰いだのである。幸いに水蒸気爆発は起きなかったので、そうした手掛かりとなるデータは得られなかったが。

また、表面現象が活発化した西岩手山の5カ所に１９９９年10月に地温計を設置。現地に赴かなければ得られなかった噴気温度の連続観測が可能になり、データはテレメータで送信された。黒倉山の噴気温度が低下する中で、西の姥倉分岐の熱泥地の地温は上昇する等、火山活動の推移を検討する上で貴重なデータとなった。後述する人工地震探査では、爆破点の増強などに費用を負担した。

県の防災ヘリコプター「ひめかみ」は観測機器の運搬や表面現象の観測に多大な貢献をした。臨時の観測点設置、冬場に備えてのバッテリーの交換など維持管理は「ひめかみ」の支援なしには不可能であった。筆者や土井宣夫氏らが搭乗しての表面現象の変化を捉えるための機上観測は、２００２年までに76回を数えた。この間、山を熟知した県防災航空センターの相馬直将、滝田潔の両機長は筆者らの要望に応えて、かゆいところに手が届くように、必要な観測点を飛行してくれた。真冬の観測機器の点検など危険と背中合わせでの取り組みも山とあるが、いずれ機会を得て紹介したい。

県の積極的な支援をけん引してくれたのは、当時自治省から出向していた武居丈二総務部長であった。危機管理に造詣が深く、「国・県・市町村が連携して、連帯責任を負う」とのガイドラインの理念も、その存在故に貫けたと思う。

ところで、筆者は火山防災と平行して2010年まで県の新総合計画の起草委員長を務めた。それは権威ある年配者の役目で、若輩のヒラ教授が仕切る立場にないと固辞したが「先のある若者(?)が描かねば未来はない」と企画振興部長だった武居氏から説き伏された。「自立」「参画」「創造」をキーワードに「いわて結つくり」を掲げた計画はどこまで実行できたのか。総括はされていないまま、今改めて思い返されることである。

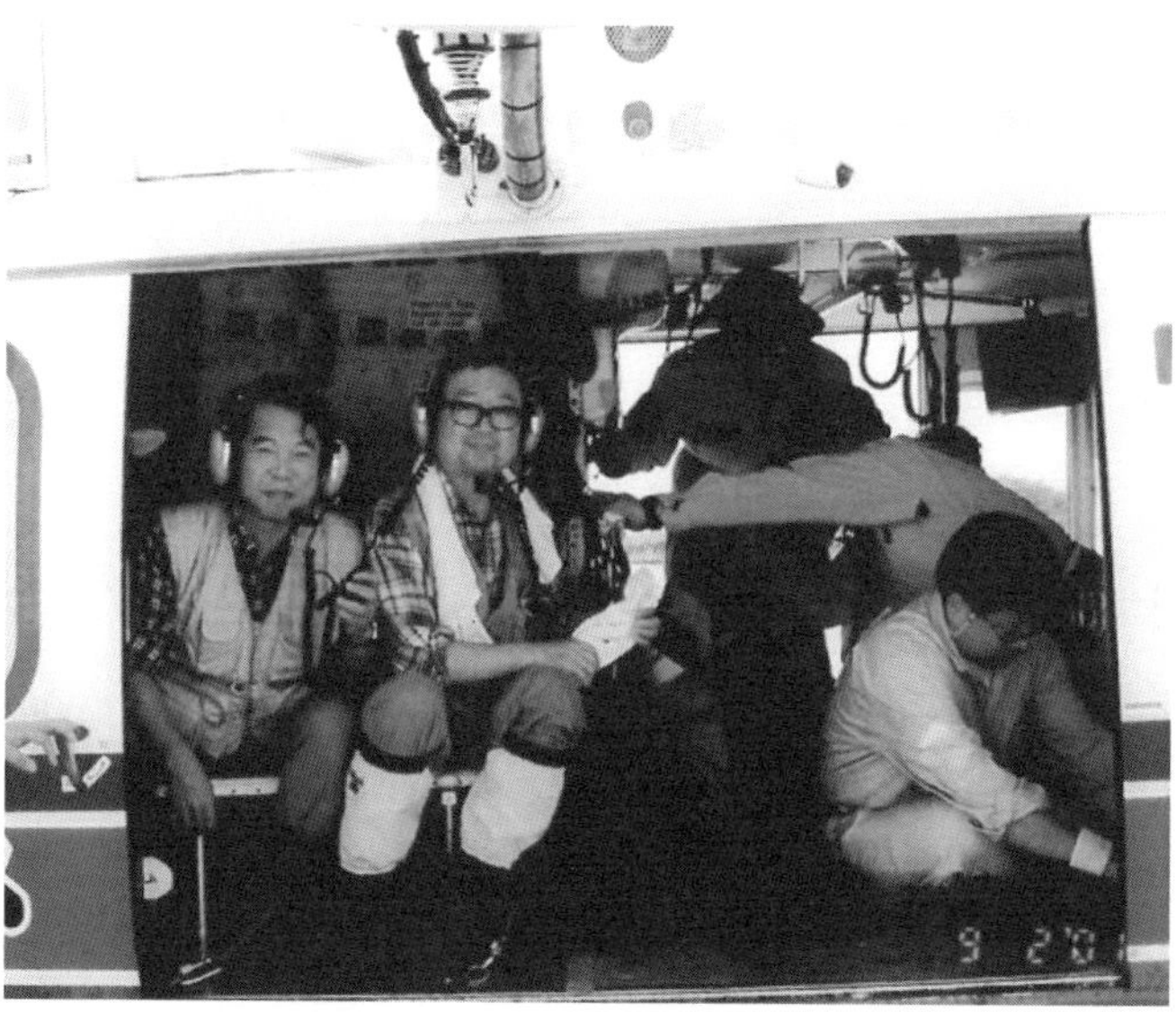

観測に防災ヘリ貢献

「ひめかみ」での筆者(左)と土井宣夫氏の定位置(2001年9月2日)

42 岩手山平成噴火危機
西岩手の表面活動活発化

岩手山の火山性地震の月別回数（東北大松川観測点）は1998年4月に764回、5月に1283回、6月の1806回と増加した後、7月は1725回、8月は1140回、10月は387回11月は238回と減少に転じた。（9月は岩手県内陸北部の地震の本・余震も合算され、1801回）

雫石町長山での有感地震は5月に6回、6月に9回、7月に10回（最大震度3、M3・9）と増加した後、8月は5回、10月には1回と減少に転じた。（9月は岩手県内陸北部の地震の本・余震も合算され15回）

火山性微動は6月に9回、7月に32回と急増した後、8月は25回、9月は12回、10月は13回、11月は4回と減少に転じた。

また、東北大の衛星利用測位システム（GPS）観測で、1998年春ごろから顕著になった岩手山の南北への伸長は10センチ程度になったが9月には鈍化し、1999年夏以降はほとんど認められなくなった。

一方で、1999年春以降、西岩手では表面活動が活発化した。1999年4月16日に県防災ヘリコプター「ひめかみ」から、残雪に覆われる黒倉山～姥倉山北斜面にぽつんと小さな融雪孔を発見した。

5月12日に筆者や東北大の浜口博之教授らによる現地調査で一帯の岩片の間から染み出るように噴気（89・5度）が立ち上っているのが確認された。

大地獄谷でも変化が現れた。4月23日の機上観測で、主噴気孔周辺には新たに鮮やかな黄色の硫黄粉が降り積もっているのが観察され、５月12日は東京工業大学の平林順一教授、野上健治助手の調査で噴気温度は１３５度と高温になっていることが確認された。

１９９９年５月29日午前11時ごろ、黒倉山山頂から高さ40〜50メートルまで強い噴火が立ち上っていると住民から通報。筆者らは午後２時45分ごろから「ひめかみ」で黒倉山上空に飛び、噴火ではないことを確認したが、マスコミ報道で住民に緊張が走り「表面活動活発化」という新たなステージの幕開けとなった。

この日、土井宣夫氏は黒倉山から約７キロ、薬師岳山頂から黒倉山、姥倉山一帯が大パノラマのごとく一望できる、松尾村柏台３丁目の自宅２階ベランダから表面現象の観測を始めた。自腹でカメラ、80ミリ、６００ミリのレンズ、三脚、望遠鏡、双眼鏡を買いそろえた。

しかし平日は盛岡市に出勤するため、観測は必然的にフィルム装填《そうてん》の経験すらない小枝子夫人に委ねられた。土井氏は夫人に「観測をやってくれ」とは一言も言っていないというが、夫人は「背中がやれと命じていた」という。夫人は日の出から日没までベランダにへばり付いて、刻々変化する噴気の状況を撮影し、ノートに記録し続けた。

黒倉山〜姥倉山北斜面では、Ｆ１〜Ｆ３断層に沿う笹の枯れ死帯で７月９日に25カ所以上、７月19日に39カ所、８月26日には84カ所以上で噴気が立ち上るのが観測された。

２０００年１月19日午前11時43分ごろには黒倉山で山頂から２００メートル以上に立ち上る最大規模の噴気が発生し、ちぎれた噴気は約４００

メートルの高さにまで達した。

夫人が2004年7月まで書き続けた大学ノートは32冊、写真は5万5千枚（全て自腹）に上り、噴気の強さを客観的に評価するため黒倉山山頂、黒姥北1号噴気（最初に出現した勢いの強い噴気）、姥倉山北斜面それぞれの噴気ランクを定めダイヤグラムを作成した。記録は、予知連や県の検討会に報告され、活動の評価に供された。1944年以降の昭和新山の成長を記録した「三松ダイヤグラム」に匹敵する貴重な成果である。

一方で、夏の猛暑から冬の厳寒まで夫人の連日の「業務」は精神的にも肉体的にも過酷で、疲労は激しく、さらに近所の住民からは「観測結果を発表するから観光客が来なくなる」とのバッシングを受け夫妻は苦悩した。土井氏への社内での退職を求める声や高地チベットへの長期出張などで心労が重なった夫人は、平舘の病院に入院。時々見舞っては話し相手になるしかできなかった筆者も、加害者意識にさいなまされた。

柏台で噴気連続観測
黒倉山山頂の強い噴気＝2000年1月19日午前11時43分
（柏台観測点から土井小枝子氏撮影）

43 岩手山平成噴火危機
多数の新噴気孔を現認

西岩手での噴気活動はさらに拡大した。1999年7月7日の機上観測で、大地獄谷の西側の沢底に100メートル以上連なるササ枯れが発見され、8月17日には噴気が立ち上るのが確認された。この沢には固有名がなく当初「大地獄谷西小沢」と呼称していたが、ササ枯れが拡大、噴気区域も4カ所に増え、大地獄谷に匹敵する裸地へ拡大した。

大地獄谷では2000年1月19日に鬼ケ城の稜線部を越える最大級の噴気が観測され、筆者の研究室ではテレビ岩手の監視カメラの録画映像の提供を受け、噴気高の評価を始めた。

主噴気孔には高さ2メートルを超える硫黄塔が成長し、噴気温度は2000年9月7日には149度と最高値を示し、ガス成分の比率からしても、この時期に活動が最も活発であったと考えられている。

有毒な火山ガスの調査に筆者らはガス検知器で安全性を確認し、ヘルメットをかぶりゴーグルとぬれタオルで顔を覆い、ガスの流れに留意して噴気孔に接近したが、往時の学生運動をほうふつとさせられたものであった。

黒倉山〜姥倉山北斜面は高さ2メートルを超えるササが密生しており、現地に踏み込むのは困難であった。しかし、2000年8月にはF1・F2・F3の断層に沿った区域のササ枯れが急速に拡大し、「突入」(?)が可能と思われた。9月7日および10月8日に筆者と土井宣夫氏が北斜面に分け入った。

稜線部に最も近いF3は東西約130メートル、南北最大30メートルの範囲でササがまだらに枯れ、最大で直径約1メートル、深さ約1メートルの噴気孔が滑落崖に沿って、東西方向に32個連なっているのが確認された。噴気の温度は最高で95・1度と沸点に近く、高さ1～2メートルに弱い噴気がもやもやと立ち上っていた。

F2には噴気孔は2個だけであるが広範囲な噴気地から弱い噴気が上がっていた。F1では東西約100メートルの範囲に33個の噴気孔が確認され、最高温度は95・4度であった。また、たて筋と呼称される場所にも6個の噴気孔が見つかった。

やぶこぎは過酷であった。枯れの進んでいないササやぶの中では方向性を見失い、一歩前進するにも背丈よりも高く群生するササをかき分け踏みしめねばならない。恐らく200メートルもない距離に何十分も要した。筆者は健脚を自負していたが、土井氏からは「60歳に近い高齢者を連れてくる場所ではなかった」と述懐された。

翌2001年8月7日には、筆者が盛岡地方気象台の小林徹専門官、県消防防災課の安斎和男火山対策主事、雫石町の小原千里消防防災係長らと稜線部南斜面および姥倉・黒倉分岐西側の噴気地を詳細に調査。南斜面で確認された噴気孔は35個、最高温度は96・9度、枯れたササの間には直径1メートルを超える大きな孔も存在した。

分岐の西側斜面には、F5～F8の各断層に沿って分岐から約100メートルの範囲に18個の噴気孔が東西に配列。最高温度は88・4度だが、西側のまだ緑のササやハイマツの下にも弱い噴気地点があり、活動が西に向かって進展していることをうかがわせた。

2001年8月16日には、F1よりも低い樹木の枯れ死帯に初めて分け入った。南北100メートル、幅20～30メートルにわたって、高さ10メートル以上のオオシラビソの巨木が枯れ、倒木も多数あった。

2001年9月2日に、筆者、土井氏と前述のメンバーが大地獄谷西小沢に入った。目測で沢の上部まで300メートル程度、幅150メートル程度の広い区域でササが枯れ、ダケカンバの巨木が根こそぎ倒れ荒廃している。明瞭な噴気孔はなく全域で噴気が染み出し、沢の最上部では96・6度と沸点に近い地温を観測した。西岩手山の調査で筆者らが確認した噴気孔や噴気地点は約300カ所を数えたが、調査に立ち入れなかった区域もあり、その数はさらに多いと推測される。

ところで、水蒸気爆発の可能性がある中で、安全性はどう担保できるのかとの指摘もあった。短い調査時間で噴火に遭遇する確率は極めて低いと考えられるとする以上の根拠はない。観測データや現地の変化に細心の注意を払ったが、時には一斉に強くなる噴気にいささかたじろぐこともあった。

西岩手に300カ所以上

大地獄谷の噴気調査の様子。
硫黄塔（正面左）が成長している＝2002年9月18日（筆者撮影）

44 岩手山平成噴火危機
有珠山の噴火に学ぶ

防災体制が急ピッチで整えられつつあった岩手山をまさに追い抜いて、2000年3月末に北海道の有珠山が突然に噴火した。有珠山は1910年水蒸気噴火、1944年昭和新山の誕生、1977年マグマ噴火などと約30年周期で噴火を繰り返し、火山性地震が群発した後、必ず噴火に至るという「火山のくせ」も知られている。「有珠山は嘘つかない」と、日本では噴火予測が唯一可能な火山とも言われている。

そして、特筆すべきは、北海道大有珠火山観測所長の岡田弘教授が1977年噴火の経験に基づいて、地元気象台、自治体、住民と、火山防災のネットワーク構築し、信頼と使命感を共有していたことである。筆者が火山防災のお手本とした、研究者、行政機関、報道機関が連携して住民の安全を守る「減災の三角錐《さんかくすい》」を実践していたのである。

2000年3月28日、有珠山で火山性地震が増加し、臨時火山情報で噴火の可能性が高いことが伝えられた。震度5弱を最大とする有感地震も頻発し、断層や地割れも発見されて、30日には緊急火山情報が発表、噴火は必至と筆者はテレビ画面にくぎ付けになった。

地震活動のピークが過ぎた31日午後1時6分に西山西麓からマグマ水蒸気噴火が発生、噴煙は約500メートルまで上昇し多数の噴石が飛散した。しかし、周辺の伊達市、虻田町、壮瞥町の1万人以上の住民が噴火前に避難を完了しており、噴火による死者や負傷者などの人的被害が皆無という成果を収めたのである。

研究者が一両日中に噴火との警告を発し、気象庁も初めて噴火前に緊急火山情報を発表したが故に可能になった迅速な避難であった。

北海道庁と火山災害研究者が「北海道防災会議火山災害対策専門委員会」を通じて、住民避難などの課題に意を通じていたことも役立った。

現地で本格的な噴火の現場に向かい合って、岩手山の噴火対応への教訓を学ばねばと希求したが、年度末で飛行機、フェリーのチケットは取れず、混乱の現地で宿も見つからない。そこへ、テレビ岩手の柴柳二郎キャスターから同行取材の誘いがあり、渡りに船と飛びついた。

4月1日仙台空港から新千歳空港に飛び、午後に伊達市役所の現地災害対策本部で観測と住民の安全確保に奮闘する岡田教授、北大大学院の宇井忠英教授らに会い、現地の対応に関して意見交換した。3月27日以降不眠不休の岡田教授らに疲弊の色は濃く、筆者は無理は承知で「寝て食うこと」と激励した記憶がある。

有珠山では長年地域の行政や住民と一体で防災に取り組んできた地道な活動が役立ったと説明を受け、岩手山での方向性も間違っていなかったと意を強くした。

一方、噴火の切迫とともに現地に乗り込んできた、それまで火山防災に積極的に関わりを持とうとしていなかった気象庁本庁は、長官を先頭に主導権を握ろうとし、現地で火山を熟知し、行政や地方気象台とも意を通ずる研究者の意向が否定される事態にもなったという。岩手山で噴火が発生した時に気象庁や内閣府などとどのような向き合い方ができるのか、大きな課題と考えさせられた。

夕刻、住民が避難し、交通規制が掛かる国道を、緊急通行車両の許可書を所有する㈱社会安全研究所の木村拓郎所長のクルーに同行、西山火口からの噴煙を目の当たりにした。宿泊した伊達温泉では、回数は少なくなったというものの、下からどーんと突き上げられるような火山性地震の繰り返しにマグマの鼓動を実感した。眠れなかった。

翌日、洞爺湖展望台から、新たに開いた金比羅山火口群から15分程度の間隔で繰り返し噴煙が上がるのを見た。午後3時には札幌テレビ放送が手配してくれたヘリコプターで新たな噴火口の状況を目視したが、平然と噴火口真上に近づく機に、噴火したらひとたまりもない、離れろと何度も怒鳴り、いささか恐怖を覚えた。

噴火真っ最中の火山に直接接し、また緊急対応の現地の喧噪《けんそう》の中に身を置いて学ぶことは多かったが、予知の難しい岩手山ではこうはできないのだと対応の困難さを痛感して花巻空港に降り立った。

事前に住民避難完了

蛇田町で遭遇した有珠山の噴煙＝2000年4月1日（筆者撮影）

45 岩手山平成噴火危機 人工地震で山体内部を探る

岩手山は過去に何度も崩壊と生成を繰り返していることが分かっているが、山体の内部構造は不明である。構造が分かれば、過去の噴火の歴史やメカニズムをより詳細に検討でき、今後の活動の予測にも有用な知見を得ることができる。

人工地震探査は、地下でダイナマイトを爆発させて人工的に地震を発生させ、岩手山の山体および周辺に配置した多数の地震計で地下を伝わってきた地震波を観測し、地下の速度構造を解析するものである。岩石の弾性波速度は、岩盤の硬軟を示す指標であり、速度構造の解析は、岩手山の内部を知るための有力な手法である。巨大な岩手山を対象にするため精度に限界はあるが、人間の体でいえばCTスキャンで体内の様子を3次元的に把握するのと同じ発想である。

小規模な地震探査は、東北大、岩手大などが1999年6月と9月に行っているが、国の第6次火山噴火予知計画に沿った国内最大規模級の人工地震探査が2000年10月19日未明に実施された。東北大、岩手大、東京大など11の国立大学と気象庁から約70人が参加した。

既設の地震観測点32カ所に加えて318カ所に地震計と観測データを収録するデータロガーを設置した。爆破孔は盛岡市、西根町、滝沢村など9カ所で、地下約50メートルでダイナマイト200キロを爆発させる。県は解析精度を上げるために3カ所の爆破費用を補助したほか、山頂をはじめ高所へ地震計を設置するクルーの航送には防災ヘリコプター「ひめかみ」が協力する等の支援を行った。

19日午前1時2分に松尾村外芳名沢上流を皮切りに10分間隔で、同2時22分雫石町奥産道終点まで爆破が行われ、実験は成功した。

ところで、臨時の地震計は地表に設置しているため、降雨や強風ではノイズが大きく観測には適さない。比較的好天に恵まれる晩秋の時期を選び、また、地震波を記録するデータロガーも予備日として翌日の同時刻にも収録可能なようセッティングされている。18日はかなり風が強く、筆者は指揮官の東北大の浜口博之教授と共に、実験本部「いこいの村岩手」の窓から大きく揺れるススキを見つめた。夕刻にはダイナマイトを装填《そうてん》するためには決行か延期の決断をしなければならない。もし翌日に延期してさらに悪天候になったら元も子もない。数千万円の費用と延べ何百人の労は無に帰す。

盛岡地方気象台の天気予測は「これ以上悪天候にはならない」と要領を得ないが、浜口教授は決行を決断。本部から西根町平笠の三ツ森グラウンド爆破点に移動した筆者は神にも祈る思いで作業を見守ったが、日付が変わる午前0時ごろには山頂にかかる雲も切れ、下弦の月が冴えわたり、風は無風状態となり、良好な環境下で観測は無事終了した。

地震計やデータロガーの回収にも課題があった。「ひめかみ」は実験の翌日には定期のオーバーホールのため、府中の工場入りの予定であった。

天候悪化などで山頂部など高所の機器の回収ができなければ、解析に大きな支障をきたす。初雪も近い時期であり、回収できず雪に埋もれ、翌春無残な姿を呈する悪夢のごとき状況も頭をよぎった。

普通は民間人を乗せない岩手県警のヘリコプターの後日の動員を緊急に警備部長に要請し、了解をいただいた。幸いにして当日の日中も好天に恵まれ、観測機器は全て回収された。

解析の結果は2001年5月に浜口教授から公表された。西岩手の黒倉山、姥倉山の地表から1キロ程度まで、過去の火山活動で蓄積されたマグマが固まったものとみられる速度の速い硬い部分が分布。一方、東岩手の山頂下部には速度の遅い火山噴出物が厚く分布。また、焼走り溶岩流の供給源と考えられる速度の速い部分が北東方向に伸びているなど、山体内部の構造が明らかになった。

解析精度からして、今回上昇してきたと推測される板状のマグマは捉えられていないが、詳細な速度構造が掌握されたことで、火山性地震の震源決定の精度は格段に向上し、火山活動の推移をより正確に解析できることになった。

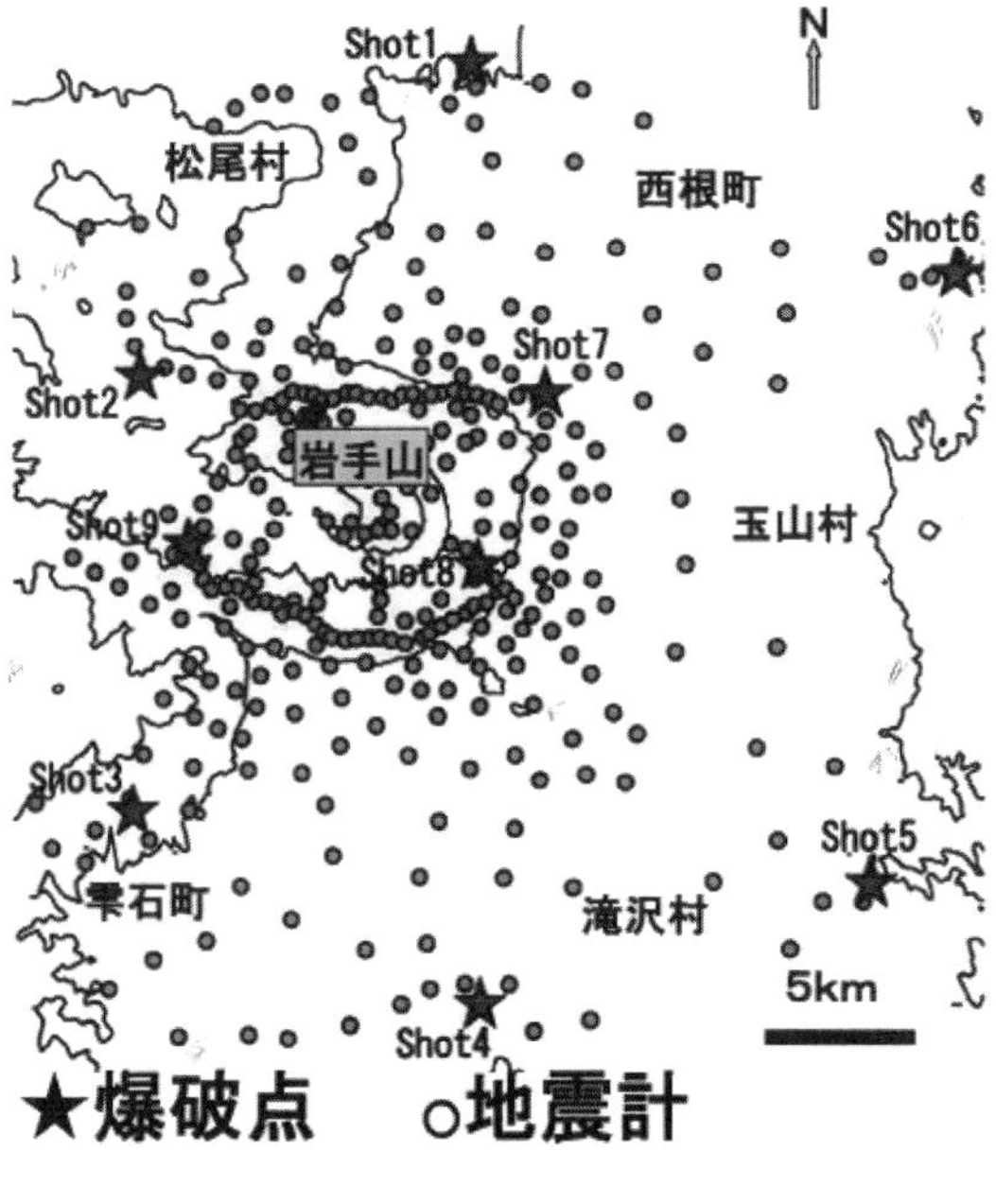

地震計350地点に設置

9カ所の爆破点と350カ所の地震計の配置

46 岩手山平成噴火危機 岩手山火山活動特別調査隊

西岩手山での噴気活動の活発化を受けて、雫石町総務課の小原千里消防防災係長は、計器類では判断できない自然環境の変化や山体の異常現象は、人の目による目視での観測が必要と考えた。そして、防災対策に生かすとともに後世に伝えることも重要とし、地元の自治体職員らからなる「岩手山火山活動特別調査隊」を雫石町長の特別要請によるものとして、1999年6月に立ち上げた。

隊員は小原隊長のほか同町の徳田靖消防防災係主事、青山武義用務員、岩手山地域ボランティアの高畑章氏、休暇村岩手山麓の職員である太田孝芳、山下唯史両氏で、事務局の指令を佐山武史助役が担った。

隊員は地元民として現地の地理などには詳しいが、火山の専門家ではない。小原、徳田両氏はINSの検討会に参加し、火山活動の状況は知っていたが調査経験はない。当初は筆者や土井宣夫氏が、表土の変質や裸地化、植生の枯れ、地温・噴気温度の変化、噴気臭等観察のポイントや測定方法などを指導したが、筆者らの現地調査に同行して経験も積み、調査結果は「岩手山の火山活動に関する検討会」で公式な観測データと同様の信頼できるものと評価されるようになった。

主な踏査場所は、犬倉山北東の登山道わき水場、姥倉・黒倉分岐下のササ枯れ地、姥倉・黒倉分岐から西側に伸びる枯れ死帯、同分岐から黒倉山方向への裸地の稜線部、稜線部の北斜面および南斜面、黒倉山西斜面の裸地、円形裸地等で、黒倉山頂からは直下に望まれる大地獄谷の状況を観察した。

姥倉・黒倉分岐から黒倉山側の稜線部、その南斜面、円形裸地、黒倉山山頂および西斜面は従前から裸地化していた。地温が高く噴気も点在したが、1999年以降は範囲が拡大し噴気温度も上昇した。稜線部の北斜面や分岐西側では新たに植生が枯れ、新噴気が多数出現した。その変化を捉えるために、地温測定の定点を最大で61カ所設定し、調査のたびに繰り返し測定を行った。

1999年6月5日に調査計画をたてるための事前調査を行い、7月7日に第1回の調査を実施。以降、1999年には7回、2000年には10回、2001年には8回、2002年には5回、2003年には3回と、2004年3月24日まで計34回実施された。撮影された写真は約6千枚、ビデオテープは十数本となり、34冊の定例報告書と7冊の実績報告書としてまとめられた。

報告書は、各部局所属長を介して回覧し、役場職員が共通認識を持つよう図られた。また盛岡地方気象台、県消防防災課、筆者ら「岩手山の火山活動に関する検討会」の委員に提供された。頻繁に現地調査に出ることができない筆者らにとって、膨大な地点の噴気温度・地温の変化を知ることができたことは、火山活動の推移を知る上で大きな役割を果たしてくれたと評価している。

特に天候上、ヘリコプターでの観測もままならない冬期に、山スキーを履いての現地調査結果は貴重であった。雪の中に口を開ける噴気孔は、落ちたら自力ではい上がることが不可能な深いものもあり、脅威を感じさせられた。

2004年7月1日に入山規制が解除となり、特別調査隊は同3月31日に解散したが、小原氏は退職後も蓄積された知見を基に、個人で西岩手山の調査を継続している。さらに2004年以降は秋田駒ケ岳の女岳の調査も繰り返し、噴気地帯の拡大や地温上昇に関する詳細なデータを「岩手県の火山活動に関する検討会」に報告。火山を見る目を養った地元人ならではの貴重な情報を提供し続けている。

ちなみに、調査隊が発足した当時は、入山規制が掛けられているのに自治体職員らが入山するのは「示しのつかぬ規則破り」との批判もあった。100%の安全保障はないが、規制を掛けている首長から了解、許可を得た形で調査・観測に当たっている筆者ら専門家も同様ではある。しかし、特に役場職員、民間人に対しては、行政が公的に業務として辞令を出し、万一の場合の補償も含めて責任の所在を明確にすることを改めて雫石町長に求めた。

雫石町職員らが設立

山スキーを履いて西岩手山で観測に当たる火山活動特別調査隊＝2004年3月24日（同調査隊提供）

47 岩手山平成噴火危機入山規制緩和への取り組み

噴火など実災害が発生しないまま3年以上を経過し、地域の経済に与える影響を危惧する声も大きくなった。この間、山の南側の岩手高原スキー場は1998年9月に営業休止を決定、南山麓ペンション村は大きな打撃を受けた。2001年2月には北山麓の観光拠点である東八幡平リゾート事業からJR東日本が撤退を表明した。

これら観光事業の撤退は、単に岩手山の火山活動のみに起因するものではないが、一方で「生きている火山との共生」への模索も避けては通れない課題である。周辺市町村の観光協会のトップを兼ねている首長からは、入山規制の緩和を求める声が火山活動検討会座長に上げられた。筆者は、規制を掛けている責任者はあなたたちなのですよ―と諫《いさ》め、自覚を求める場面もあった。

地域振興と安全確保をどう両立せしめるか、公的な委員会では行い難い忌憚《きたん》のない意見交換がINS検討会の交流会などで2000年春ごろから始められた。

水蒸気爆発の可能性がある西側での入山規制の緩和は困難である。しかし、噴火が切迫していないと考えられる東側では、観測機器の設置や観測成果の蓄積で、噴火の時期や形態を正確に予測するのは困難でも、事前に注意喚起が可能と考えられるようになった。

またガイドラインに沿った対策の整備も一定の前進を見た。これらの状況を踏まえて、現状でなしうる限りの安全対策を行い、岩手山との共生を図る第一歩を踏み出すことになった。

岩手山は山頂付近まで観光道路やロープウェイのある観光タイプの火山とは異なり、緊急時の下山には時間を要する。そのため、より安全性を考慮し、臨時火山情報の発表を目安に、市町村は緊急通報装置で登山者に異常を伝え、登山者は自己責任で安全確保に努めることを基本方針とした。

すなわち、①盛岡地方気象台が確実に「臨時火山情報」を発表する②行政機関が、入山者へ確実に異常発生を伝達し下山を呼びかける緊急通報システムを構築する③入山者には、入山・下山カードの提出を義務づけ緊急通報装置を自ら確認し、異常時には速やかに下山するという自己責任を啓発すること—を3要件とした。

緊急通報装置は、規制が緩和される東側4コース（上坊、焼走り、柳沢、御神坂）の登山口と、薬師岳山頂を含む登山道上の7カ所の合計11カ所に設置した。赤色回転灯とサイレンを併設したものが7カ所、赤色灯のみのものが4カ所で登山道上のどこにいてもサイレンが聞き取れるよう配置した。

臨時火山情報発表時、異常発生時には、県総合防災室と雫石町、滝沢村、西根町の3町村の役場が同時電話会議システムを通じて協議し、防災行政無線を通じて緊急通報装置を稼働させる。

ところで、緊急通報装置は、登山者に目につく必要がある。筆者は設置の趣旨からしたら、極論であるがショッキングピンクにでも塗装すべきとした。しかし、環境省サイドからは環境に調和した配色にすべしとクレームがつき、設置までの時間もないことから、焦げ茶色と見えにくい色に妥協せざるを得なかった。立入り禁止を示す虎ロープすらいかんという、非常時に平常時の規則を振りかざす役所の発想にはあきれ果てたものであった。

入山規制の緩和は、冬期には緊急通報装置のメンテナンスができないことから、7月1日の山開きから10月の体育の日までとした。2001年6月25日、第17回火山活動検討委が火山活動に大きな変化がないことを確認し、第11回災害対策検討委が安全対策が施されたことを確認し、2001年7月1日午前零時から3年ぶりに東側4登山道の入山規制が緩和され、雨の中約900人が山頂を目指した。

なお、8合目避難小屋には岩手県山岳協会の会員がボランティアで常駐、西側での水蒸気爆発で噴石のエリアにかかる登山道の一部を切り替えるなどの安全策を講じた。

一方、登山者カードの提出率は当初30％弱にとどまったが、登山口にカード提出を呼び掛ける人感スピーカーを設置する等の対策を採り、その後90％以上に改善した。

東側4コースを解禁

鬼ケ城に設置した緊急通報装置と筆者＝2002年6月18日

48 岩手山平成噴火危機
全山で入山規制解除

２００２年以降、西岩手山での表面現象の拡大は頭打ちとなり、大地獄谷の主噴気孔の噴気温度は２００３年10月には１１６度と低下し、ガス組成からも活動は低下傾向にあると判断された。

１９９８年2月～4月および同8月に起きたと推定されるマグマの貫入以降、顕著なマグマの活動は発生しておらず、貫入したマグマの熱による表面活動も予想より早く収まりつつあると考えられた。こうした状況に基づき、２００２年10月15日の第93回「予知連」の見解から「水蒸気爆発の可能性」との文言が削除された。

２００３年11月13日の第26回「火山活動検討委」、第16回「火山災害対策検討委」で、西岩手山の活動状況と必要な安全対策について検討が行われ、西岩手山の3登山道（七滝、松川、網張の各コース）の入山規制を２００４年7月1日から緩和する方針を決めた。

水蒸気爆発の事前予測は難しいことを踏まえ、東岩手山4登山道入り口の緊急通報装置は情報伝達に活用し、山体内の装置は撤去。２００４年5月には姥倉山～黒倉山稜線部の地温の高い区域で詳しい地温調査を実施し、登山道以外への立ち入りを禁止する規制ロープや木道を整備した。

有毒なガスが噴出している大地獄谷では、２００3年8月から2か月半、硫化水素や二酸化硫黄の濃度の調査を実施し、谷への立ち入りを禁止する注意喚起を行うこととした。そして、２００４年7月1日から山体の変位が危惧されている黒倉山山頂を除き、全山で通年での入山規制が解除された。
岩手山の火山性地震や表面現象は、活動が活発化する1995年以前の状態には戻っているわけではない。また、生きている火山について100％の安全を保障できるものではないが、今回の噴火危機は2004年の全山入山解禁で一つの区切りを迎えたと言えよう。

ところで、平成の噴火危機でマグマはどのように動いたのか。浜口博之東北大教授らによる火山性地震や地殻変動の詳しい解析から、以下のように推測される。1998年2〜4月と同8月にマグマはダイク(板)状に割れ目を作って上昇、岩盤を破壊して火山性地震を発生させ、山体を南北に伸長させた。山頂を目指したマグマは地表直下で西側に移動し、西側の三ッ石山の直下には火山性流体溜《だま》りが形成された。岩手山の南西部で1998年9月に発生した「県内陸北部の地震」以降マグマの上昇は止まったが、マグマで熱せられた熱水や火山ガスが地表に到達し、噴気活動の活発化をもたらした。

同地震がマグマの上昇する火道をふさぐ働きをしたとも推測されるが、なぜ急にマグマの上昇が減じたのか、なぜ山頂を目指したマグマが西側に転じたのかは定かではない。

また、西岩手では周期10秒以上の超低周波地震が多数発生したり、深さ30キロでの深部低周波地震や西側の滝の上地熱地域の地震活動がほぼ同期して活発化する等、広い範囲で多様な現象が発生した。マグマの活動とどのように関係するのかなど未解明の問題も残されている。

火山性地震の頻発、地殻変動、表面現象の活発化に多くの研究者は規模の大小はともかく、噴火は避けられないと認識していた。幸いにして岩手山は噴火に至らず、今回の危機は去ったことから、一連の事態を「岩手山噴火未遂事件」との呼称もある。多くの観測機器でこれまでにない多様なデータが取得された。しかし、どのような現象が発生すれば噴火につながるかに関して明確な手掛かりが得られたとはいえず、噴火予知の難しさも改めて痛感させられた。

上空から西岩手山を俯瞰《ふかん》すると、姥倉山南斜面など樹木の植生に欠ける区域が広がり、大地獄谷から黒倉山～姥倉山稜線部にはオオシラビソ林が虫食い状に分布している。1934（昭和9）年、1935（昭和10）年には薬師岳火口の南東縁などで地温が上昇し噴気が立ち上った。1960年ごろには盛岡市内からも薬師火口の噴気が目視されている。東岩手山の下からのマグマの上昇と西方移動は過去にも繰り返され、噴火に至らないマグマの上昇すなわち「噴火未遂事件」は頻繁に起きていたのかもしれないのである。

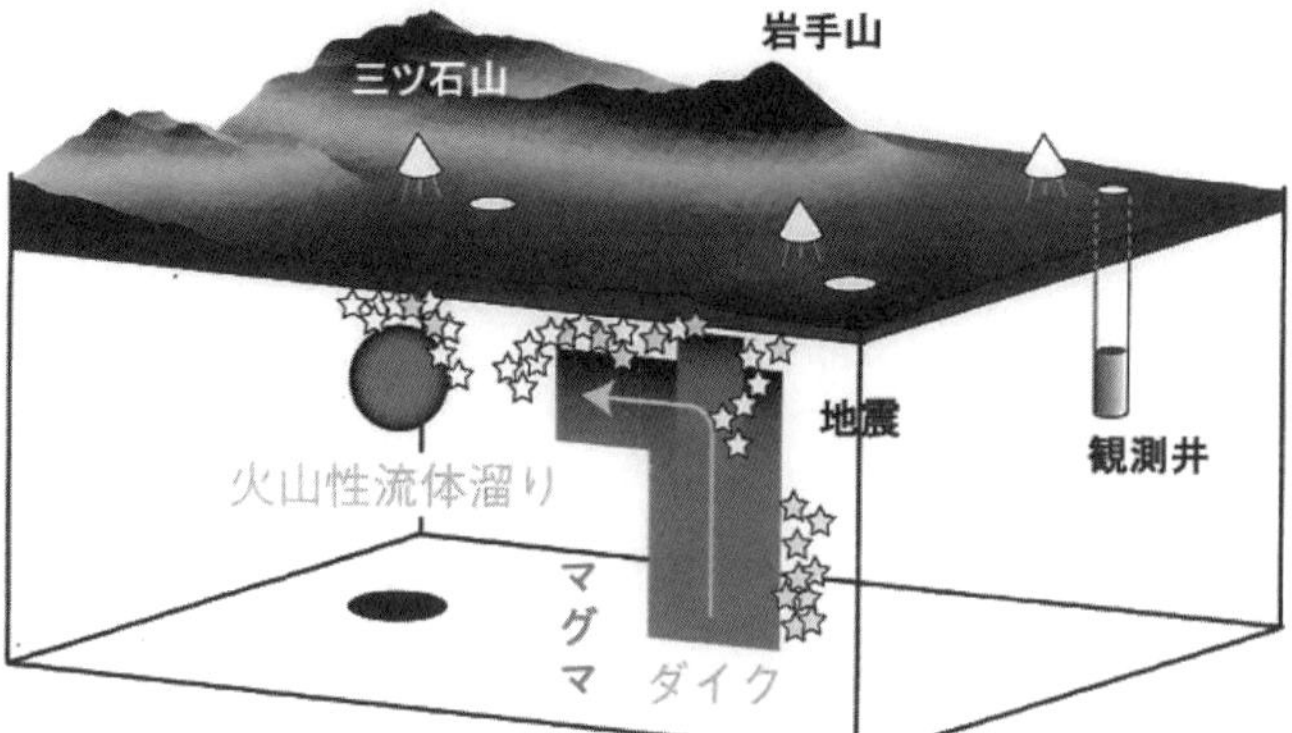

噴火寸前でとどまる
1998年から1999年に掛けての岩手山の火山活動模式図
（浜口博之東北大教授提供）

49　岩手山平成噴火危機　民間人研究者の苦境

岩手山の火山防災体制は、土井宣夫氏による岩手山噴火史の解明がなければ構築し得なかった。土井氏は地熱エンジニアリング㈱技師長であったが、岩手山への知見は会社の業務とは別に、個人のライフワークとして蓄積されてきた成果なのである。

その業務を県民の安全のために県が民間に委託したら、長い年月とおそらくウン千万円でも収まらない費用を要したであろう。氏の業績は、岩手日報文化賞や内閣総理大臣表彰といった社会的評価で報われてはいるが、調査に要した労力と費用は全く補填《ほてん》されていない。

火山防災マップの策定等に1998年7月以降、氏は筆者らと共に岩手大学に張り付き、対応することになった。正式な委員会に出席する際には些少《さしょう》の手当が出るが、実務作業はいわばサービス残業である。

何よりも事業主体である国土交通省や岩手県から地熱エンジニアリング㈱が受注したわけではない防災マップの作成に社の重鎮が傾注することに、会社内に強い異論があったのは当然であろう。

岩手の火山防災に土井氏は不可欠との懇願に、鷹觜守彦社長は、筆者との長年にわたる共同研究の実績も踏まえ、「大学・サイトーに土井の身柄は預ける。地域の安全に役立てることは、この地に存在し生業している企業として当然である。地域に貢献できることはうれしい」と理解を示し、全面的支援を約束してくれた。

しかし、社内の一部の幹部からは「誰が給料を払っているか分かっているのか」「岩手山をやめるか、会社を辞めるか返事をしろ」と詰問されるなど風当たりは強かったと聞く。

2000年3月に滝沢村教育委員会から出版したライフワークの集大成「岩手山の地質―火山灰が語る噴火史―」に、社員の書いた本の著作権は会社にあるとの主張もあり、体から力が抜ける思いをしたと氏は語る。

筆者は「出る釘は打たれる。出過ぎた釘は打てない」と檄《げき》を飛ばし、早まるなと引き留めたものの、氏は辞表を出す覚悟で苦悩する日々が続いたという。

筆者の職務は大学での教育と研究であるからして、あえて岩手山の防災実務に砕骨奮闘する責務はないと居直ることもできる。しかし、国家公務員として国民の税金から給料を頂戴している身として、地域課題へ取り組むことは、強制はされないにしても必然と認識した。それに対し、土井氏は使命感に燃えても、身分は完全な民間人なのである。

筆者の檄は、かえって土井氏を苦しませることになったかもしれない。社内の批判に耐えつつ3年余、会社業務と岩手山への取り組みを続けたが、2002年2月に業績が悪化していた親会社が会社更生法の適用を申請、あおりで地熱エンジニアリング㈱も希望退職者を募集。2001年9月には擁護の姿勢を取り続けていた稲月勝哉社長が逝去しており、土井氏は2002年12月に率先して退社、失業者にならざるを得なかった。

静岡県出身の氏がもし岩手を離れる事態等になれば、岩手山防災は片肺飛行になり成り立たなくなる。筆者は県に懇願し、氏は、2003年3月に非常勤職員である「火山対策指導顧問」として、入山規制の緩和や防災対策に携わることになった。しかし、2008年3月にはその職も解かれ、ハローワークに通う身になったのである。

筆者も大学経営に携わる立場で、一時、岩手大学地域連携推進センター客員教授として糊口《ここう》を拭う如くの手当を用意したが、生計を立てるにはスズメの涙である。岩手山防災の立役者が明日の生活も見通せないという事態が、民間人が地域防災に深く関わったが故のいわば「末路」であった。

幸いにも岩手大学教育学部生涯学習課程（地理学担当）の教授の公募の機会に恵まれた。土井氏は現役の大学教授をも凌《しの》ぐ多数の学術論文を有していたが故に、2009年4月に教授に任用され、65歳の定年まで8年間教育・研究に専念できた。

しかし、一歩間違ったら、岩手山と心中しても本望？の本人はともかく、小枝子夫人を路頭に迷わせる事態になったと、筆者は今でも冷や汗が滲《にじ》む思いがするのである。

平成12年（2000年）3月30日（木曜日）

岩手山の地質 一冊に

噴火の歴史や火山活動 25年の研究まとめる

土井さん（岩手大客員教授）

土井　宣夫さん

岩手大地域共同研究センター客員教授で、地熱エンジニアリング（滝沢村）主席技師長、土井宣夫さん（四八）＝松尾村在住＝は、二十五年間の岩手山研究の集大成となる「岩手山の地質―火山灰が語る噴火史」を発刊した。岩手山の成り立ちや噴火の歴史などのほか、昭和三十五年からの火山活動を時系列的に記録した貴重な写真などを掲載。最近の火山活動も収録している。滝沢村教委が企画、販売する。

「岩手山の地質」はA4判、二百三十四ページ。地形の紹介や地質、火山灰、形成史、有史時代の火山活動、登山道に沿った地質案内の六章で、「岩手火山群地質図」が付いている。

これまでの研究成果が中心だが、三陸沖地震と火山活動の関係や平成期の動き、十六万年前からの火山灰の降灰域などを詳細に説明。すべてオリジナルの図解百三十四点のほか、二百枚を超す写真を使い、研究者以外の人にも理解できるように工夫されている。

土井さんは静岡県菊川町生まれ。東北大理学部を卒業し、日本重化学工業入り。

滝沢村教委が企画、土井宣夫さんが出版した「岩手山の地質―火山灰が語る噴火史」と岩手山火山群地質図

失業迫られた立役者

土井宣夫氏の研究成果の集大成「岩手山の地質―火山灰が語る噴火史―」発刊を伝える2000年3月30日付の岩手日報

50 岩手山平成噴火危機「岩手方式」の火山防災

岩手山で築き上げられた火山防災体制を要約すると、住民を防災の主体、報道機関を地域防災の一翼を担う重要機関と位置づけ、研究者、行政機関、報道機関、住民が連携して頂点の地域の安全を守る「減災の四角錐」の実践といえる。

そして、その体制づくりを強力にけん引してきたのがＩＮＳ「岩手山火山防災検討会」であった。その想いの源は、自分たちの地域は自分たちで守るとの強い使命感であったと思う。

岩手大学の教員の一人として、地域の大学が地域の安全に貢献し得なければ、その存否を問われかねないとの強い危機感もあった。また、地元企業との共同研究を率先して進め、地域との関わりを重視してきた筆者にとって、岩手山の噴火危機対応は避けて通れない課題であった。そんな想いが、２００４年の国立大学の法人化に際し、「岩手の大地と人と共に」を岩手大学の校是に掲げることにつながった。

一方で、短時間で火山防災体制が構築された原動力の一つは、近々に噴火するかもしれないという強い危機感である。平常時では作成に数年間も要する火山防災マップが3カ月、特に切迫している西側での水蒸気爆発に対する防災マップは、２週間という全国でも例を見ない短時間で公表された。

また、もう一つは、浜口博之東北大教授、土井宣夫氏、そしておこがましいが、筆者と役割を分担する3人のキーパーソンが、地域の安全を守るとの共通認識を持っていたことも挙げられる。また岩手では、ＩＮＳの長年の活動により地域連携の場が育まれていたことも背景にある。さらに、地震災害第16章に詳説した１９９８年9月の「県内陸北部の地震」は、自然災害の猛威が現実のものであることを県民に強く印象づけた。

このように岩手山の噴火危機対応は、短時間で一定の成果を上げてきたように見える。しかし、マグマが貫入し噴火が危惧された１９９８年2～4月、同8月には、火山防災マップは完成しておらず、噴火時に各機関が何をなすべきかを示す緊急ガイドラインも策定されていなかった。この時期に噴火が発生していれば大混乱に陥ったことは想像に難くない。

その意味で、今回の噴火危機で得られた成果は「岩手方式」の火山防災対策の構築よりも、平時からの備えの重要さを教訓として再認識したことであろう。今回の噴火危機対応の終わりは、次の噴火に備える出発点と位置付けられるのである。

しかし入山規制の緩和と共に、火山防災への視点での岩手山報道は激減し、噴火への危機意識も急激に薄れた。さらに、この20年の間に岩手県は東日本大震災で甚大な津波災害を被り、また繰返し豪雨災害に見舞われ、火山災害の脅威は意識の外に追い払われたかのようである。

ガイドラインに掲げた「連携と連帯責任」を実践した当時の関係者はほとんど退職した。また、行政機関では短時間で担当者が異動することによる「専門性と継続性の欠如」という課題は残されたままで、引き継ぎはされるとしても、せっかく培われた防災への認識はクリアされる。中央の報道機関も同様である。緊急時での内閣府や気象庁など中央と地元との連携をどう行うかも描き切れていない。当時からの課題は残されたままである。

ところで、平成の噴火危機は1998年の岩手県の年間十大ニュースのトップになるなど県内を揺るがした。防災対応には多大な費用や労力を掛け、社会的にも経済的にも大きな打撃を被った。にもかかわらず、結果として噴火は発生しなかったことから、強烈な批判を受けても甘んじるしかないと覚悟をした。しかし、筆者に届いたのは某県会議員が、「噴火しなかったことの責任をサイトーはどう取るのだ」と怒っているとの伝聞が一つだけであった。生命保険に大枚払ったのに死ななくて大損をしたというのか、と筆者は反論したかったが…。

匿名でのバッシングが当たり前の今なら交流サイト（SNS）上で炎上したかもしれないと思う一方、マイナス影響を大きく受けた方々も含めて、岩手県民は、自然災害から身を守ることの意義を正しく理解してくださったのだと、しみじみとありがたく思うのである。

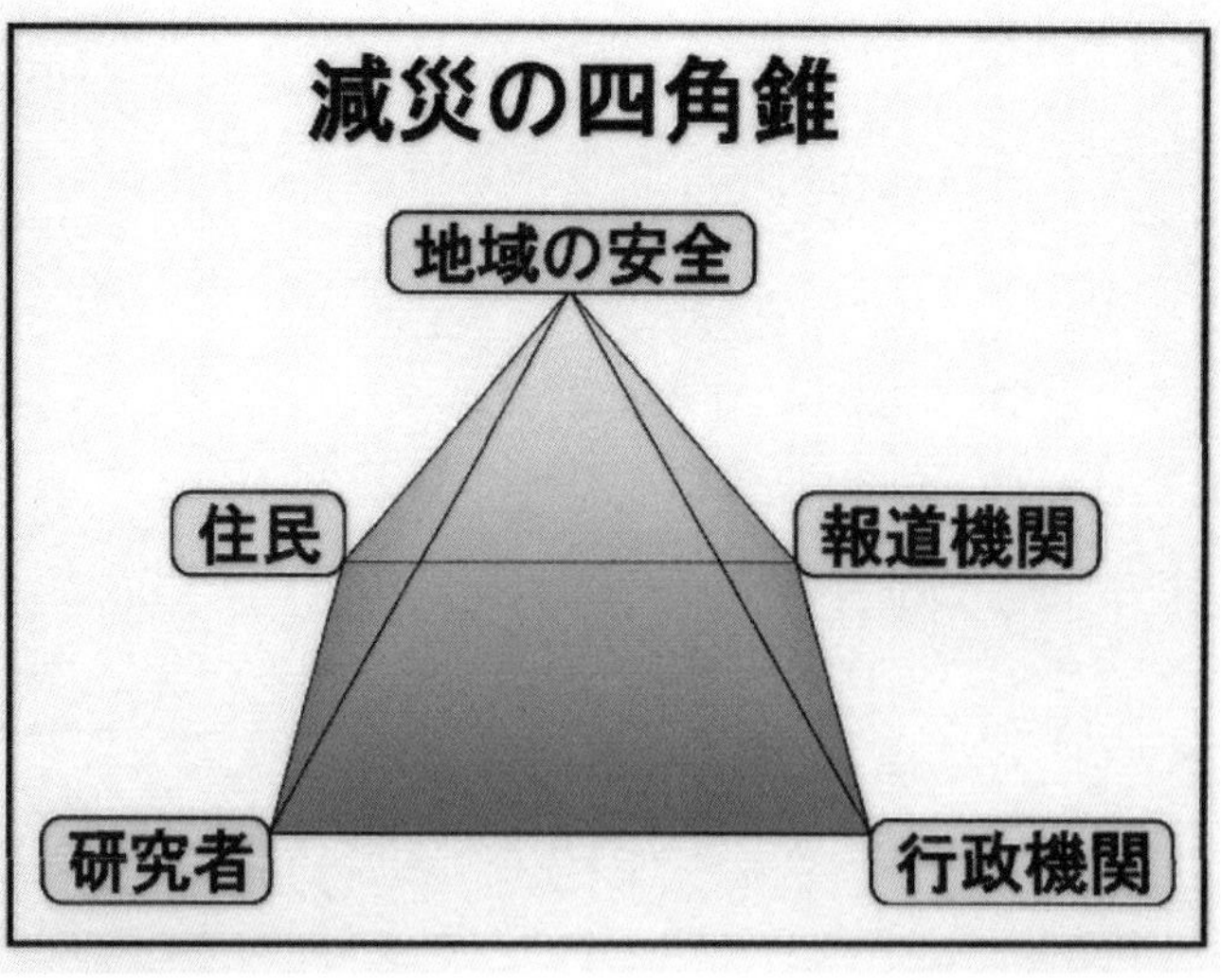

減災の四角誰を構築

研究者、行政機関、報道機関、住民が連携して地域の安全を守る減災の四角錐のイメージ

51　岩手山平成噴火危機
相棒ポチへの鎮魂の辞

平成岩手山噴火危機の教訓を未来にくまなく伝え残すためには、さらに多くの紙面を要するが、限度もある。記しておきたい数件の事象を紹介しておく。

陸上自衛隊岩手駐屯地は、東岩手山、薬師岳の東斜面に演習場、駐屯地が位置し、東側でのマグマ噴火ではもろに被災する。噴火時に弾薬や装備はもちろん、隊員をどう避難させ、一方で災害救援の役を果たすかが厳しい課題とうかがわせた。

逆に「駐屯地が避難していないということはまだ安全との保障だね」と住民から問われ、当時の角田司指令と撤退のタイミングを厳しく協議した記憶がある。弾薬等の撤収に何時間？いや何日？詳しくは語れないが。

演習場には過去の噴火による火砕物が厚く堆積している。過去の噴火史の解析には研究者として垂涎《すいぜん》の場所である。特別の許可をいただき、しかも重機で深さ十数メートルのトレンチ（溝）を10カ所余を掘削し、噴火史の調査をさせていただいた。土石流が頻発する一本木地区への緊急対応など防災に貴重な知見をえた。

ハード対策に力を持つ国土交通省は「岩手山火山砂防計画検討委員会」、農水省は「岩手山火山治山計画検討委員会」を立ち上げ、同じ火山にダムをバラバラに建設しようとした。さすがに報道機関も「役所縦割りで岩手山防災迷走」との大見出しで批判。ＩＮＳ検討会の交流会で、担当者が調整の相談をする場面もあったと記憶している。

1999年9月2日午後2時35分ごろ、国の天然記念物である雫石町の葛根田の大岩屋（玄武洞）が大崩落した。1998年9月の県内陸北部の地震で歪《ひずみ》が溜まっていたと考えられるが、実は崩落の1週間前、予知連の井田嘉明会長を土井宣夫氏が案内。洞の下から柱状節理を見上げての会話。会長「崩落の危険性はないか」、土井氏「1年も持ったのだから大丈夫でしょう」。後日、聞いて冷や汗が流れ、自然の息吹を予測することの難しさを痛感した。

観測情報の確認に「ひめかみ」で奔走したことも多い。2002年2月、厳冬の姥倉・黒倉分岐に着陸しレグモスを点検、観測された異常が急激な地殻変動かと焦ったが、凍結による基礎の変動であった。NHKの監視カメラで捕らえられた鬼ケ城稜線部での噴気（こんな場所で噴気が上がったらとんでもない事態）は、確認に飛ぶと雪煙りであった。など多数。

第3部の最後に、噴火危機対応へ筆者の支えであった相棒、雑種犬ポチへの鎮魂の想いを述べることをお許しいただきたい。

ポチが手の平に乗るくらいの子犬で、わが家に来て間もなく岩手山は動めきだした。噴火の可能性が指摘された1998年以降、「飼い主」の筆者は誰も経験したことのない火山防災対策に翻弄されることになった。夜中に疲れ切って自宅に戻り、「今日も噴火がなくて良かったね」と犬小屋で待つポチと語らいながらのカップ酒が大いなる癒しであった。

ポチが住処《すみか》とするテラスから一歩出ると、雫石川の堤防越しに岩手山が望まれる。毎日の岩手山観測は早朝にポチとの散歩で山を眺望することから始まったものであった。

減災へ共にスクラムを組んだ報道陣からは、「サイトーさんが倒れないのはポチのおかげ。ということは岩手の安全を担っているのはポチくんだ」とのお褒めをいただき、某民放テレビの「今日のわんこ」に登場させてはとのお誘いもいただいた。

しかし、活動は収まらず、「沈静化した岩手山に感謝の遠吠えをするポチ君でした」と言えるまで待とうということになった。幸いにして火山活動は低下し、岩手山には穏やかな日が戻ってきた。しかし、その日を待っていたかのように２００５年12月12日、12歳でポチはひとり旅立った。

ポチの目には岩手山はうごめき続ける活火山と映っていたであろう。70万年余の歴史を有する岩手山。その悠久さに比して、麓に生まれ生きていく生き物の一生はあまりに短い。それは人生80年の私たち人間においても大きな違いはない。

ついの住処と決めたこの地で、生ある限りこの岩手山を見守り続けよう、そんな思いを抱く筆者の日々ではある。

時間軸の違いを痛感

わが家を訪れた有珠山のホームドクター岡田弘北海道大教授とポチ＝2001年10月17日

第4部
豪雨災害

1　本県の豪雨災害記録を見る

台風や低気圧による豪雨災害は、これまで述べてきた地震、津波、火山噴火などに比べて発生頻度ははるかに高い。豪雨によっては河川の氾濫（洪水）、土砂災害、内水氾濫などが引き起こされる。

『岩手県災異年表』に記載されている最古の洪水記録は858年。その後、記載は途切れるが、1247年7月11日の大洪水から、増補第3版が刊行された1979年までに死者の出た豪雨災害は65回を超える。近年は治水対策が進み、気象予報の精度も向上しているが、その後も現在まで10回ほど発生している。

なお、この他に本県では、強風による船舶の転覆などによる漁業従事者の遭難、冬期の暴風雪や雪崩による被害が多発している。

また、本県で忘れてはならないことは、冷夏による飢饉である。1695年（元禄）、1755年（宝暦）、1783年（天明）、1832〜1838年（天保）の飢饉は「南部藩四大飢饉」と言われ、元禄、宝暦、天明の飢饉では4万人以上が餓死という桁違いの犠牲を生じさせているが、それらについては本稿では触れない。

以下、同災異年表の記載を基に大きな豪雨災害を掲げる。

◆858年、陸奥国等洪水凶荒す。

◆1637年7月20日、北上川大洪水、岩手県南死者221人。

◆1662年10月12日、盛岡近在大洪水、之を白髭水と云う。人家押流され溺死、数百人、中津川三橋落つ。

◆1724年8月14日、北上川、中津川洪水にて上、中、下の三橋落つ。流失家屋160軒、落橋大小323、溺死3人。

◆1763年9月22日、九戸、長内晴山前代未聞の水害。久慈通にて流失家屋72軒、溺死3人。

◆1801年7月26日、仙北町北西側浸水。中津川下の橋落ち附近浸水す。北上川筋花巻町にても大洪水にて浸水流失家屋多数。流失家屋94軒、溺死52人。

◆1894年8月25日、和賀川、胆沢川、磐井川大洪水。家屋の流失、300余の人畜死傷あり。

◆1903年9月22~23日、台風による暴風雨で宮古、釜石、久慈など沿岸中部以北で被害、山崩れで死者・ゆくえ不明者5人、浸水家屋364棟。

◆1910年8月10~15日、台風による暴風雨で北上川およびその支流、東海岸一帯の河川増水(狐禅寺で水位14メートル)、死者・ゆくえ不明者16人、住家の流失・全壊196棟。

◆1910年9月1~4日、低気圧による大雨で盛岡市、岩手郡、西磐井郡で被害甚大。よの字橋、毘沙門橋、下の橋、明治橋、上の橋、中の橋流失。死者5人、住家の流失・全壊128棟。

◆1913年8月26~27日、台風による暴風雨で砂鉄川流域の長坂村などで40人死亡(鉱山での土砂崩壊が主)。住家流失・全壊257棟。

◆1920年8月8~9日、前線による大雨で北上川など増水し氾濫。死者17人、住家の流失・全壊13棟。

◆１９３８年８月30日〜９月２日、台風による暴風雨で、下閉井郡川井地方などで山崩れ。死者・ゆくえ不明者53人、建物の流失・全壊31棟。
◆１９４７年７月29日〜８月３日、前線による大雨で、死者・ゆくえ不明者15人、家屋の流失・全壊94棟。
◆１９４７年９月15〜16日、カスリン台風による暴風雨。県下各河川大出水し、北上川狐禅寺の水位は16・89メートル。死者・ゆくえ不明者２１２人、流失・全壊家屋３８３５棟。
◆１９４８年９月15〜17日、アイオン台風による暴風雨。大洪水、死者・ゆくえ不明者７０９人、住家の流失・全壊２３６４棟。山田線は６年間不通に。
◆１９５８年９月26〜27日、狩野川台風による暴風雨で沿岸北部多雨。死者・ゆくえ不明３人、住家全壊32棟。
◆１９６６年10月３日、前線により県北沿岸で局地的豪雨。死者・ゆくえ不明者12人（久慈市で11人）
◆１９９９年10月27〜28日、低気圧の影響で局地的豪雨、雪谷川氾濫、二戸市で土石流により死者２人。
◆２０１６年８月30日、台風10号大船渡市に上陸、豪雨で沿岸北部で洪水や土砂災害で関連死も含めて死者・ゆくえ不明者29人
◆２０１９年10月12〜13日、台風19号で沿岸部中心に豪雨、死者３人。

大洪水たびたび発生
河川敷いっぱいにまで増水した雫石川、＝2017年8月25日、太田橋から下流側を望む

2 カスリンおよびアイオン台風

太平洋戦争からの復興もままならぬ１９４７、１９４８年と日本列島は続いて大型の台風に襲われ、甚大な被害に打ちのめされた。両台風とも三陸沖を通過し岩手県は直撃を免れたが、豪雨による河川の氾濫や土砂災害で、戦後最大の被害を被った。

◆カスリン台風

１９４７年9月7日頃に西太平洋のトラック島付近で発生し北上。日本列島には上陸しなかったが15日に房総半島の先端をかすめ、16日には三陸沖に去った。温暖前線の影響で東北地方では11日頃から大雨が続き、14～15日には台風の接近で特に強く降った。県下の各河川とも大出水し、いまだかつてない大洪水となり、堤防の決壊が各所で発生した。

9月17日付と18日付の「新岩手日報」は、水禍に必死の抵抗空し、日形・濁流の底に沈む、堤防の決壊数知れず、全県にまたがる被害、豪雨中に列車転覆、奇跡的に乗客に死傷なし等と被害を伝えている。

一関市狐禅寺（北上川）ではこれまで最高の16・89メートルの水位を記録し、堤防の決壊は602カ所に及んだ。盛岡市明治橋（北上川）でも4・3メートル、太田橋（雫石川）で3・4メートルの水位を観測した。県内の死者は109人、行方不明者は103人、流失家屋1900棟、全壊家屋1935棟、半壊家屋3351棟、床上浸水2万6126棟、橋の流失504カ所に及んだ。

閉伊川でも増水が激しく、国鉄山田線は松草〜蟇目間で63カ所が被災し、東北本線や釜石線でも不通箇所を生じた。花輪線では緩んだ地盤で進行中の機関車が後続の貨車と折り重なって線路下に転落し、機関士・助士5人のうち1人が死亡した。沿岸地方は風波に荒らされ、交通、通信、農作物、海岸の水産施設に大きな被害を受け、漁船の流失も40隻に上った。

なお、当時日本はアメリカ軍を主とする連合軍の占領下にあり、1947年から1953年5月まではアメリカ合衆国と同様、台風にはABC順に女性の名前が付けられていた。

◆アイオン台風

1948年9月10日頃に西太平洋のマーシャル群島で発生し、16日に千葉県館山市と木更津市の間に上陸、銚子市から太平洋に抜け金華山沖、北海道東南沖に進んだ。台風の前面にあった前線の影響で、岩手県では15日夜から雨が降り出し、16日の午後には県下全般にものすごい豪雨となり、宮古市では期間雨量が249・3ミリに達した。各河川は増水し、昨年のカスリン台風を上回る大水害となり、一関市などを主に死者・行方不明者700人を超す過去最大の豪雨災害となった。

「新岩手日報」は9月17日付紙面で、水魔強襲・県南に空前の惨害、一関に濁流と火災、忽《たちま》ち五百戸流失し死者も多数、遠野・岩谷堂も孤立。

18日付紙面では、水禍・一報毎に惨、一関・泥海に孤立無援、死骸眺めて市民は呆然、下閉伊沿岸の惨害、死者行方不明百五十名、建網は全滅・七十隻流失などと被害の甚大さを急報している。

日を追うにして被害の大きさが明らかになり、その後の紙面は、大水害の全貌漸《ようや》く明らかか、この泥土サイの河原、遂に今年も来た・・・と泣く市民、惨・三陸津浪以上の宮古、二百廿《にじゅっ》戸海に呑まる、漁業会長らも九死に一生、死体漂う湾内、と伝えている。

一関市では、濁水に飲み込まれた直後に地主町の油店から出火。降雨中に16戸を焼失した。水と火で逃げられず、34人が焼死するという被害まで重なった。

県内の死者は393人、行方不明者316人、全壊家屋1045棟、流失家屋1319棟、半壊家屋1379棟、床上浸水1万6019棟、非住家の被害6133棟、橋の流失1114カ所、堤防の決壊1211カ所、罹災者数は実に18万117人に及んだ。

東北本線は金ケ崎、瀬峯駅間で不通。

また、前年にカスリン台風で不通になり、漸《ようや》く

1948年1月30日に開通した山田線は、早池峰山で大山崩れが起きるなど路線の3分の2が被害を受け、腹帯駅構内では機関車が泥土に埋もれ、客車が転覆した。復旧には1954年11月21日の全線開通まで6年の年月を要し、この間宮古地方は全くの陸の孤島と化した。

戦後最大の被害直撃
濁流に沈む家屋と上部を水から出す電柱
(1948年9月19日付の新岩手日報から)

3 北上特定地域総合開発計画

北上川は長さ約249キロ、東北地方最大の大河であるが、洪水を繰り返す河川であることから、古くからさまざまな対策が取られてきた。

北上川は勾配が緩やかであるが、支流の河川が急勾配なため、大雨が降ると一気に本流に流れ込む。また、一関市狐禅寺から宮城県登米市までの約28キロは北上川狭窄部《きょうさく》と呼ばれる川幅の狭い部分があり、一関付近では水が行き場を失い天然ダムとなり、また支流は「バックウオーター」現象を生じて洪水を引き起こしやすいのである。

◆北上川改修事業(1880年~1934年)

明治以降、内務省直轄事業として堤防の建設や川の流路を修正する工事が進められた。1911年からは従来、宮城県石巻市で仙台湾に注いでいたものを追波川を改修し河道を広げ、追波湾に転流する工事を進め、宮城県はもとより岩手県内の洪水の低減をも図った。

◆北上川5大ダム計画（1938年〜）

個々の河川を単独に改修するのではなく、本流、支流の区別なく一貫して開発し、さまざまな治水・利水事業と統合して実施することが有用とされ、「多目的ダム」が計画された。

北上川では、狭窄部の一関市狐禅寺での流量を毎秒約4500立方メートル減らすため、一関市に遊水地を計画、本流および支流に5カ所のダムが建設された。以降にその概要を記す。

【田瀬ダム】猿ケ石川、高さ81・5メートル、総貯水量1億4650万立方メートル、1941年着工、1954年完成、重力式コンクリートダム。

【石淵ダム】胆沢川、高さ53メートル、総貯水量1615万立方メートル、1946年着工、1953年完成のロックフィルダム。

【胆沢ダム】、胆沢川、高さ127メートル、総貯水量1億4300万立方メートル、1988年着工、2013年完成、ロックフィルダム、石淵ダムは胆沢ダムの完成で水没。

【湯田ダム】和賀川、高さ89・5メートル、総貯水量1億1416万立方メートル、1953年着工、1964年完成の重力式アーチダム。

【四十四田ダム】北上川、高さ50メートル、総貯水量4710万立方メートル、1962年着工、1968年完成。唯一、北上川本流に建設された中央が重力式コンクリート、両脇がロックフィルダム。当時は旧松尾鉱山の鉱毒水の中和処理が行われていなかったので、岩手県企業局の水力発電と洪水調節を目的とした。盛岡市中心部から約6キロ上流にある都市型ダムである。

【御所ダム】雫石川、高さ52・5メートル、総貯水量6500万立方メートル、1967年着工、1981年完成。左岸がロックフィル、右岸が重力式コンクリートダムで、岩手県企業局の水力発電、洪水調節、盛岡市近郊の5千ヘクタール農業かんがい用水のほか、上水道供給を目的にしている。ダム湖である御所湖の公園整備や一般開放を行い、湖畔の繋温泉や周辺の小岩井農場やスキー場などとコラボレーションした観光地ともなっている。

◆一関遊水地事業

岩手・宮城県境の狭窄部による一関市街地の水害防止などを目的に、狐禅寺の狭窄部入口の上流、一関市から平泉町の平野部に計画された総面積1450ヘクタールの遊水地である。1972年に事業化され、渡良瀬遊水地（利根川）に次ぐ日本最大級の遊水地で、現在もなお工事が進められている。完成すれば、北上特定地域総合開発計画における岩手県内の治水事業は完成となる。

一方で、近年は想定された降雨量以上の豪雨が頻発し、また、本流の四十四田ダムは旧松尾鉱山からの有害物のためしゅんせつができず、洪水調整能力の低下が懸念されるなど新たな課題も指摘されている。

◆県営ダム事業

北上川5大ダムは建設省が進めたいわば国営事業であるが、岩手県も北上川の支流に、国の補助を受ける「補助治水ダム事業」として多目的ダムや治水ダムを建設してきた。

多目的ダムとして、1982年中津川に綱取ダム、１９９０年夏油川に入畑ダム、２０００年稗貫川に早池峰ダム、そして２０２１年には簗川に簗川ダムが完成した。治水ダムとしては、１９５７年来内川に遠野ダム、１９９８年衣川に衣川１号から５号のダム群が完成し、洪水対策に貢献している。

洪水防止へ５大ダム
盛岡市中心部から６キロにある都市型ダムの四十四田ダム＝2017年

4　2013年8月の「線状降水帯」

近年、線状降水帯による豪雨が頻発するようになった。線状降水帯とは、次々に発生する発達した積乱雲群により、数時間にわたって強い降水を伴う雨域で長さは50～３００キロ、幅は20～50キロ程度とされる。

２０１４年８月20日、広島市では時間当たり１００ミリを超える豪雨で土石流が発生し、77人の犠牲者を出した。２０２０年７月４日、球磨村の特別養護老人ホーム「千寿苑」での14人をはじめ、熊本県だけでも69人が犠牲になった熊本豪雨。いずれも線状降水帯による降雨でもたらされもので、「線状降水帯」との文言を広く知らしめる契機になった。

　しかし、これより以前の2013年8月9日には岩手県でも線状降水帯による豪雨災害が発生していたのである。人的被害は2人にとどまったものの、雫石町、矢巾町、紫波町などを主に、住宅の床上浸水、崖崩れなどの土砂災害、道路の損壊や冠水による交通障害などが発生したので特に本章で触れておきたい。

　8月9日、東北地方に暖かく湿った空気が流れ込み、大気の状態が非常に不安定になった。秋田県および岩手県北部から中部にかけて二つの線状降水帯が数時間停滞した。それぞれの線状降水帯は、風上にあたる奥羽山脈の山岳で積乱雲が繰り返し発生することで形成されたものである。

　大雨の発生要因は、前日に山陰沖に存在していた大気下層の大量の水蒸気が、日本海の海面水温が平年と比べて1～2度高かったことによりほとんど失われずに日本海を北上し、東北地方に流入したためと考えられた。

　1時間当たりの降水量は、雫石町春木場で101ミリ、同橋場で88ミリと経験したことのない記録的なものとなり、降り始めからの総雨量も、橋場で351ミリ、春木場で329ミリ（国土交通省観測点）となった。気象庁の観測でも雫石の観測点で1時間当たり78ミリ、紫波で71ミリと観測史上最大となった。

　この降雨で、北上川の紫波橋水位観測所では最高水位4・61メートルと氾濫危険水位を超え、狐禅寺で7・21メートル、諏訪前で5・85メートル、雫石川の太田橋で4・74メートルなど北上川の本川と支川併せて9カ所の水位観測所で氾濫注意水位を上回った。

下流河川の水位が上昇して危険な状態となったことから、四十四田ダムでは下流に流す水の量を最大流入量の1割に、御所ダムでは同じく3割に低減した。両ダムの連携操作によって、北上川流域の被害軽減に一定の効果が発揮されたといえる。

また、御所ダムは約1万立方メートルの流木を捕捉、下流で堤防等の損傷や橋梁で引っかかることでの流下阻害を低減する役割も果たした。

盛岡地方気象台は8月9日午前8時45分に雫石町、矢巾町など県内12市町村に大雨・洪水警報を発表。県は警報の発表と共に設置した災害警戒本部を午後1時5分、災害対策本部に切替え、自衛隊に対して雫石町、盛岡市、矢巾町への災害派遣要請を行った。

一方、盛岡市は繋地区、仙北地区、乙部地区の2963人に、花巻市は石鳥谷3区など87人に、矢巾町は矢巾温泉付近など4600人に、紫波町は日詰7区な844人に避難勧告を発令した。

花巻市では、自宅裏山が崩れて土砂が家屋内に流入したため1人が死亡、西和賀町では釣り人が増水した川に流されて死亡と計2人が犠牲になった。

全壊家屋は盛岡市で3棟、雫石町で3棟、大規模半壊・半壊が盛岡市で11棟、花巻市で1棟、雫石町で46棟、矢巾町で43棟、床上浸水は盛岡市で3棟、花巻市で5棟、矢巾町で55棟、紫波町で63棟、床下浸水は盛岡市で130棟、雫石町で312棟、矢巾町で368棟など県内で1056棟に上った（2013年9月20日の県集計）。

雫石町では崖崩れなどの土砂災害が103カ所で発生、町道159カ所、県道9カ所が被害を受けたが、国道46号を流れ下る大量の水で乗用車が押し流され、大型バスが立ち往生するといった映像を記憶されている方も多いと思う。

雫石で時間101ミリ記録

国道46号（雫石町橋場地区）で押し流された乗用車とバス＝2013年8月9日（大雨洪水災害の記録、雫石町）

5　2016年、台風10号が本県初上陸

２０１６年８月30日、台風10号が観測史上初めて岩手県に上陸し、沿岸北部に記録的な豪雨をもたらし、小本川が氾濫するなどして、アイオン台風以降で最大の豪雨災害となった。

８月21日に四国の南の海上で発生した台風10号は、25日にかけて日本の南を南西に進み、沖縄近海で停滞した後、針路を反転し、29日には小笠原近海に達するという複雑な経路をたどった。そして関東東南海上から福島県沖を北上、強い勢力を保ったまま、30日午後６時前に大船渡市付近に上陸したのである。

岩手県では沿岸部を中心に29日から雨が降り続

いた。同日午前0時から31日午後0時までの総降水量は久慈市下戸鎖で２７８・５ミリ、岩泉で２４８・０ミリ、宮古市刈屋で２２６・５ミリを記録した。

1時間降水量は下戸鎖で30日午後6時35分から80・０ミリ、宮古で午後5時52分から80・０ミリ、岩泉で午後6時21分から70・５ミリ、洋野町大野で午後7時５分から58・０ミリなど沿岸北部で観測史上最大の猛烈な降雨となった。

盛岡地方気象台は30日午前10時16分に県内全市町村に大雨警報・洪水警報・暴風警報を発表した。同日午前11時38分には県と合同で宮古市、大槌町、山田町に土砂災害警戒情報を発表。午後0時37分には久慈市、岩泉町を追加し、午後6時7分には県内22市町村に拡大した。

30日から31日には風も強まり、最大瞬間風速は宮古で30日午後6時4分に37・7メートル、遠野で同午後2時38分に31・1メートルを観測している。

豪雨により、岩泉町では小本川と安家川、久慈市では長内川が氾濫し、川沿いの住宅は多数が損壊、浸水の被害を受けた。

県全体で関連死を含んで死者28人、行方不明者1人を出した。県の集計によると、罹災世帯は３０３３世帯、住家関係の被害額は約76億円、水産関係約38億円、農業関係約１４２億円、土木関係約４４０億円など被害総額は１４００億円に及んだとされる。

国道４５５号線、１０６号線をはじめ岩泉町、宮古市、久慈市などで道路が寸断され、一時１１００人以上が孤立した。国道の不通は１０６号線が11日間、４５５号線は14日間に及び、孤立集落の解消には３週間を要した。

最も被害が大きかったのは岩泉町で、町全体が小本川や安家川の氾濫と土石流で分断され、関連死を含めて死者は26人を数えた。住家の全壊は452棟、半壊は491棟を数え、特に安家川沿いの安家地区では世帯の半数以上が被災した。

小本川沿いの平屋の高齢者グループホーム「楽《ら》ん楽《ら》ん」では、30日午後6時頃に天井近くまで濁流が流れ込み、入居者9人全員が犠牲になった。同じ敷地内には3階建ての介護老人保健施設「ふれんどりー岩泉」があったが、そこに入所者を避難させず、管理者は車の移動などを優先していた。

一方、「ふれんどりー岩泉」は建物の2階まで浸水したが、デイサービスの利用者20~30人を同日午後1時前に帰宅させ、周辺が浸水し始めた午後5時半頃に10人前後のスタッフが手分けをして、入所者を2階さらには3階へと避難させ、犠牲を免れた。

町は町内全体に「避難準備情報」を発令していたが、楽ん楽んではその意味を理解できず、また、洪水を想定した避難計画がなく、訓練も実施していなかったなど多くの問題点が指摘された。

台風10号豪雨で大きな被害を生じた要因は次のように考えられる。

①1時間降雨量が80ミリと短時間で猛烈な降雨であった。

②地形が急峻なため、狭い流域で一気に増水した。

③地域の地質が花崗岩や石灰岩など堅硬な岩で、表土が薄い風化帯なため樹木が多数倒木し、流木が橋梁などにかかり氾濫を引き起こした。

④岩泉町では職員が住民情報への対応で忙殺され、避難勧告発令の機を逸した。

課題の④に関しては、県に避難等に関して市町村に助言を行う「岩手県風水害対策支援チーム」の立ち上げを提案し、運用されるようになったので次に詳説する。

台風10号 県内11人死亡

岩泉の施設 9人犠

河川氾濫、2人

施設で高齢者犠牲に

台風10号の被災状況を報じる2016年9月1日付の岩手日報

6 風水害対策支援チームの立ち上げ

前述のように、岩泉町は「楽《ら》ん楽《ら》ん」の立地する小本川流域に避難勧告や指示を発令していなかったことが問題とされた。同町の対応の経緯は以降のようであった。

◆２０１６年８月30日午前９時に岩泉町が小本川流域も含めて町内全域に「避難準備情報」を発令。

◆同午前10時16分、盛岡地方気象台が「大雨警報」「洪水警報」発表。

◆同午後０時37分、県と盛岡地方気象台が「土砂災害警戒情報」発表。

◆同午後２時、岩泉町が安家地区の一部１３３世帯に「避難勧告」発令。
◆同午後5時半頃、「楽ん楽ん」の駐車場冠水。
◆同午後5時50分～午後6時、「楽ん楽ん」周辺で急に増水。
◆同午後7時、小本川水位5・1メートル、堤防を越える。
◆31日午前5時頃、「楽ん楽ん」で入所者の遺体確認。

災害対策基本法上、「避難勧告・指示」の発令は首長、すなわち市町村長の責務である。

しかし、気象学の専門家でない首長に、盛岡市域といったように広域を対象とした警報に基づき、適正な時間に適正な区域を対象に発令することは困難である。防災、危機管理に携わる職員を多数配置できる市はともかく、町や村では情報を収集し、判断をして首長に助言する職員は限られる。岩泉町でも当時、専任職員はおらず、総務課職員が兼務していた。

筆者は、岩手山の噴火対策で、降灰後の降雨での土石流に対する避難に首長が判断し難いとの課題に直面していた。気象庁は土石流は火山災害のうちで最も広範囲で長期にわたるにもかかわらず、噴火による直接的な災害として扱わず、防災対応に言及しない。何ミリの降雨で、いつ、どの区域に避難を呼びかけるのか、首長に判断を委ねるのは酷である。

そこで、県の災害対策本部に盛岡地方気象台の専門家、降灰の調査にあたる国土交通省岩手河川国道事務所の担当者、県土整備部の砂防担当者、火山防災に携わる研究者が集まり協議し、かみ砕いた情報を発信し首長に助言するシステムを構築。２０１４年8月30日の岩手山噴火を想定した県総合防災訓練で実践していた。

筆者は豪雨に際しての自治体への支援に同様の態勢構築を提案、石川義晃県総合防災室長をチーム班長とする「岩手県風水害対策支援チーム」が2017年6月19日に発足した。チームは台風接近時の避難勧告などを市町村が的確に判断できるように助言することを目的とした。県総合防災室を事務局に、メンバーは盛岡地方気象台、岩手河川国道事務所、県土整備部および岩手大学の井良沢道也教授、小笠原敏記准教授、越野修三地域防災研究センター客員教授、筆者ら9名である。

同チームは、2017年9月17日に大型で強い台風18号の接近に際し、宮古市以南の沿岸部と住田町の7市町村で特に警戒が必要と分析。盛岡地方気象台が17日夜から県内全域に大雨・洪水警報を発表する見込みのため、早期の警戒態勢確立と「避難準備・高齢者等避難開始」の検討が必要とする助言内容をまとめ、県を通じて33市町村に伝えた。

気象台の警報の発表は、状況が確実にならなければ発表されない。一方で、自治体は避難の勧告や指示を警報の発表を踏まえて発令するため、夜間の警報は、住民に激しい降雨の中、周辺の状況が確認しにくい危険な避難を行わせることになりかねない。

チームの助言は、日のあるうちでの安全な避難を進めるのに、また、県が率先しての「災害対策本部」立ち上げは、空振りを恐れて躊躇《ちゅうちょ》する自治体に早期の警戒態勢を求める上で一定の効果があったと評価された。

助言は、空振りなどの批判は県が受ける、いわば泥をかぶるから自治体は安全側に立った対応を実行して欲しいとの決意でもある。自治体も、おんぶにだっこではなく、危機管理体制の整備充実を図り、地域の特性に基づいたきめの細かい防災対策の充実を図る必要があることは言うまでもない。

なお、岩泉町は台風10号の教訓を基に、危機管理課に専任職員を3名配置し、育成した200名以上の防災士と連携した体制構築を進めている。

風水害対策へ支援チーム

県、台風10号受け設置

市町村に避難判断助言

台風接近時の対応など活動方針を共有する県風水害対策支援チームのメンバーら

県は19日、台風接近時の避難勧告など市町村が的確に判断できるよう助言する「風水害対策支援チーム」を設置した。昨年の台風10号豪雨の教訓を踏まえ、台風が最接近する8時間前をめどに専門家を招集する。災害対応のノウハウが少ない市町村に情報提供を行い、円滑な住民の避難行動につなげる。

県と岩手大、岩手河川国道事務所、盛岡地方気象台の4団体9人で構成。県庁で初の連絡会議を開いた。

活動は台風シーズンの7~10月を想定し、風水害の恐れがある場合、構成メンバーを県庁に招集する。気象情報や河川水位情報などの情報を基に、災害が予想される地域を絞り込み、対象市町村の首長に電話で助言する。市町村側からの相談にも対応する。

会議では、台風接近時のタイムライン（事前防災行動計画）も説明。同チームや県災害特別警戒本部の設置目安を台風最接近の8時間前、避難勧告発令は6時間前と示した。

このほか平時には気象情報などを市町村職員が学ぶ研修会を開く。初回は7月、盛岡市内で予定する。

会議で講話した構成メンバーの斎藤徳美岩手大名誉教授は「市町村の避難情報を住民にどう伝えるかが課題だ。報道機関や自主防災組織との連携を図る必要もある」と述べた。

昨年8月の台風10号豪雨の際、短時間で急激に増水し氾濫した岩泉町の小本川の水位情報が町長へ的確に伝わらなかったり、被害対応が殺到して庁内が混乱した経緯がある。会議に出席した同町の佐々木久幸防災対策室副主幹は「専門知識の乏しい職員にとって、気象情報などをかみ砕いてアドバイスしてくれるのは大きな力になる」と期待する。

チーム班長の石川義晃県総合防災室長は「（先進県の）大分県の例を参考に立ち上げた。情報や知見を共有し、市町村の災害対応を強化する」と語る。

市町村に指示の助言

県「風水害対策支援チーム」の立ち上げを伝える2017年6月20日付の岩手日報

7　2019年、台風19号が沿岸部直撃

2019年10月6日に南鳥島近海で発生した台風19号は、大型で強い勢力で伊豆半島に上陸したのち関東地方から福島県を通過し、13日明け方に宮城県沖に抜けた。台風本体の雨雲や周辺の湿った空気の影響で、広範囲で記録的な豪雨となった。

岩手県では11日から前線の影響で雨が降り出し、台風が接近した12日夜遅くから沿岸部で激しい雨となって、最接近時の13日未明には沿岸北部で1時間に100ミリ近い猛烈な雨が降った。

総雨量は普代で467・0ミリ、岩泉町小本で450・0ミリ、宮古416・5ミリなどで、10月の降水量平均値の3倍を超えた。1時間当たりの降雨量も、13日午前1～2時台に、普代で95・0ミリ、岩泉町小本で93・5ミリ、宮古で84・5ミリ、山田で77・5ミリと過去最高を記録した。

盛岡地方気象台は12日午後7時46分に久慈市、普代村、岩泉町、宮古市、山田町など14市町村に大雨警報を発表、同午後10時10分には西和賀町を除く県内全市町村に拡大した。さらに、13日午前0時40分には宮古市、岩泉町、山田町など10市町村に大雨特別警報を発表、同午前1時55分には久慈市、普代村、野田村、洋野町にも拡大した。

また、記録的短時間大雨情報が13日午前0時38分に宮古市東部、岩泉町岩泉、田野畑村、同午前1時17分に普代村、同午前2時15分には久慈市東部（いずれも約100ミリ）に発表された。土砂災害警戒警報は12日午後8時40分一関市を皮切りに県内26市町村に発表された。

田野畑村で13日午前2時20分頃、魚の養殖池の見回りに行った岩泉町の男性が崩落した村道に車ごと転落するなど、3人が死亡。釜石市鵜住居の陥没した市道に2台の車が転落、釜石市片岸町の民宿では裏山が崩れて管理人が土砂に巻き込まれるなどで7人が負傷した。

宇部川（久慈市）など6河川が溢水《いっすい》、総雨量467ミリを記録した普代村中心部では家屋に土砂が流れ込み道路が冠水した。尾崎半島の尾崎白浜と佐須の両地区は土砂崩れで一時348人が孤立した。

住宅の被害は全壊46世帯、半壊838世帯、床上浸水149世帯。道路は一時41路線の58カ所が全面通行止め。JR八戸線は階上～久慈間の23カ所で被害が発生し、全面運行再開は12月1日。2019年3月にリアス線として開通したばかりの三陸鉄道は土砂流入路盤陥没など77カ所で大きな被害を受け、全線の再開には2020年3月20日まで5カ月余を要した。岩手県の総被害金額は370億円を越える。

ところで、県は豪雨災害が予測されることから、「風水害対策支援チーム」を招集し、日のあるうちの避難完了を目指した。犠牲者は少数にとどまり、筆者らは「作戦」は成功したと胸をなでおろした。しかし、自治体の避難勧告・指示や住民の避難行動には大きな課題があることが浮き彫りになった。

盛岡地方気象台は、豪雨が10月12日深夜から13日未明に猛烈な雨になるとの予測を2日前には見通していた。そこで、岩手県は11日午後2時にチームを招集して協議を行い、市町村に対し同日午後3時24分頃までに早期の警戒態勢の確立を呼びかけた。翌12日には再びチームを午前11時に招集、日中の避難完了を目指すよう助言を午後1時16分頃までに行った。これに呼応して市町村は夕方までに「避難勧告」を発令した。

しかし住民の多くは「避難勧告」では避難せず、盛岡地方気象台の大雨警報（12日午後7時46分）に呼応した市町村の避難指示（最も早い発令は大槌町の午後８時）の発令後に、避難行動を起こすことになった。夕刻午後６時までの県内避難者は２６７２人に対し、午後10時では６６８６人、13日朝には９９３０人。すなわち、多くの住民は降雨の激しい夜間に危険を冒して避難をしたことになる。

県は２０２０年３月に防災計画を改訂し、「市町村は県からの伝達を踏まえ、できるだけ早期の避難情報、特に指示の発令で日中の避難完了に努める」と具体的な行動を明記したが、課題はなお多く残されている。

県土 無情の風雨

台風19号

見回り中、車転落か

仮設、避難所も浸水

猛烈な雨、譜代で467ミリ

台風19号の被害状況を伝える2019年10月14日付の岩手日報

8　安全確保への課題

約250年前にジェームズワットが蒸気機関を発明して以降、人類は化石燃料を燃やし続け、地球温暖化をもたらしている。温度が1度上昇すると大気に含まれる水分量は7％増加するという。今後、豪雨災害に見舞われる可能性は増大する。台風を弱体化する研究も行われているが、見通しは立たず、災害の発生を止めるのは難しい。

急峻な地形の日本では、土砂災害危険区域は無数に存在するし、平野部での洪水対策、都市部での内水氾濫などへ長期的な地道な取り組みも必要であることは言うまでもない。

豪雨災害から身を守る上で課題と筆者が考えている事項を、独断と偏見であるが述べさせていただく。

◆多様過ぎる災害情報

地震など事前予測ができない災害と異なり、気象災害はある程度、事前に危険性への情報が提示される。しかし、情報が多岐にわたり住民には理解し難い、また警報などの発表が直前になるなどの問題がある。

気象台からの情報は大雨を例にとると、大雨注意報、大雨警報、大雨特別警報、記録的短時間大雨情報、土砂災害警戒情報（県と合同）などがある。警報は豪雨の予測が確実にならないと発表されないため、日のあるうちの安全な避難に寄与できないこともある。

特別警報は数十年に一度の大雨が予測される場合に発表される。既に被害が発生している可能性があるため、避難場所への移動など危険な行動を避けなければならない。

記録的短時間大雨情報は、地上の雨量計による観測とレーダーと組み合わせた分析によるものである当該地区での降雨の実績とでもいうべきものである。また2022年6月からは、短時間で集中的な豪雨をもたらす線状降水帯の発生予測情報の運用を始めたが、確度は低いという。

一方、個々の河川に関して気象庁と河川管理者は水防法に基づき「指定河川洪水予報」として、氾濫注意情報、氾濫警戒情報、氾濫危険情報、氾濫発生情報を発表する。

さらに気象庁は、2019年5月に警戒レベルを5段階区分した「大雨・洪水警戒レベル」の運用を開始したが、レベル4の「緊急避難」には根拠となる行政からの情報として避難勧告と避難指示が混在するなど問題点も指摘された。

これら多岐にわたる情報を、一般の住民が正しく理解し行動に結びつけることは容易ではない。特に気象庁はより緻密な情報発信で職責を果たそうと尽力しているが、安全に生かされない情報は「情報」にあらずでもある。

避難については自治体の首長が、避難準備・高齢者等避難、避難勧告、避難指示を発令するが、土砂災害、洪水など異なる危険に対し適切な時間に適切な区域に発表するのは容易ではない。

2021年4月に避難勧告は廃止され、レベル3は高齢者等避難、レベル4は避難指示、レベル5は緊急安全確保となった。しかし、警報等が頻発されると避難情報を発令する自治体の空振りへの躊躇《ちゅうちょ》、住民への「オオカミ少年」効果なども危惧される。

◆対象者全員を受け入れる避難施設はない

警報が広域に発表された場合には、何万人もが避難の対象になるが、実は全員を受け入れる避難場所はないのが現実である。避難率が低いが故に露呈しないだけある。指摘に対し、国は「垂直避難も避難のうち」としたがこれは詭弁ではないか。本来、避難は安全な場所に移動することなはずである。

自治体は、車で避難し一時滞在でき避難場所の整備を、住民は安全な場所にある親類や知人宅を避難場所とするなどの取り組みを考えるべきと思う。

◆高齢者や過疎地での避難

高齢者の避難に支援者をあらかじめ登録しておくなど対策が始められているが、運用には日常からのコミュニティづくりが不可欠である。障がい者や老人施設入居者の避難先の確保も容易ではなく、平常時からの取り組みが求められる。

県内に散在する過疎集落では交流サイト（SNS）を活用した情報伝達手段の構築や、公民館など危険な避難場所や避難経路を避け、地区内での安全な住宅を避難場所に活用する等の工夫も有用であろう。

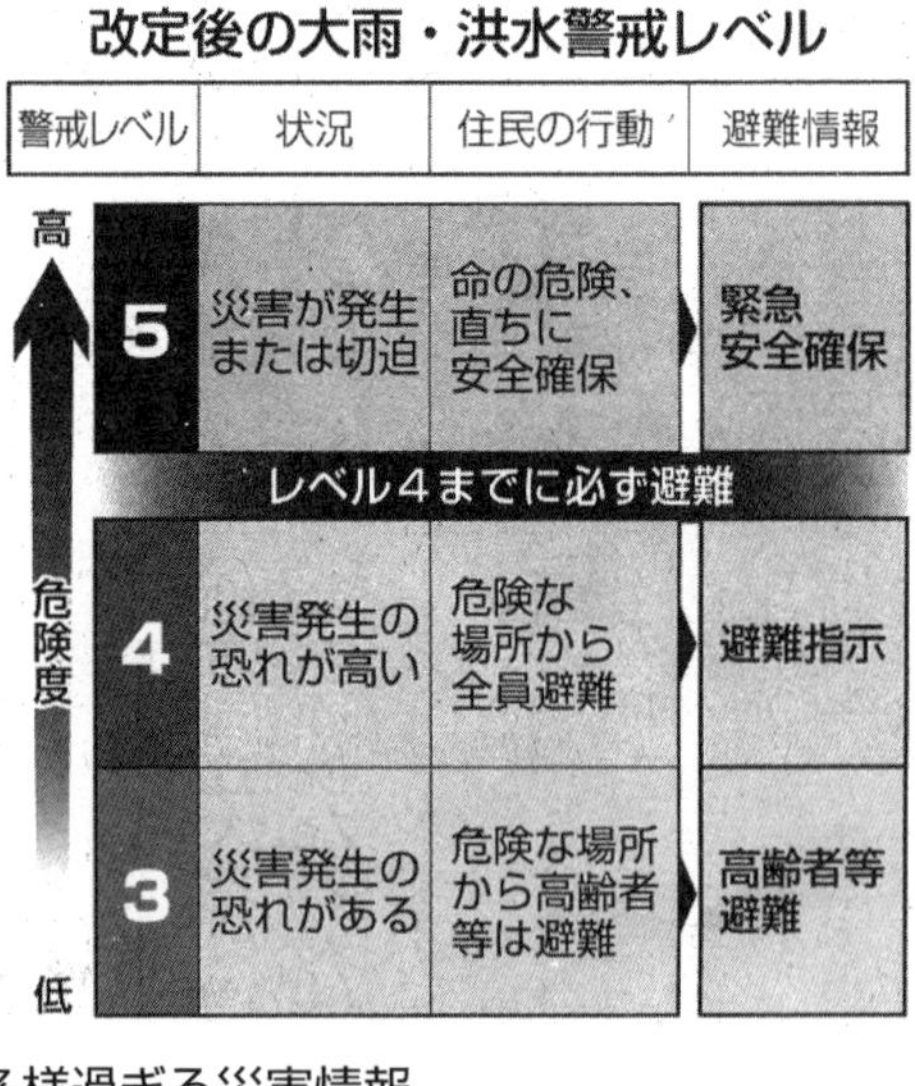

警戒レベル	状況	住民の行動	避難情報
高 / 危険度 / 低			
5	災害が発生または切迫	命の危険、直ちに安全確保	緊急安全確保
レベル4までに必ず避難			
4	災害発生の恐れが高い	危険な場所から全員避難	避難指示
3	災害発生の恐れがある	危険な場所から高齢者等は避難	高齢者等避難

多様過ぎる災害情報

改定後の大雨・洪水警戒レベル（2021年4月29日付けの岩手日報から）

エピローグ

これからも生かされていく私たち

私たち人類は高度な科学文明を有し、地球上の生物の頂点にいると自負している。生物のうちでも最大の脳を有するが故に、科学技術を発展させ、豊かな文化を創造していることは事実である。一方で、有史以来あくこともなく戦いに明け暮れ、殺りくを繰り返している。個の場でも、恨んだり憎んだり、煩悩の日々を送る。

その意味ではあまりできの良くない生き物ともいえるかもしれない。

鑑みれば、地球46億年の歴史の中で、人類の源が地球上に現れて200万年にすぎず、暦を数えても西暦で2023年、蒸気機関の発明後の機械文明はたったの250年。それ以前は、水車や風車など自然エネルギーしか活用できるものはなかった。

回顧的になるが、街頭に設置された白黒テレビに群がり、ニュースが映画のように見えると感動したのは小学校の高学年であったろうか。カラーテレビは1964年、戦後の復興、経済成長の象徴でもあった東京オリンピックで広がった。それが、今や小学生でも当たり前のスマホ、その先代の携帯電話ですら25年程の歴史しかない。私たちの繁栄?の時は､長い地球の歴史の中では､くしゃみの時間ほどでもないのである。

地球の内部は4千~5千度と高温であり、熱の対流でプレートは移動し地震、火山噴火などを引き起こす。太陽系で唯一水と大気を有するが故に温まった空気が上昇し、雨を降らせ、風を吹かせる。生きている地球の息吹が私たちの生存を脅かす場合に、自然災害と称されるのである。

振り返れば、私たちは自然に「今までも生かされて来た」「今も生かされている」そして「これからも生かされていく」。私たちは生物の頂点に立ち、自然をコントロールするなどという傲慢さを捨て、改めて自然に対する「畏怖」恐れおののく、「畏敬」うやまう、の念を抱かなければならない。ヒトの命を繋ぐ「未来責任」を果たすためにも。

ところで、災害は「ヒトに危険を及ぼす事象によって引き起こされる社会の深刻な混乱」である。2019年12月から始まったコロナ禍は、自然由来の生物学的災害とも言えよう。危機管理のイロハは先手必勝であるにも関わらず、国の対策は後手後手で、しかも、行動自粛と「Ｇｏ Ｔｏトラベル」などと火に水と油を注ぐような矛盾した施策も長期にわたる混乱を引き起こした。人類はコロナのみならず多くのウイルスと共存してきたものであり、今後も「Ｗｉｔｈコロナ」、平時からできるだけ社会の混乱を減じる取り組みの蓄積が求められよう。それは新聞連載時に「猛威と闘う」として述べられてきた自然災害への取り組み「Ｗｉｔｈ自然災害」と共通するものと思う。

さらに付け加えれば、人類にとって最大の被害をもたらす災害は戦争である。

阪神淡路大震災での焼け野原を見て空襲の跡みたいと感想を述べた高齢者がいたが、終戦の4カ月余前に秋田市に生まれ、終戦直前の１９４５年8月15日未明に空襲で赤く染まる空の下、母の背

自然へ畏怖と畏敬を
私たちは皆、運命共同体である
宇宙船地球号の一員である
（衛星画像、気象庁GMSシリーズ、
ひまわり5号より）

におわれて防空壕に逃げ込んだ記憶？（3歳未満の記憶は残らないといわれるので、刷り込みかも）のある筆者も同感である。

日本はかつて台湾・朝鮮を併合、中国に満州国を建国するなどし、太平洋戦争では実に300万人以上の自国民が犠牲になった。さらに、戦争は人間を人間でなくせしめる。「絶対に戦争をしてはいけない」。もはやその悲惨さを語り継ぐ世代が消え、果てしなき軍拡競走に突き進みかねない中で、このことだけは強く訴えておきたい。

戦後78年間、アメリカ、イギリス、中国、そしてロシアなど多くの国は戦争を繰り返してきた。過去の反省に基づき、先進国でこの間武器をもって戦争をしなかったのは唯一日本だけなのである。その「崇高な実績」を基に、核廃絶、平和な世界を目指して、日本こそは積極的に訴える外交を展開すべきである。世界の人々が共通して希求するのは、「食足りて、安全で、心豊かな社会」なのである。

主要参考文献

・『岩手県災異年表 増補第三版』盛岡地方気象台・岩手県編、日本気象協会盛岡支部、1979年6月
・『新編 日本被害地震総覧［増補改訂版］』宇佐美龍夫著、東京大学出版会、1996年8月
・『盛岡市域における地盤特性と詳細震度分布』齋藤徳美著、岩手ネットワークシステム地盤と防災研究会（http://inszíban.cande.iwate-u.ac.jp）1997年4月
・『岩手山の地質―火山灰が語る噴火史―』滝沢村文化財調査報告書第32集 滝沢村教育委員会、2000年3月
・『1998年岩手山噴火危機対応の記録』岩手大学 齋藤徳美監修、岩手県総務部総合防災室 土井宣夫・菊地真司 国土交通省東北地方整備局岩手河川国道事務所調査第一課 吉田桂治 編集、国土交通省東北地方整備局岩手河川国道事務所、岩手県、2005年5月
・『3・11東日本大震災遠野市後方支援活動検証記録誌 縁が結ぶ復興への絆』遠野市総務部沿岸被災地後方支援室編、2013年9月
・『岩手県大槌町東日本大震災記録誌「生きる証」』大槌町、2019年7月
・『東日本大震災津波からの復興 岩手からの提言』岩手県、2020年3月

注釈

本書は、2000年4月5日から2022年9月25日まで、「岩手日報」紙面に毎日曜日連載された「猛威と闘う」に加筆修正したものである。文中に登場する人物の部署名・所属名などの肩書、自治体名や地名の記述、また、社会事象については執筆時に依っている。

著者略歴

齋藤 徳美（さいとう とくみ）

昭和20年秋田市生まれ。

昭和48年東北大学大学院工学研究科博士課程修了、工学博士。

昭和53年岩手大学に助手として赴任、教授・理事・副学長を歴任。

平成22年6月放送大学岩手学習センター長。

平成27年3月同定年退職、岩手大学名誉教授。

専門は地下計測学・地域防災学。平成10（1998）年岩手山の噴火危機に際して岩手方式の危機管理対応システムを構築。東日本大震災以降は、「岩手県東日本大震災津波復興委員会・総合企画専門委員会委員長」として復興計画の立案、進捗管理などにあたる。「岩手県の火山活動に関する検討会座長」など現在も火山防災をけん引。「岩手県風水害対策支援チーム」の立ち上げを先導。各自治体での職員研修や防災士育成研修の講師も務める。また、20年余「青森・岩手不法投棄現場の原状回復協議会」の委員長として、産廃の撤去、土壌浄化に尽力した。

著書に「1998年岩手山噴火危機対応の記録」「地域防災・減災、自治体の役割」「岩手の大地に抱かれて生きる」など多数。

防災功労で、平成28年度防災大臣表彰、同29年度内閣総理大臣表彰を受ける。

盛岡市在住。

岩手《いわて》・減災《げんさい》 近年《きんねん》の足跡《そくせき》

2023年11月11日　初版第1刷発行
著　者　齋藤 徳美
　　　　住所/〒020-0052　岩手県盛岡市中太田新田25-702
発行人　齋藤 徳美
発　売　盛岡出版コミュニティー
　　　　〒020-0574　岩手県岩手郡雫石町鶯宿9-2-32
　　　　TEL&FAX 019-601-2212
URL https://moriokabunko.jp

印刷製本　川口印刷工業株式会社

ISBN978-4-904870-54-9 C0036